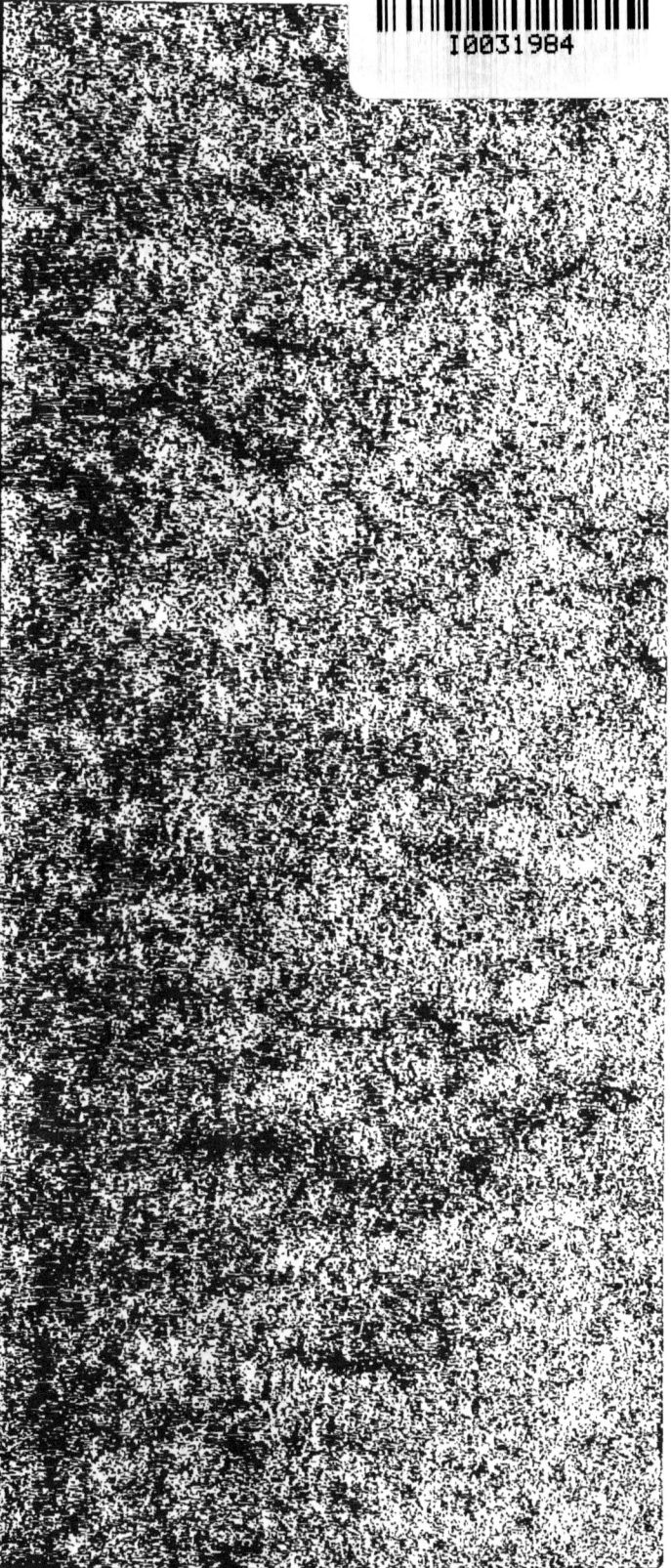

(

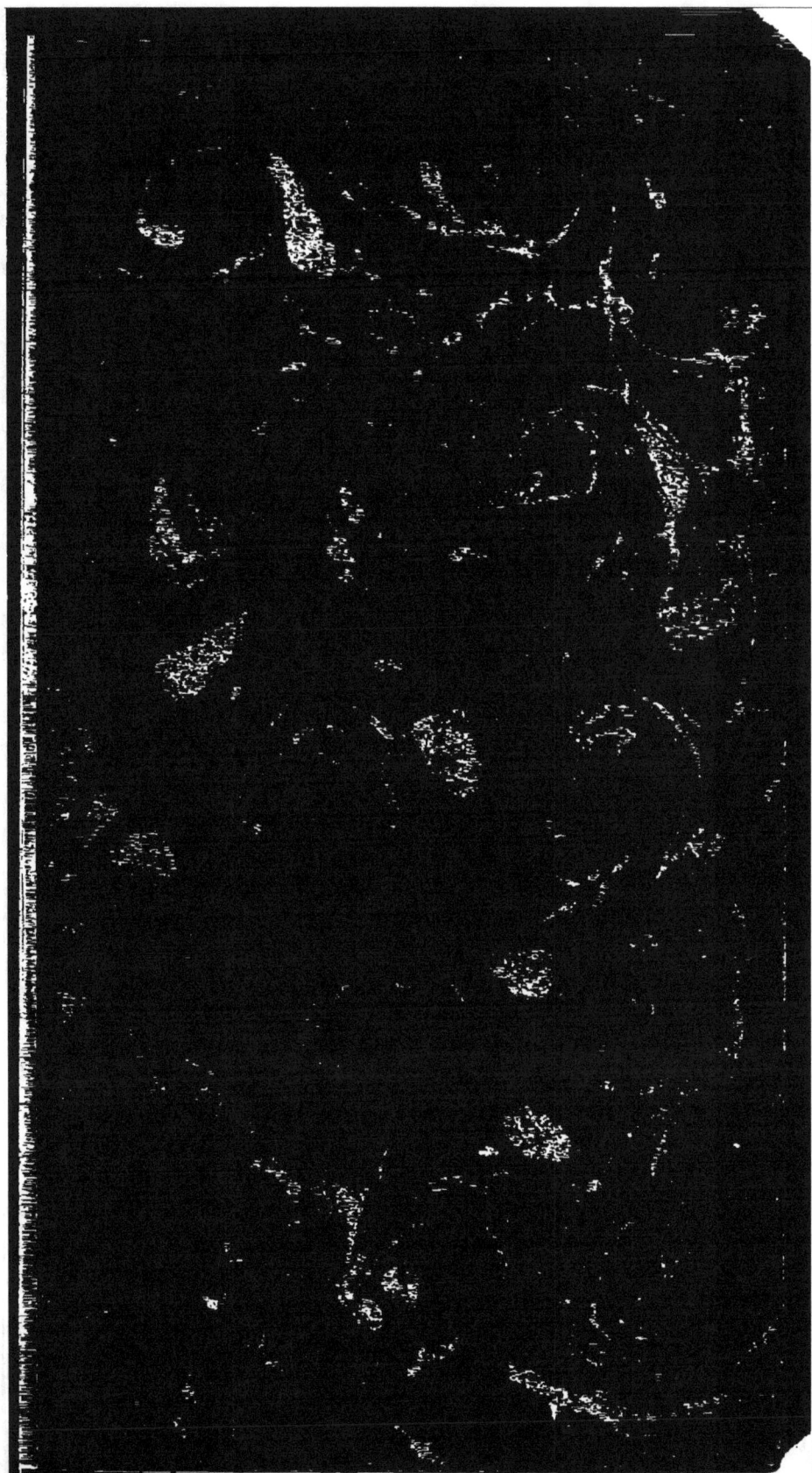

1°-10

à conserver

2 2hgh.

V

à conserver

41846

HISTOIRE
DU COMMERCE
ET
DE LA NAVIGATION
DES ANCIENS.

Par M. HUET, Ancien Evêque d'Avran-ches, fous-Précepteur de feu Mr. le Dau-phin, & l'un des quarante de l'Académie Françoife.

SECONDE EDITION, revûë.

A PARIS,
Chez ANTOINE-URBAIN COUSTELIER,

M. D. C. C. XVI.
AVEC PRIVILEGE DU ROI.

Se vend, A BRUXELLES,
Chez JEAN LEONARD, Libraire & Imprimeur ruë de la Cour.

AVERTISSEMENT
du Libraire.

Eux qui jusqu'ici ont entrepris de traiter du Commerce, ont bien moins fongé à en écrire l'Histoire, qu'à en enfeigner l'art & les regles, telles qu'elles fe pratiquent aujourd'hui. Et ceux même qui ont effleuré cette Histoire, n'ont point pouffé leurs recherches au-deffus de nôtre fiécle. L'Ouvrage que je mets au jour, n'a nul rapport à ce tems-ci : l'Auteur l'a renfermé dans les bornes de l'antiquité, & a choifi la partie de cette matiere, qui étoit entiere & nouvelle. Il a esperé qu'étant auſſi peu connuë qu'elle l'eſt, & meritant autant de l'être, le public la jugeroit digne de ſa curioſité. J'ai entré dans les mêmes ſentimens, & j'ai crû que ſon titre & le nom de l'Auteur, lui tiendroient lieu de recommandation. Cette production de ſa jeuneſſe, qui lui fut extorquée par une autorité ſuperieure, lui a parû ſi peu convenable à ſon âge, & à ſa profeſſion, qu'il l'auroit laiſſée volontiers enſevelie dans la pouſſiere de ſon cabinet, comme elle l'étoit depuis tant d'années; ſi les prieres de ſes amis, gens amateurs de la belle litterature, & de l'utilité publique, & mes inſtantes ſollicitations, n'euſſent fait violence à ſon inclination, & ne la lui euſſent arrachée.

TABLE
DES CHAPITRES.

a iij

TABLE

CHAPITRE VII.

CHAPITRE VIII.

CHAPITRE IX.

CHAPITRE X.

CHAPITRE XI.

CHAPITRE XII.

CHAPITRE XIII.

CHAPITRE XIV.

DES CHAPITRES.

CHAPITRE XV.

CHAPITRE XVI.

ã iij

TABLE

CHAPITRE XVII.

CHAPITRE XVIII.

CHAPITRE XIX.

DES CHAPITRES.

TABLE

DES CHAPITRES.

TABLE

CHAPITRE XXXII.

TABLE

DES CHAPITRES.

CHA.

DES CHAPITRES.

CHAPITRE XLVII.

CHAPITRE XLVIII.

TABLE

CHAPITRE XLIX.

CHAPITRE L.

b ij

TABLE

CHAPITRE LIII.

CHAPITRE LIV.

TABLE

CHAPITRE LVII.

CHAPITRE LVIII.

APPROBATION.

J'AY lû par l'ordre de Monseigneur le Chancelier le Livre qui a pour titre *Hi-stoire du Commerce, & de la Navigation des Anciens*, & j'y ay trouvé par tout une critique exacte, jointe à une profonde éru-dition. Fait à Paris, ce quatorziéme d'Août mil sept cens quinze.

MASSIEU.

Extrait du Privilege du Roy.

LE Roi par ses Lettres Patentes a per-mis au Sieur FRANÇOIS FOURNIER, de faire imprimer le Livre intitulé : *Histoire de l'origine du Commerce, & de la Naviga-tion*; & défenses sont faites, &c.

Signé, FOUQUET.

Imprimé pour la seconde fois le 1. Sept. 1716.

HIS

HISTOIRE
DU COMMERCE
ET
DE LA NAVIGATION
DES ANCIENS.

A MONSIEUR

COLBERT

MINISTRE ET SECRETAIRE D'ETAT.

PREFACE.

Occasion de cet Ouvrage.

 L ne falloit pas, MONSEI-
GNEUR, une autorité moin-
dre que la vôtre, pour me
faire quitter les autres étu-
des qui m'occupent depuis longtems,

& qui conviennent au genre de vie que j'ai choisi, pour en entreprendre une autre si differente, & vous rapporter l'Histoire du Commerce & de la Navigation des Anciens. Celui qui a écrit depuis peu par vos ordres des avantages que peut attirer à cet Etat le Commerce des Indes, s'en est acquitté si heureusement, qu'on ne peut pas douter qu'il n'eût dévelopé avec un pareil succès la matiere dont vous me chargez, & qu'il n'eût pleinement satisfait au zéle que vous donne pour la gloire & l'abondance de la France, l'emploi que vous exercez avec tant de vigilance & de capacité d'Inspecteur & de Sur-Intendant general du Commerce & de la Navigation de ce Royaume. Cette raison même que vous m'alleguez du peu de soin que l'on a pris jusqu'ici de l'éclaircir, est précisément celle qui me fait sentir la difficulté de l'entreprise, & m'en fait appréhender l'évenement, n'ayant aucun précurseur qui me fraye cette route, ni aucun guide qui m'y conduise, ni aucun appui qui me soûtienne. Mais toutes ces considerations cessent, quand il s'agit de vous obéir, & cedent au

defir de vous plaire , & de donner au
public une marque du pouvoir abfolu ,
& de l'extrême reconnoiffance que
vous ont acquis fur moi les faveurs ,
dont vous m'avez honoré , & les graces dont vous m'avez comblé.

CHAPITRE PREMIER.

Origine du Commerce.

POUR entrer donc en matiere , il
me paroît que les hommes ont plûtôt cherché par le trafic les commoditez que les neceffitez de la vie. La
nature fait trouver à tous les animaux
de quoi conferver leur vie dans les
lieux où ils l'ont reçuë. L'on a découvert plufieurs peuples fauvages , vivans
dans des païs ftériles & pauvres , fans
aucun commerce , & fans aucune communication avec les étrangers , aimans
leur patrie , & contens dans leur mi-
fere. Combien les navigateurs de ces
derniers tems ont-ils trouvé d'infulaires effrayez de leur abord , ne connoif-
fans point d'autres hommes qu'eux-

mêmes, & ne croyans pas manquer
de rien ? Mais les peuples entre lefquels le voifinage où d'autres occafions
avoient établi quelque correfpondance,
fe faifoient part de leurs biens les uns
aux autres, ou liberalement, ou par
d'honnêtes compenfations, fuppléans
ainfi reciproquement à leurs défauts,
par l'abondance & le fuperflu de leurs
voifins. Cependant comme les hommes de leur nature font fociables, ces
peuples fauvages même, qui fe trouvoient feparez des autres hommes, ne
laiffoient pas de pratiquer entre eux
quelque forte de trafic. Le chaffeur
faifoit part de fon gibier au pêcheur,
qui à fon tour ne lui étoit pas avare de
fon poiffon. Le jardinier donnoit à
l'un & à l'autre de fes fruits, pour avoir
part à leurs biens. Il fe faifoit auffi
entre eux un commerce de travail &
d'induftrie, & le laboureur aidoit à
bâtir la cabane de celui qui l'avoit af-
fifté dans la fabrique de fa charuë. Cette forte de commerce, qui fe faifoit
d'homme à homme, eft auffi ancienne
que le monde ; & lorfque nous lifons
dans les Livres facrez, que Caïn étoit
laboureur, & Abel berger, nous con-

cevons que Caïn fournissoit à Abel
des bleds & des fruits de la terre pour
sa nourriture, & qu'Abel en échange
fournissoit à Caïn des peaux & des laines pour s'en revêtir, & des laitages,
& peut-être des viandes pour sa table.
Car il n'est pas tout-à-fait constant
que Dieu n'ait permis aux hommes l'u-
sage de la viande qu'après le Déluge,
comme quelques-uns se le persuadent;
& puisqu'Adam & Eve, selon le témoignage de l'Ecriture, employoient *Gen 3.*
la peau des animaux pour se vêtir, ils *21.*
pouvoient bien employer leur chair
pour se nourrir; & il est bien vrai-semblable qu'Abel se nourrissoit de la chair
des agneaux, dont il avoit offert la
graisse à Dieu; car les Sacrifices ne se *Gen. 7. 2.*
faisoient à Dieu que des choses utiles
à l'homme. De sorte que quand Dieu
parlant à Noé avant le Déluge, fait
la distinction des bêtes mondes d'avec
les immondes, peut-être n'étoit-ce
que par rapport à l'usage que les hommes en faisoient pour leur nourriture.
Mais ces questions ne sont pas de mon
sujet.

CHAPITRE II.

Commerce avant le Déluge.

TEls furent les rudimens du Commerce : l'usage, pere des arts, dans la suite des années l'augmenta & le perfectionna. Les villes se bâtirent : d'autres hommes plus libres, aimérent mieux habiter dans les campagnes sous des tentes, & mener une vie vagabonde : les sciences furent découvertes ; les diverses professions, les exercices, les métiers s'établirent, les uns pour la nécessité, les autres pour le plaisir. Mais tout cela ne pouvoit s'ériger, ni se maintenir, que par une correspondance mutuelle des hommes, & par une communication reciproque de leurs biens & de leur industrie ; & même pour faciliter davantage cette communication, ils formérent diverses autres societez. Qu'auroit fait Tubalcain, ce forgeron, dont parle l'Ecriture, & qui a donné lieu à la fable de Vulcain ? Qu'auroit-il fait, dis-je,

Gen. 4.
22.

de ces ouvrages de cuivre & de fer
qu'il préparoit, s'il n'en avoit trafiqué
avec ses voisins ? Mais la supercherie
commença à se mêler dans ces loüables
occupations ; on altéra les denrées ;
on vendit à faux poids & à fausse mesure ; la bonne foi fut bannie du commerce, les bonnes mœurs se corrom-
pirent ; & enfin la malice des hommes
se déborda si licentieusement, qu'elle
attira la colere du Ciel sur la terre, &
que la race des hommes fut presque
entiérement exterminée par le Déluge.
Considerons cependant la fabrique de
ce grand ouvrage de l'Arche, & à quel
point il falloit qu'on eût poussé le commerce, pour avoir pû construire un
tel bâtiment; combien on y employa
de materiaux, combien d'outils, combien d'ouvriers, quelles machines,
quelle industrie. Peut-on s'imaginer,
que Noé eût dans ses magasins & dans
sa famille tout ce qui lui étoit necessaire pour l'exécution d'un si vaste dessein ? On ne peut donc pas douter
qu'il n'y eût alors quelque espéce de
commerce entre les hommes, qui s'entretenoit par le secours des bêtes de
charge, des chevaux, des chameaux,

des ânes , des éléphans , & de quelques machines pour le tranfport, comme traîneaux , charettes & chariots. Il eft affez croyable même que les hommes fe fervoient pour cela de la commodité des rivieres, des petits golfes, & des rivages de la mer ; foit par des radeaux de joncs, ou de bois, ou de toute autre matiere, qui pouvoit flotter fur l'eau. Peut-être auffi employoient-ils le fecours de l'air, par des veffies & des ballons, qui pouvoient foûtenir leurs fardeaux fur l'eau. Mais il n'y a pas d'apparence que leur induftrie allât jufqu'à la conftruction des navires grands ou petits. Si la navigation eût été déja trouvée, combien d'hommes auroient - ils pû éviter le ravage du Déluge que Dieu voulut être univerfel, à la referve de Noé feulement, & de fa famille.

CHAPITRE III.

Commerce après le Déluge par terre & par mer.

LE Déluge fut suivi de la confusion des langues, & de la dispersion des peuples. Le commerce en devint plus difficile : mais il en devint aussi plus necessaire. Ces peuples, en sortant de leurs païs, pour aller habiter d'autres contrées, n'y trouvoient pas toutes les commoditez où ils avoient été nourris ; & y en rencontrant d'autres inconnuës à eux & à leurs compatriotes, ils se servirent de ce qu'ils y avoient découvert, & y porterent ce qui y manquoit. Cela se fit premierement de proche en proche, de la même maniere que les peuplades s'étoient formées ; & ainsi successivement dans les régions plus éloignées, & enfin jusqu'aux extrêmitez de la terre. Les mers furent d'abord d'un grand obstacle, & ensuite d'une grande utilité par l'invention de la navigation,

dont nous pouvons régarder Noé comme le premier auteur dans la fabrique
de l'Arche, suivant l'instruction & les
préceptes de Dieu. On ne peut pas
douter que cette fabrique, qui avoit
été si salutaire, ne fût soigneusement
imitée dans la suite, & qu'elle ne fa-
cilitât la dispersion des nations, qui
arriva bien tôt après. Ce seroit ici un
beau champ pour étaler ce que les
Auteurs ont debité sur l'origine & les
inventeurs de la navigation. Mais toutes les conjectures & les fictions de
l'Histoire profane & de la Fable, tombent & s'évanoüissent, quand à la
lumiere des saintes Lettres on décou-
vre la verité. Après cette nouvelle invention vinrent donc deux sortes de
commerce, celui de terre, & celui
de mer.

CHAPITRE IV.

Commerce de terre.

LEs terres défertes & inhabitées ap-
partinrent aux premiers occupans,
qui en joüirent long-tems en commun, fans les partager, & les plus
puiffans d'entre eux s'en approprierent
quelques-unes. Ces nouveaux poffef-
feurs s'y établirent des demeures fixes,
& cultiverent les terres qu'ils avoient
occupées, abandonnant la joüiffance
du refte à ceux qui fuivoient la vie
paftorale, vivans fous des tentes, chan-
geans fouvent de demeure, & cherchans les meilleurs pâturages pour la
nourriture de leurs troupeaux. Telle
étoit la difpofition de la terre de Chanaan, lors qu'Abraham s'y tranfporta
par l'ordre de Dieu, & pendant le
féjour qu'y firent fes premiers décen-
dans Ifaac, Jacob, & fes douze enfans.
Ils menoient le plus fouvent une vie
vagabonde, telle que la menent encore aujourd'hui les Arabes Nomades,

voisins de ces quartiers-là , & nous ne
voyons point qu'Abraham fit aucun
office auprès des Seigneurs du païs,
pour obtenir la liberté des pâturages :
& quand il se sépara de Loth son neveu , pour éviter les differens qui naif-
foient entre leurs Bergers , il lui laissa
choisir le champ qui l'accommoderoit
davantage , sans avoir égard à aucun
posseffeur. Mais quand Isaac s'appliqua au labourage de la terre de Gerar,
d'où, par la benediction de Dieu , il
retira le centuple , il paroît que ce ne
fut que par la permiffion d'Abimelech.
Et quand Hemor invita Jacob & ses
enfans à s'établir dans son païs , & s'u-
nir avec son peuple , il lui propofa en
même-tems , & lui permit de cultiver
la terre. Et pour perfuader à ses citoyens de confentir à ce traité , il leur
remontra l'étenduë de leurs terres qui
recevroient aifément ces nouveaux habitans : à quoi la Vulgate ajoûte qu'elles manquoient de peuple pour les cultiver. On ne remarque point qu'A-
braham ait poffedé en propre aucun
fond de terre dans le païs des Chananéens , avant l'acquisition qu'il fit à
beaux deniers comptans du champ d'E-

phron le Hethéen, pour y enterrer
Sara fa femme. On voit auffi que Jacob, à fon retour de Méfopotamie,
acheta un champ des enfans d'Hemor,
pour le prix de cent agneaux. De toutes ces obfervations il eft aifé de ré-
cueillir ce que j'ai déja dit, que dans
ces premieres peuplades les plus puiffans occupérent, & cultivérent quelques terres, & fans doute les meilleures, & abandonnérent les autres à ceux
dont les biens confiftoient en troupeaux. Mais ces contrées, où tant de
terres demeuroient en friche, faute
d'habitans, ne tardérent guere à fe
peupler. Car lorfque les Ifraëlites, étant
fortis de la captivité d'Egypte, vinrent pour en prendre poffeffion, les
Explorateurs, que Moïfe avoit envoiez
pour reconnoître le païs, furent épou-
vantez de la grandeur des villes, & du
nombre & de la force des hommes qui
les occupoient.

Les Auteurs profanes nous ont re-
prefenté la vie des hommes des premiers tems fous l'image du fiécle d'or.
Ils difent que les terres n'étoient point
alors partagées, qu'il étoit défendu de
les feparer par des bornes; que les ha-

bitans vivoient en commun des fruits qu'elles leur donnoient liberalement, sans en être sollicitées par la charuë du Laboureur, & que le contraire ne s'est fait que lorsque dans la suite des années les mœurs des hommes se font corrompuës. Ces mêmes Auteurs dans la description de cet âge, & des âges suivans, n'excluent point des usages du siécle d'or le commerce qui se faisoit par terre : mais ils renvoyent le commerce de la mer au siécle de fer; comme n'ayant point d'autre cause que l'avarice, ni d'autres moyens pour l'exercer, qu'une témérité indomptable. Le commerce de terre se pratiquoit par le secours des animaux, dont on se servoit pour le transport des marchandises. Comme les bords de l'Euphrate, qui avoient été le berceau du genre humain, le furent aussi du commerce, l'on employoit plus ordinairement à cet usage les chameaux & les ânes, qui sont les bêtes de somme les plus communes en ces païs-là.

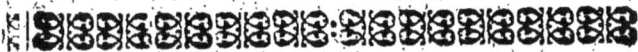

CHAPITRE V.

Trafic des Ismaëlites & des Madianites,
en Galaad & en Egypte, & de
Joseph en Egypte.

L'Ecriture-sainte ne nous fournit point d'exemple de ce trafic plus ancien, que celui de ces caravanes d'Ismaëlites & de Madianites, à qui Joseph fut vendu par ses freres. Ils revenoient de Galaad, ramenans leurs chameaux chargez d'aromates, & d'autres précieuses marchandises de ce païs-là, qu'ils portoient en Egypte, où il s'en faisoit un grand débit, pour l'usage qu'ils pratiquoient d'embaumer les corps des hommes après leur mort. L'achat qu'ils firent de Joseph pour le revendre, & qu'ils revendirent en Egypte à Putiphar, Prevôt de l'hôtel de Pharaon, montre que leur trafic ne se bornoit pas à ces marchandises de Galaad. Leur païs étant situé entre Galaad & l'Egypte, régions abondantes en differentes sortes de denrées, chacune en celles qui lui étoient propres, ils les commu-

niquoient de l'une à l'autre par un tranſport continuel, & un travail aſſidu.

Il faut remarquer cependant, que
lorſque Jacob envoya ſes enfans acheter
du blé en Egypte pour la ſeconde fois,
il leur fit prendre les plus précieuſes
marchandiſes du païs, pour en faire
préſent à Joſeph, & ſe le rendre favorable, & que ces marchandiſes étoient
à peu-près les mêmes que ces Iſmaëlites
& ces Madianites, dont j'ai parlé,
avoient apportées de Galaad.

Mais ce même Joſeph entreprit un
commerce d'une bien plus grande importance, lorſqu'ayant connu certainement par les ſonges de Pharaon les ſept
années de famine, qui devoient affliger
l'Egypte & le païs de Chanaan, & même toute la terre, il profita habilement
des ſept années d'abondance qui les pré-
cedérent, & amaſſa une ſi grande quantité de blés dans les gréniers de Pharaon,
qu'elle lui ſuffit pour tirer tout l'argent
& tous les beſtiaux d'Egypte, & acquerir tous les fonds même de ce Roïaume,
au profit du Roi, & pour en fournir aux
peuples des environs. Ces exemples du
trafic qui s'eſt exercé par terre, ſont les
premiers dont l'Hiſtoire ait conſervé le
ſouvenir.   CHA-

CHAPITRE VI.

Trafic par échange & par argent.

SUr ce que nous venons de dire,
il est necessaire d'observer que ce
commerce ne se faisoit pas seulement
par échange des marchandises , mais
qu'il se faisoit aussi par argent. Les enfans de Jacob vendirent leur frere pour
de l'argent comptant. Ils en donnerent pour le blé qu'ils acheterent en
Egypte , & Joseph remplit les coffres
de Pharaon de l'argent qu'il tira de la
vente de ses blés. Quand Pausanias a *Pausan-
lucon.*
donc dit , que du tems de Polydore
Roi de Lacedemone , le trafic ne se faisoit que par échange , n'y ayant point
alors de monnoye courante d'or &
d'argent , marquée du caractére public,
cela ne doit s'entendre qu'en particulier des Grecs & des Indiens , dont il
parle , & non pas en général de ces
deux nations entieres. On sçait que les
Indiens avoient chez eux beaucoup

B

d'or & de cuivre du crû de leur terre, & il est visible par tout ce que je viens de dire, que près de mille ans avant le tems dont parle Pausanias, le commerce se faisoit en argent parmi les Ebreux & les Egyptiens : car il n'y a pas moins d'années entre le tems de Joseph & celui de Polydore, qui vécut au commencement des Olympiades. Et comme les Egyptiens avoient un grand & ancien commerce avec les Indiens par la Mer Rouge, & que les peuples du Levant avoient pris beaucoup de coûtumes des Egyptiens, comme je le pourrai faire voir dans quelqu'autre ouvrage ; il n'est pas croyable qu'ayant beaucoup d'or & d'argent de leur crû, ils n'eussent appris des Egyptiens l'usage d'en faire de la monnoye, pour faciliter leur trafic. Il faut donc que Pausanias n'ait parlé que de quelques Indiens particuliers, avec qui les Grecs trafiquoient du tems de Polydore. Outre qu'avant le tems d'Alexandre, les Grecs n'ont point eu de commerce immediat avec les Indiens, mais seulement, ou par les Egyptiens, ou par les Phéniciens, ou par les Perses. Et ce que Pausanias

attribuë à la nation des Indiens indi-
ftinctement, a pû fe pratiquer feulement chez quelque Nation particuliere du Levant, car l'on fçait que fous
le nom général des Indes, l'on com-
prend d'ordinaire tous les peuples d'O-
rient : & c'eft fur ce pied-là qu'il faut
entendre le Géographe Mela, & l'Au- *Mela lib.*
teur du Periple de la Mer Rouge, lors *3. c. 7.*
qu'ils attribuent en particulier aux
Seres, le peuple le plus oriental de
l'ancien Monde connu, renommez
pour leur juftice ; cet ufage de trafiquer par échange, en laiffant leurs
marchandifes dans des lieux écartez,
& les abandonnant à la bonne foi de
leurs correfpondans, pour en faire l'é-
change.

B 2

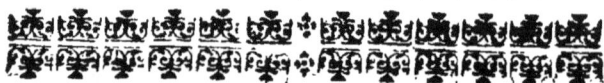

❦❦❦❦❦❦❦❦❦❦❦❦❦❦❦❦
❦❦❦❦❦❦❦❦❦❦❦❦❦❦❦❦

CHAPITRE VII.

1. Commerce de Mer. Les plus anciens navigateurs sont les Egyptiens & les Phéniciens. 2. Commerce des Egyptiens.

1. POUr le Commerce de Mer, nous n'en voyons aucune trace dans l'Histoire sainte avant les navigations de Salomon. Il est pourtant bien vrai que les Ebreux le connoissoient & le pratiquoient long - tems avant Salomon, comme je le ferai voir dans la suite. Mais il y a apparence qu'ils ne le pratiquoient que foiblement, en comparaison de leurs voisins. On ne voit point dans l'Histoire de plus anciens navigateurs que les Egyptiens & les Phéniciens. Il semble que ces peuples voisins avoient partagé entr'eux le commerce de la mer ; que les Egyptiens s'étoient principalement emparez du commerce d'Orient par la Mer Rouge, & les Phéniciens de celui d'Occident par la Mer Mediterranée ; quoi que ces derniers n'eussent

pas renoncé au trafic de l'Orient, & se
serviffent souvent du port qu'ils avoient
à la pointe de la Mer Rouge ; comme
les Egyptiens sortoient souvent aussi
des bouches du Nil, pour negocier dans
les Ports de l'Occident. De sorte qu'un
des Ports de Tyr fut depuis nommé le
Port Egyptien. Strabon remarque que *Strabon.*
les premiers Rois d'Egypte se conten- *lib.* 3.
toient des biens que leur terre leur
fourniffoit, se paffant aisément des marchandises du dehors , & défendant aux
flottes étrangéres l'entrée de leur païs.
Mais une nation aussi avisée que celle-
là , ne tarda pas à se corriger par le
tems & les réflexions , & ne dédaigna
pas de joindre quelques affortimens
étrangers à son abondance. Et lorsqu'on a dit que Ptolemée Philadelphe
a été le premier qui a ouvert le chemin
de l'Egypte aux Indes , cela ne peut
être vrai qu'en le reftreignant aux Princes Grecs qui ont regné en Egypte :
car longtems avant Alexandre les Egyptiens & les Phéniciens avoient navigé
aux Indes. Je parle ici des grandes navigations ; car je ne desavouë pas que
d'autres peuples voisins de la mer,
n'euffent tenté d'y faire quelques cour-

fes & quelque commerce. Les Iduméens, & leur Roi Erythras, que l'on
croit avoir été Edom, c'est-à-dire,
Esaü, étoient maîtres de la Mer Rouge,
avant que les Egyptiens y fussent entrez pour le commerce. Encore ne le
firent-ils d'abord que sous le bon plaisir des Iduméens, qui ne leur permirent d'y naviger qu'avec un seul vaisseau de charge pour le commerce des
Indes, n'y voulans souffrir aucune galére. Mais les Egyptiens s'affranchirent
bien-tôt de cette loi; prémierement
par adresse, & ensuite par force, &
sçurent bien réprimer les Nabatéens,
lorsqu'ils voulurent exercer la piraterie
sur ce golfe. Je ne crois pourtant, ni
les Egyptiens, ni les Phéniciens, inventeurs de la navigation. Long-tems
avant eux Noé avoit fabriqué son vaisseau, qui méritoit pourtant bien mieux
le nom d'Arche que de navire; n'y
ayant ni voiles, ni rames, ni tout le
reste de l'appareil de la navigation, &
n'étant point fait pour parcourir les
mers, & faire des voyages de long
cours, mais seulement pour conserver
la vie à ceux qu'il enfermoit, & empêcher qu'ils ne fussent submergez.

Mais quand les enfans de Noé partagérent la terre, & que les Isles & les
péninsules échûrent à Japhet & à ses
descendans, comme Moïse le témoi- Gen. 10.
gne, ils ne purent pas en aller pren- 5.
dre possession, sans une grande connoissance de la navigation. On ne peut
pas se persuader que pendant les seize
ou dix-sept siécles que le monde avoit
duré avant le Déluge, personne ne se
fut avisé de se servir de tant de moyens
que l'art & la nature offroient pour aller sur l'eau, dans le besoin continuel
que l'on avoit de ce secours, soit pour
traverser les riviéres, soit pour les
charger de fardeaux, dont le transport
auroit été difficile. On pût employer
premiérement à cet usage, comme je
l'ai déja dit ci-dessus, les roseaux, les
branchages, les outres & les vessies
pleines de vent, & les piéces de bois,
pour faire des radeaux. Ces machines
purent bien se perfectionner dans la
suite sur le modéle de l'Arche, par la
nécessité mere des arts, & par l'industrie des hommes. Des perches ap-
puyées au fond de l'eau les faisoient
avancer. Les nageoires & la queuë
des poissons fournirent ensuite le mo-

déle des avirons & du gouvernail. Ces
petites pierres dont les gruës & les abeil-
les fe chargent, pour fe foûtenir dans
le vent, donnerent l'idée du l'eft, dont
on charge les navires. Et enfin la force
du vent, dont on voyoit des effets fi
frequens & fi fenfibles, enfeigna l'u-
fage des voiles, qui perfectionna la
navigation. Le Poëte Claudien en a
décrit en peu de vers fort agréablement
& fort vrai-femblablement l'invention
& le progrès.

2. On trouve des traces fort évi-
dentes de toutes ces chofes répanduës
dans les Auteurs fabuleux. Ils difent
que fous le regne de Saturne, il n'y
avoit ni navigation ni trafic : parce
que du tems de Noé, qui eft reprefen-
té par Saturne, il ne fe faifoit point
par mer de voyages de long cours, &
que la terre n'étoit point encore par-
tagée entre les hommes. Ils difent que
dans le partage qui s'en fit entre les
enfans de Saturne, l'empire de la mer
échut à Neptune, parce que Japheth,
dont il eft le fymbole, eut en partage
les Ifles & les prefqu'ifles de l'Occident.
D'autres difent que ce partage lui fut
attribué, parce qu'il fut le premier

qui se mêla du négoce de la mer, par
les ordres de Saturne son pere, & qu'il
bâtit une flotte. Ces anciens Mythologues font auteur de la marchandise
& de la navigation, le Dieu Egyptien
Thoyth, qui est le Mercure des Grecs.
Ils disent qu'Osiris, qui est leur Bacchus, alla conquerir les Indes, comme l'Histoire nous apprend que fit depuis Sesostris, parce que les Egyptiens
entretinrent un grand commerce avec
les Indiens, & les mirent dans leur
dépendance. Ce fut, selon eux, ce
même Bachus ou Osiris, qui apprit
aux hommes l'art de vendre & d'acheter, c'est-à-dire, de trafiquer. Ils donnent aussi assez à entendre le commerce des Egyptiens avec les Grecs
par le voyage de Danaus en Grece,
feignant qu'il fût le premier qui se servit d'une galere, & qu'avant lui on
n'usoit que de radeaux, qu'ils prétendent avoir été inventez dans la Mer
Rouge. Mais quoi qu'il en soit, ils
attribuent bien clairement aux Egyptiens, par ces fables, l'invention du
commerce & de la navigation.

※※※※※※※※※※※※※

CHAPITRE VIII.

1. *Commerce des Phéniciens & des Ebreux.* 2. *Cap de Bonne-Espérance connu, frequenté, & souvent doublé dés le tems de Salomon.* 3. *Terrein & ports de Phénicie.* 4. *Ancien & nouveau Tyr.* 5. *Tems des navigations des Phéniciens.*

1. LEs Phéniciens, qui ne se croyoient pas inferieurs aux Egyptiens, avoient aussi leur Mercure, qu'ils nommoient Taautus. Mais comme leur commerce étoit bien plus frequent en Occident, que celui des Egyptiens, il ne faut pas s'étonner s'ils ont été plus célebrez sur le fait de la marchandise, par les Auteurs Grecs &

Herod.
lib. 1.
4. 1.

Romains, & si Herodote a dit que c'étoient eux qui voituroient & faisoient le trafic des marchandises d'Egypte & d'Assyrie, comme si les Egyptiens ne s'en fussent pas mêlez ; & s'ils ont été crus les inventeurs du trafic, de la na-

vigation & de l'aftronomie, dont la
connoiffance eft fi neceffaire aux mariniers : quoi que cette gloire foit dûë
bien plus legitimement aux Egyptiens.
Il ne faut pas croire au refte que lorfque Pline a dit que ceux que les La- *Plin. lib.*
tins appellent *Pœni* étoient Auteurs du 7. *cap.*
commerce, il ait entendu les Car- 56.
thaginois : il a voulu parler des Pé-
niciens, defquels les Carthaginois font
fortis, comme leur nom *Pœni* eft forti
du nom *Phéniciens*. Le commerce qu'ils
exerçoient dans l'Orient par mer & par
terre, leur fourniffoit des marchandifes qu'ils alloient débiter dans l'Occident. Le commerce qu'ils y pratiquoient ne fe borna pas à toutes les
côtes & à tous les ports de la mer
Mediterranée. Ils entrerent dans l'o-
cean par le détroit de Gibraltar, &
s'étendirent à droite & à gauche. Ils
établirent un très-grand nombre de
colonies au dedans & au dehors de
cette mer, comme ils en avoient établi dans l'Orient ; Thebes de Bœotie
entr'autres, Cadix & Carthage, cette
fameufe concurrente de Rome, qui
fut bâtie cinquante ans avant la ruïne
de Troye, & trois cens ans avant la

fuite de Didon. Virgile ne l'ignoroit
pas, mais il faisoit un poëme, & il
n'écrivoit pas une histoire, & la poë-
sie qui est licentieuse, ne s'assujettit
pas aux regles de la Chronologie; ce
qui soit dit avec la permission des
Critiques de Virgile.

Les Phéniciens attribuent à Melcar-
thús, qui est leur Hercule, leurs pré-
miéres navigations vers le couchant.
Ils visiterent les côtes occidentales
d'Afrique, & celles d'Angleterre,
jusqu'à Thulé. Himilcon & Hannon
Capitaines Carthaginois, ayant fait
ces voyages d'Afrique, en laifferent
des memoires : mais tous ces voyages
n'étoient pas comparables à ceux que
les Phéniciens faifoient, & qu'ils firent faire aux flottes de Salomon, en
Ophir & en Tharsis, étant partis des
Ports d'Ailath & d'Asiongaber, à la
pointe de la Mer Rouge.

Non pas que je coye que ces voïa-
ges entrepris par les ordres de Salomon fuffent les coups d'effai des E-
breux dans le commerce de mer. Ils
avoient fait un trop long féjour parmi les Egyptiens, pour n'avoir pas
remarqué le trafic qu'ils faifoient par

la Mer Rouge dans tout le Levant.
Et quand ils furent établis dans le pays
de Chanaan, ils voyoient de près l'application que les Phéniciens avoient
au négoce de la mer, & les tréſors
immenſes qui leur en revenoient. Ce
qu'ils éprouverent par la réſiſtance que
leur firent les nombreuſes armées de
ce peuple, & par les dommages qu'ils
en ſouffrirent. Peut-on s'imaginer que
ces Tribus, qui étoient placées ſi près
de la mer; que la Tribu de Zabulon,
par exemple, qui s'étendoit juſqu'à ſur
le rivage & juſqu'à la porte de Sidon,
viſſent les habitans de cette grande
Ville, ſi célébre par ſes navigations,
rapporter chez eux tant de richeſſes,
ſans être tentez d'y prendre part, de
les imiter, ou du moins, de s'aſſocier
avec eux, comme Salomon s'aſſocia
depuis avec les Tyriens. Quand Jo- *Joſeph.*
ſephe a donc dit, que la Judée n'eſt *contre*
point ſituée ſur la mer, & que ſes com- *Apion.*
patriotes ne ſe mêloient point du trafic, & qu'ils ſe renfermoient dans la
culture des terres; il faut entendre,
que de toute la Judée il n'y en avoit
qu'une fort petite partie qui fut ſituée
ſur la mer, qu'ils n'avoient point de

ports comparables à ceux de Tyr & de Sidon, qu'ils n'y exerçoient point la marchandise de leur chef, & n'en faisoient point leur capital comme les Phéniciens. Car on sçait d'ailleurs que Ioppé servoit de port à la Judée & à Jerusalem, & que Salomon s'en servit pour faire venir les matériaux qu'il employa à ses bâtimens. Je pourrai faire voir dans quelqu'autre ouvrage qu'Ophir étoit le nom général de toute la côte orientale d'Afrique, & en particulier du pays de Sophala, region abondante en or ; & que Tharsis étoit le nom général de toute la côte occidentale d'Afrique & d'Espagne, & en particulier de la côte voisine de l'embouchure de la riviere de Guadalquivir, pays fertile en argent. Mais ces richesses d'Ophir & de Tharsis ne suffisoient pas aux excessives dépenses de Salomon. Car outre les subsides fort onereux qu'il levoit sur ses sujets, & dont ils demanderent quelque soulagement après sa mort à son fils Roboam, & les presens immenses qu'il recevoit des Rois voisins : l'Ecriture nous apprend qu'il entretenoit encore un grand commerce au-dehors, & apparemment ailleurs encore qu'en Ophir & en Thaïfis, & qu'il avoit établi des officiers pour en avoir l'adminiftration. Jofaphath Roi de Juda affriandé à ces tréfors de Salomon, de la race duquel il étoit iffu, voulut renouveller ces voyages lucratifs d'Ophir & de Tharfis, & prepara pour ce deffein des flottes dans le port d'Afiongaber. Ochozias Roi d'Ifraël lui offrit fon affociation pour y prendre part. Dieu n'approuva point leur entreprife, & les navires furent brifez dans le port. Cette côte orientale d'Afrique, qui portoit le nom d'Ophir du tems de Salomon, s'attiroit un grand commerce, non-feulement du côté du Nord par le golfe Arabique, dans l'abord des Phéniciens & des Ebreux, mais encore de tout l'Orient, des Indiens, & des Chinois, comme je le ferai voir, & elle fe l'attiroit, non-feulement par ces riches mines d'or de Sophala, mais encore par celles de Melinde, & de Mombafe fur la côte de Zenguebar. Le Cherif Edriffi, connu fous le nom du Geographe de Nubie, place dans la mer voifine quelques ifles abondantes en camfre & fucre, & une entr'autres fort frequentée

Geograp.
Nub.
Clim. 1.
Part. 7.

par les marchands, pour la pêche des
perles, & pour la recolte des aromates.

2. C'est ici qu'il faut faire une remarque très-importante pour le commerce, & dont j'établirai incontesta-
blement la verité dans un Traité que
j'ai commencé sur les navigations de
Salomon, que le Cap de Bonne-Esperance étoit connu, & souvent frequenté, & doublé dés le tems de Salomon ; & qu'il le fût même encore
assez long-tems après, & que les Portugais, à qui on a voulu attribuer la
gloire de cette découverte, ne l'ont
pas trouvé les prémiers, mais l'ont seulement retrouvé.

3. Mais revenons aux Phéniciens.
Nous nous étonnerions davantage qu'ils
ayent pû parvenir à une si grande puissance, ne possedant qu'une petite li-
siere de terre dans le continent, si
nous n'avions devant les yeux l'exemple des Hollandois, habitans d'un pays
fort borné, stérile & marécageux, usurpé en partie sur la mer, & défendu
par une vigilance continuelle, & des
dépenses excessives, qui néanmoins
par leur vertu & leur industrie, ont
                                    étendu

tendu leur domaine jusqu'aux extrêmitez de la terre, & prétendent aujourd'hui aller de pair avec le Rois. Ce
fut en consideration de la petitesse du
terroir des Phéniciens, que Salomon
donna à Hiram Roi de Tyr son allié,
vingt bourgades en terre ferme, pour
le mettre un peu plus au large. Mais
dans ce peu de terrain qu'ils occupoient, ils se trouvérent dédomma-
gez par plusieurs bons ports, qui leur
donnoient de grands avantages pour
le commerce, & même pour la guerre.
On en peut juger, comme je le viens
de dire, par la résistance qu'ils firent
aux Israëlites, sans que les Tyriens,
& les Sidoniens, les plus puissans d'entr'eux, y prissent part. Ils tiroient de
plus un grand avantage du voisinage
du Liban, qui leur fournissoit en abondance les bois necessaires pour la fabrique des vaisseaux.

4. Mais de tous ces ports aucun
n'égala celui de Tyr. Il ne faut pas
confondre l'ancien Tyr avec le nouveau. L'ancien Tyr étoit sur la côte,
& s'étoit déja élevé à un pouvoir formidable qui est décrit par le Prophete
Ezéchiel. Cela lui attira la jalousie des

C

Aſſyriens & des Chaldéens. Il repouſſa avec avantage les troupes de Salmana-ſar, quoi qu'abandonné de ſes alliez, & ſoûtint pendant treize ans le ſiége de Nabuchodonoſor, qui le prit enfin, & le ruïna. Mais ſes habitans avoient eu la précaution de tranſporter dans l'iſle voiſine tout ce qu'ils avoient de plus précieux. Ils s'y établirent, & ce nouveau Tyr ſurpaſſa de bien loin la ſplendeur & la puiſſance de l'ancien. Il ſubſiſta dans cet éclat juſqu'au tems d'Alexandre, qui l'aſſiégea, & l'ayant joint au continent par une chauſſée longue d'une demi-lieuë, il le prit, le traita avec beaucoup d'inhumanité, & le brûla. Et il ne faut pas en croire Joſephe, lors qu'il avance qu'Hiram entreprit cette jonction du nouveau Tyr avec l'ancien. Tyr avoit effacé la gloire de Sidon, qui avoit ſurpaſſé celle de toutes les villes de la Phénicie, mettant en mer plus de cent galéres à trois & à cinq rangs de rameurs.

Joseph. contr. Apion.

5. Dans le dénombrement que font les Grecs de ceux qui ont obtenu l'empire de la Mer Mediterranée, ils ne placent les Phéniciens qu'au ſeptiéme

rang, & les Egyptiens qu'au huitiéme, donnant la préférence d'antiquité à plusieurs autres peuples de leur pays, & de l'Asie Mineure. Mais il y a long-tems que les Egyptiens ont reproché aux Grecs qu'ils étoient toûjours enfans, & ne vieillissoient point ; voulant leur faire entendre combien ils étoient novices dans la connoissance de l'antiquité. L'Histoire Sainte nous enseigne autre chose sur l'antiquité des Navigations des Phéniciens. Quand Josué conquit le pays de Chanaan, les Phéniciens se retirérent vers la mer, où Sidon étoit déja bâtie, & une partie passa en Afrique, comme les anciennes inscriptions de Tanger le témoignoient. Et même avant Josué des colonies Phéniciennes s'étoient établies en ces contrées. L'expédition d'Hercule Phénicien en Afrique, préceda celle de Jason en la Colchide, de trois cens ans. C'est de cet Hercule que parle Sanchoniathon, sous le nom de Malcarthus, & partant son voyage en Afrique fut anterieur au tems de Gedeon, contemporain de Sanchoniathon. De sorte, qu'avant le tems de Salomon, de Hiram & d'Homére, les Phéni-

ciens avoient parcouru une grande
partie des côtes de l'ancien monde.
On peut néanmoins donner un autre
sens à ce dénombrement des Grecs, qui
n'ont peut-être pas ignoré l'antiquité
des navigations des Egyptiens & des
Phéniciens, mais qui dans ce dénombrement n'ont eu égard qu'aux armemens de Mer, & aux grandes flottes
dreflées pour l'ufage de la guerre, ou
à quelque crédit paffager dans le négoce : au lieu qu'il eft affez vrai-fem-
blable que celles des Egyptiens & des
Phéniciens n'avoient guére en vûë que
le commerce, particuliérement dans
leurs commencemens.

⸺⸻⸺⸻⸺⸻⸺⸻⸺⸻⸺⸻⸺

CHAPITRE IX.

Commerce des anciens Indiens.

SI le commerce des Egyptiens a été
aussi ancien & aussi grand dans l'O-
rient, que nous avons sujet de le croire, il faut conclure que celui des Indiens qui étoient leurs principaux cor-
respondans, ne l'étoit pas moins. La
guerre qu'ils soûtinrent contre Semiramis en est une preuve. Ils lui opposerent 4000. vaisseaux sur le fleuve
Indus, en un lieu où il avoit cent sta-
des, c'est-à-dire, six leuës de lar-
geur. Ces vaisseaux, quoique faits
d'une seule piece de bois ou de cannes, ne laissoient pas d'être fort grands,
les cannes & les arbres croissans en ce
pays-là à une prodigieuse grosseur.
Si ce peuple dressa une telle flotte dans
une riviere, l'on peut juger quelles
flottes ils mettoient en mer. Or cette correspondance des Indiens & de
Egyptiens est si clairement établie par
les anciennes histoires, qu'on ne peut
pas s'empêcher de croire en les lisant,

C 3

que ſi toute la nation des Indes &
des Chinois n'eſt pas deſcenduë dës
Egyptiens, elle l'eſt du moins en la
plus grande partie. Car quelle autre
choſe peut ſignifier cette expedition ſi
célébre d'Oſiris dans les Indes, où il
regna pendant cinquante-deux ans,
cultiva & polit cette nation, y bâtit
des villes, & y répandit tant de colonies d'Egyptiens, que l'Egypte ſe crut
ſuffiſamment autoriſée dans la ſuite à
former une prétention ſur les Indes
comme ſur ſon propre ? Seſoſtris qui
long-tems après ſubjugua toute l'Aſie,
étendit ſes conquêtes juſqu'aux Indes,
& à toutes les côtes qui environnent
la mer voiſine. Et lorſque Cambyſés
envahit l'Egypte, les Indes furent le
refuge de pluſieurs Egyptiens. La conformité des mœurs & des dogmes de
ces deux nations montre encore leur
alliance. Cette correſpondance a eu
divers périodes, ſelon la differente diſ-
poſition du tems & des affaires. Il paroît
parce que je viens de dire qu'elle fut
fort frequente & étroite dans ces commencemens. Elle s'affoiblit enſuite ſous
l'empire des Perſes, à tel point que
la mer des Indes étoit à peine con-

nuë en Egypte, & que plusieurs des
anciens ont cru de la mer des Indes ce
qu'ils ont cru de l'ocean, qu'elle n'étoit
point navigable. Les Perses negligerent
la voye d'Egypte pour trafiquer aux
Indes, ayant des ports qui en étoient
bien plus proches, & étant de plus
leurs voisins du côté de la Terre. Les
Ptolemées renouvelerent le trafic des
Indes, & principalement Ptolemée
Philadelphe. Ses descendans ne le soûtinrent pas dans sa splendeur. Les Romains le releverent, & Strabon nous *Strab.*
apprend que de son tems une flotte *lib. 2.*
d'Alexandrie remontant par le Nil,
entra dans le golfe Arabique (car ce
golfe étoit dés lors lié au Nil par un
Canal) alla aux Indes, & rendit cette
route bien plus praticable qu'elle n'é-
toit auparavant, & qu'il eut connoissance d'une flotte de six vingt voiles,
qui partit de ce golfe pour les Indes.
Du tems de Pline ce voyage se faisoit
tous les ans avec un profit immense
pour les Romains. Quelquefois ces
embarquemens se faisoient hors du golfe
Arabique, au port des Aromates, ou
aux ports de la côté d'Afrique. Arrien dans son Periple de la mer Rou-

ge , est entré dans un grand détail
& de ces ports, & des marchandises
que l'on y apportoit , & il ajoûte que
ce trajet de l'Egypte aux Indes ne se
faisoit dans les commencemens qu'en
suivant les côtes, & se servant de petits vaisseaux, & que le pilote Hippalus fut le prémier qui traversa cette
grande mer. Enfin, la route d'Egypte
aux Indes fut si connuë, qu'il nous
en est resté plusieurs Itineraires dans
les livres des anciens, dans le Periple
de la mer Rouge d'Arrien, dans Pline , & dans Solin.

CHAPITRE X.

Commerce par Mer des Anciens Chinois.

ENTRE tous ces essejns d'Egyptiens
qui inonderent les Indes , les Chinois meritent bien d'être considerez
en leur particulier. On trouve chez
eux des marques bien sensibles de leur
origine, une grande conformité de cou-
tumes avec celles des Egyptiens, leurs
doubles lettres , hiéroglifiques , & pri-

fanes, quelque affinité même de leurs langues, la doctrine de la métempsycose, le culte de la vache, & ce qui me paroît fort remarquable, cette aversion constante que font paroître les Chinois à recevoir les negocians étrangers dans leurs pays, & qui les a possedez dans tous les tems, pareille à celle que Strabon attribuë aux anciens Egyptiens. Je ne puis donc assez m'étonner, que contre des preuves si claires, un Ecrivain de ces derniers tems, plein d'esprit d'ailleurs & de suffisance, mais sujet à beaucoup de préventions, ait pû soûtenir au contraire que les Egyptiens & les Phéniciens ont receu leurs sciences des Indiens. Il seroit aisé de détruire son système, si la matiére que je traite ne m'entraînoit ailleurs. Quoi que les Chinois soient sortis d'Egypte, en tout ou en partie, avec le reste des Indiens, ils ont pourtant fait depuis long-tems un état séparé, qui s'est autrefois acquis une si grande puissance, qu'il s'est rendu maître de toutes les Indes. On sçait que le Japon, la Corée, la Cochinchine & le Tunquin, ont été des provinces de

Strab.
lib. 17.

la Chine. Et si l'on en veut croire
les Chinois même, & que leur pré-
somption ne rende pas leur témoignage un peu suspect, ils ont autrefois
étendu leur empire jusqu'au cap de
Bonne-Esperance. La plûpart des Indiens neanmoins leur déférent l'honneur de cette superiorité, & se sou-
viennent de leur ancien commerce.
On connoît par les annales d'Ormus,
qu'on a vû dans le golfe Persique jusqu'à quatre cens vaisseaux Chinois, se
décharger & se charger d'une infinité
de marchandises précieuses. L'usage
de la boussole est très ancien parmi
eux : non pas que je croye que Marc
Paul l'ait apporté de la Chine dans
l'Europe, comme bien des gens en
font persuadez ; car il paroît par les
vers de Guyot de Provins poëte François, qui vivoit vers l'an 1200. rapporté par Fauchet, que les pilotes
François se servoient de la boussole,
plus de quarante ans avant Marc Paul.
L'histoire rend témoignage à la pro-
bité & à l'équité des anciens Seres
majeurs des Chinois, qui trafiquoient
sans voir, & sans se faire voir aux
marchands.

CHAPITRE XI.

Commerce par Mer des anciens Perses.

LA Perse est très-commodément située pour le trafic. Elle est au centre de l'Asie, environnée des Indes, de la Tartarie, de l'Armenie, de la Natolie, de la Syrie, de l'Arabie, & de l'Egypte; & peut avoir part à leurs richesses par une communication libre & aisée, soit par terre avec les nations voisines, soit par mer avec celles qui sont plus éloignées. Elle a les mers des Indes & d'Arabie, & le golfe Persique au midi; la mer Caspienne, & le Pont Euxin au nord, & les grands fleuves d'Euphrate & du Tigre, qui l'arrosent, & qui facilitent le transport des marchandises dans son continent. Elle a des ports commodes sur ces mers, & plusieurs échelles sur ces rivieres. Semiramis qui regna dans ces contrées, reconnut ces avantages, & s'en servit pour y faire fleurir la navigation. Quelques-uns lui attribuent l'invention des galéres. On dit qu'elle en fit bâtir trois mille, toutes armées d'éperons de cuivre. Elle fit travailler à la reparation de ces rivieres, pour les rendre plus navigables. Elle s'embarqua même sur ses vaisseaux; elle s'avança sur la mer du midy, & voulut connoître la nature des pays & des peuples situez sur ces côtes, & qui, selon les descriptions qui nous en restent, ne peuvent être que les Indiens d'un côté, & les Ethiopiens de l'autre; peuples à qui elle fit la guerre avec de glorieux succez. Mais les gens de mer qui conduisoient ces flottes n'étoient pas originaires de ses grands Etats. Elles les avoit fait venir de Syrie, de Phénicie, de Chypre, de Cilicie, & d'Egypte. Lorsque nous lisons que Salmanasar, un de ses successeurs, attaqua les Syriens avec une flotte de cent dix navires, il faut sçavoir que les Phéniciens qui étoient sous son empire, les lui avoient fournis; & les Tyriens n'employerent pas plus de dix de leurs vaisseaux, pour détruire cette flotte: ce qui fait voir le peu d'usage que ses sujets avoient de la mer. Darius & Xerxés s'y ap-

fectionnerent davantage. Le prémier
voulut, connoître les mers de l'Afie,
& donna au fameux Scylax le commandement d'une flotte, qui pendant
deux ans & demie vifita ces côtes,
jufqu'au golfe Arabique, & profita enfuite de cette inftruction pour fubjuguer les Indiens. Xerxés porta encore plus loin fa curiofité, & fouhaita
que Satafpés fils de fa feur, vint à
bout du deffein qu'il avoit propofé
de faire le tour de l'Afrique, fortant
par les colonnes d'Hercule, & rentrant
dans le golfe Arabique, ce qui ne fut
pas executé. L'hiftoire ne nous aprend
point que dans les fiécles fuivans ces
peuples fe foient davantage appliquez
à la navigation. Car les grandes
flottes que ces mêmes Rois Darius
& Xerxés mirent en mer contre les
Atheniens, n'étoient pas des ouvrages des Perfes, elles leur avoient été
fournies par ces diverfes nations fituées
fur les côtes, ou dans les Ifles de la
mer Mediteranée, qui leur étoient
fujettes, ou tributaires, ou alliées,
ou ennemies des Atheniens. Mais enfin, après la fameufe victoire que
Cimon commandant la flotte des Athe-

niens, remporta sur celle d'Artaxerxés
Longimanus, Roy des Perses, sur la
côte de Chypre ; les Perses par le traité de paix qui fut fait ensuite, aban-
donnerent toutes les prétentions qu'ils
avoient sur la mer des Grecs, & re-
noncerent à en approcher plus près
que de trois journées, & à envoyer aucun navire de guerre dans les mers de
Pamphylie, & de Lycie, du côté du
midy, ou dans le Pont Euxin, du côté du nord. Les flottes qui tenoient la
mer, lorsqu'Alexandre attaqua les Perses, n'étoient pas non plus de leur cru.
Mais rien ne fait mieux voir combien
leur nation étoit éloignée de la pratique de la mer, que ces cataractes qu'ils
ménagerent dans l'Euphrate & dans le
Tigre, pour empêcher que les étrangers n'envahissent leur pays, en re-
Strab.
lib. 16. montant ces fleuves. Strabon, qui
nous l'apprend, dit qu'on pouvoit auparavant aller contre le cours du Tigre,
jusqu'au lieu où l'on bâtit depuis la ville de Seleucie, & contre le cours de
l'Euphrate jusqu'à Babylone : mais il
ne marque point le tems où ces cas-
Herod.lib. cades furent faites. Mais Herodote
1.cap.185 nous donne lieu de conjecturer qu'il en

faut rapporter l'invention à Nitocris, Reine d'Assyrie, qui surpassa Semiramis en industrie & en esprit. Strabon ajoûte seulement, qu'Alexandre fit lever ces obstacles, en détruisant les cataractes, & retablit la liberté de la navigation sur ces rivieres. Les Perses dans la suite retournerent à leur naturel. Craignans toûjours l'abord des gens de mer, ils rétablirent les cataractes sur ces mêmes rivieres, & l'on connoît par l'histoire d'Ammien Marcellin, qu'elles subsistoient encore du tems de l'Empereur Julien.

Amm. Marcell. lib. 24. cap. 1.

Le tems instruisit mieux dans la suite les Perses de leurs interêts. Le Tigre & l'Euphrate reprirent enfin la liberté de leurs cours, & les marchands des Indes, de la Mésopotamie, & de toute la Perse, se rendoient en grand concours dans les isles qui sont à l'embouchure de ces fleuves, & y portoient de riches marchandises. On se souvient encore de la fameuse ville de Siraf, située sur le bord du golfe Persique, qui nonobstant la stérilité de son terroir, devint si illustre par son commerce, qu'elle surpassa toutes les villes de Perse en réputation & en richesses :

mais enfin une iſle voiſine par la commodité de ſa ſituation, lui déroba ſon commerce, & s'en enrichit. Arrien eſt le ſeul des anciens, qui ait parlé du lieu de l'Apologue, ſitué ſur le golfe Perſique, entre l'Euphrate & le fort de Spaſine, & il en parle comme d'un lieu de commerce, qui, ſelon la ſituation qu'il lui donne à l'orient de l'Euphrate, ne ſauroit être la ville de Balſora qui eſt à l'occident,

Stuck. in Arrian. peripl. mar. chryth.

comme l'a crû Stuklus. Arrien parle au même lieu de la ville d'Omana, qu'il place dans la Perſe, & qu'il dit être auſſi un lieu d'un grand trafic. Pline

Plin. lib. 6. cap. 28.

place les Omaniens dans la Perſe, & les fait habiter dans les villes bâties par Semiramis, & qu'il place dans la Carmanie. Arrien ajoûte que l'on apportoit des Barigazes, ville ancienne des Indes, dans de grands vaiſſeaux, en ces villes de Perſe, du cuivre, diverſes ſortes de bois de prix, & de l'encens de Cana, ville marchande d'Arabie; que les Omaniens ſe ſervoient de petits bateaux de bois, liez & couſus enſemble, & qu'ils portoient à Barigaze & en Arabie, des perles, de pourpre, des habits du pays, du

des dattes, & des efclaves. Cependant
il faut prendre garde de confondre
cette Omana ville de Perfe avec Oma-
num ville d'Arabie, marquée par Ptolemée & par Stephanus, comme les
ont confonduës plufieurs fçavans hommes.

J'attribuë la caufe de cette conduite
des Perfes, à l'égard du commerce de
mer, à tant de nations puiffantes,
dont leur pays étoit environné. La
confervation d'une frontiere fi étenduë
occupoit toute leur attention, & con-
fumoit tous leurs revenus. Alexandre
méprifa cette politique, & ne fouffrit
pas que la mer mît des bornes à fon ambition. Il fe rendit maître de la mer des
Indes, comme il l'étoit de la mer Mediterranée. Quoi qu'après la bataille du
Granique, & la prife de Milet, il eût
ceffé d'entretenir la flotte qu'il avoit
tenuë jufqu'alors dans cette mer, foit
pour épargner la dépenfe, foit pour
rendre fes foldats plus courageux, en
leur ôtant toute efperance de retraite.
Il s'embarqua même four le fleuve Indus, & entra dans la mer; & ce qui
fait bien voir le peu d'ufage que les
Perfes avoient de la navigation, c'eft

D

qu'il ne les employa point pour le ſervice de ſa flotte, quoi qu'environné
de leurs troupes, & à la porte de leur
pays, mais ſeulement des Egyptiens,
des Phéniciens, des Cariens, & des
Cypriots, qui avoient ſuivi ſon armée:
mais les grandes affaires qui l'appelloient ailleurs, ne lui permirent pas de
ſuivre les mouvemens de ſon courage,
& de ſatisfaire toute ſa curioſité. Il
donna la commiſſion à Nearque de
parcourir & de reconnoître ces mers.
Nearque ſortit par l'embouchure de
l'Indus, & il rentra dans la Perſe par
celle du Paſitigre. Il laiſſa des memoires de ſon expedition, utiles pour
la guerre & pour le commerce.

La ſucceſſion d'Alexandre fut dé-
chirée en tant de morceaux, qu'un
tel partage ne pouvoit manquer de
produire de grandes guerres par terre
& par mer : mais toutes les flottes
qui y furent employées, étoient bâties & conduites par ces peuples qui
habitoient les côtes & les iſles de la
mer Mediterranée. Ptolemée Philadelphe, Antigonus, & Seleucus ſe ſigna-
lerent dans ces appareils de mer. On
ne peut lire ſans étonnement ce qu'A-

thenée rapporte de la quantité & de
la grandeur des vaisseaux de Ptolemée:
en quoi il surpassa de bien loin la réputation que l'Egypte, où il regnoit,
s'étoit acquise sur la mer. Seleucus
porta encore ses vûës du côté de l'o-
rient, & envoya ses flottes contre les
Indiens. Mais la marchandise avoit
bien moins de part que la guerre à toutes ces entreprises. Et lorsque Mithridate, ce Prince courageux, qui regna dans une partie de ces contrées qui
formoient autrefois l'empire des Perses,
& qui soûtint avec tant de valeur & de
fierté toutes les forces des Romains,
leur opposa quatre cens vaisseaux, se
mit en possession de l'empire de la
mer, depuis la Cilicie jusqu'à la mer
Ionienne, & remplit toutes ces mers
de pirates jusqu'aux Colonnes d'Hercule, il songea seulement à reprimer la puissance de Rome, & le trafic ne lui eût pas semblé un objet digne de sa magnanimité.

Quand les Romains se furent rendus maîtres de l'Asie, les Perses s'appliquerent davantage au commerce :
mais ils l'exercerent principalement
dans les mers du midy, & j'en par-

ferai plus en détail, lorsque je traiterai du commerce qui se pratiqua sous la domination des Romains.

CHAPITRE XII.

Commerce par terre des anciens Perses, & de quelques peuples leurs voisins.

PENDANT que les Perses avant Alexandre défendoient l'entrée de leur pays du côté de la mer, par ces cataractes dont j'ai parlé, ils ne laissoient pas d'exercer quelque sorte de trafic par terre. Les marchandises qu'on ne pouvoit transporter au-dedans du pays par le Tigre & l'Euphrate, s'y voituroient par terre. Ils avoient préparé un port à l'embouchure de l'Euphrate, pour y recevoir les marchandises étrangéres, & principalement celles des Arabes. Les Armeniens se servoient de ces rivieres, pour trafiquer avec les Perses. Ils alloient à Babylone le long de l'Euphrate dans des bateaux de cuir, ronds & legers. Les bords de cette riviere & ceux du Ti-

gre préfentoient aux marchands plufieurs entrepôts commodes & riches,
où ils pouvoient debiter leurs denrées.
Les Parthes, gens belliqueux, fe fervoient de leurs chevaux pour leur trafic, comme pour toutes leurs autres
affaires publiques & particulieres, fuivant la coûtume des Scythes, defquels
ils étoient defcendus : coûtume qu'ont
retenuë les Tartares, gens de la même
origine. Ce ne pouvoit être que de
cette forte que l'ancienne ville d'Ar-
facie, capitale de leur Empire, qui a
été le fiége de quelques Rois de Perfe,
connuë prefentement fous le nom de
Cafwin, entretenoit ce grand commerce, qui la rendit fi fameufe & fi
puiffante. Il s'y exerce encore aujour-
d'hui par le debit qui s'y fait de plufieurs fortes de pierreries, des ouvrages de damafquinure qui s'y fabriquent,
& par la manufacture de fes beaux
draps d'or & de foye. Le concours
de marchands qui fe fit dans la fuite à
Girofta, ville de la Carmanie, eft une
preuve du trafic qui fe faifoit dans les
parties de la Perfe, qui en étoient
proches. La Mer Cafpienne & le Pont
Euxin fourniffoient aux Armeniens les

marchandiſes qu'ils débitoient aux Perſes, & aux Hyrcaniens leur principale ſubſiſtance. Par là non-ſeulement
le trafic du Nord ſe faiſoit en Perſe,
mais encore celui des Indes & de la
Chine, dont les marchandiſes deſcen-
doient dans la mer Caſpienne par la
riviere d'Oxus, & de cette mer, en
remontant le fleuve Cyrus, s'approchoient du Pont Euxin, d'où elles ſe
répandoient dans toute l'Europe. Paul
Centurion, Genois, voulut rouvrir ce
chemin, du tems du Pape Leon X,
& il propoſa au Czar Baſile de faire
venir les marchandiſes des Indes à Aſtra-
can, pour leur faire remonter le Volga, les tranſporter à Moſcou, & enſuite à Riga, par les rivieres de Moſ-
ca & de Duna, & de Riga dans l'Europe par la mer Baltique : mais il ne fut
pas écouté. Frederic Duc de Holſtein,
Prince plein de vertu, qui m'a autrefois honoré de ſa bien-veillance, ne
fut pas plus heureux, lors qu'il tenta
de faire réüſſir ce même projet pour le
commerce des ſoyes, depuis la Perſe
juſques dans le Holſtein ; par cette am-
baſſade, dont l'Hiſtoire a été écrite avec
tant de candeur & de bon ſens par

Adam Olearius, avec qui j'ai entretenu une liaison affez étroite. Ce Prince ne fit que fuivre en cela un pareil
deffein, qui avoit été conçû en France
dés l'année 1626.

CHAPITRE XIII.

Commerce des anciens Arabes.

AVANT que les Egyptiens trafi-
quaffent en Orient, leur principal & prefqu'unique commerce étoit
en Arabie. Les Indiens de leur côté
y portoient auffi leurs marchandifes.
De forte que l'Arabie fe trouvoit rem-
plie des biens des plus riches contrées
du monde. Le lieu de leur abord étoit
principalement au port nommé autrefois *Arabie Heureufe*, qui, felon les apparences, eft le même qui fut depuis
nommé *le Port Romain*, à caufe du grand
trafic que les Romains y établirent,
& que nous appellons *Aden*, terme d'o-
rigine Ebraïque, qui fignifie *Delices*,
& exprime ce furnom d'*Heureufe*. C'eft
le port le plus celèbre & le plus fre-

quenté de toute l'Arabie. Elle en présentoit encore d'autres fort commodes
sur les côtes de cette même mer, dont
est Aden ; sur celle du golfe Arabique,
& sur celle du golfe Persique. Ce nom
d'*Arabie Heureuse*, qui a été donné à
un de ces ports, a été aussi donné aveq
bien plus de justice à une de ces principales Provinces, pour son opulence
& la valeur de ses denrées. Moyse en
décrivant les delices du Paradis Terre-
stre, vante uniquement les précieuses
productions de l'Arabie ; son excellent or, ses perles, & ses pierreries.
A quoi il faut ajoûter son encens, sa
myrrhe, & ses autres aromates ; sans
omettre l'aloë que rend son isle de Zocotora, celebrée par les anciens sous
le nom de *Dioscurias*, comme si elle
avoit été consacrée aux Dioscores, c'est-
à-dire, à Castor & à Pollux. Les Grecs
qui donnoient volontiers aux noms
étrangers l'inflexion de leur langue,
ayant corrompu ceux de Dia Zocotora,
c'est-à-dire, *Isle de Zocotora*, & en ayant
formé celui de *Dioscurias*. D'autres
l'ont appellée par une semblable erreur, l'*Isle de Dioscoride*. Ce furent ces
avantages, qui firent venir à Alexan-

dre la penſée d'établir dans l'Arabie le
ſiége de l'Empire qu'il meditoit, quand
il auroit mis fin à ſes conquêtes. Et ce
fut la réputation de cette même contrée qui obligea Auguſte d'envoyer
Ælius Gallus pour la ſubjuguer. Cette
opulence naturèlle fut beaucoup aug-
mentée par le trafic que les Arabes exerçoient, non-ſeulement par mer avec
l'Egypte, l'Ethiopie, la Perſe & les
Indes, mais encore par terre avec la
Phénicie, la Syrie, la Méſopotamie,
& tout le reſte de l'Aſie, juſqu'aux côtes du Pont-Euxin. Car autant qu'ils
étoient autrefois mous & foibles dans
la guerre, autant ils étoient actifs &
adroits dans le trafic. Je parlerai dans
un autre endroit d'un moyen bien
different que les Arabes employoient
encore pour augmenter leurs richeſſes,
& qu'ils ont pratiqué juſqu'à nos jours,
volant de tous côtez, & pillant indifferemment amis & ennemis, & faiſant
de cet uſage leur principal & preſque
unique emploi.

CHAPITRE XIV.

Commerce des anciens Ethiopiens.

LE détroit de Babel-mandel, qui separe l'Arabie de l'Ethiopie, n'étoit pas un obstacle qui pût empêcher le commerce de ces deux contrées. Il le facilitoit au contraire, en leur approchant & leur presentant les denrées qui venoient du golfe Arabique d'un côté, & de la grande mer du midi de l'autre. On trouvoit aussi dans les côtes voisines de ce détroit plusieurs ports commodes, & cela y fit établir plusieurs lieux d'un grand commerce. Par cette mer meridionale les Ethiopiens trafiquoient avec les Arabes orientaux, avec les Perses, & avec les Indiens; & par ce golfe ils trafiquoient avec les Egyptiens, les Arabes occidentaux, & les Syriens; & par ces peuples avec toute l'Europe. Le Nil leur étoit encore d'un grand secours, pour voiturer leurs marchandises vers le Nord, & en Egypte. Ils se servoient pour cet ufage de petits navires legers, les uns d'une feule piéce de bois, les autres de joncs tiffus ou coufus enfemble, fans fer ni goudron. C'eft de cette manufacture, que l'on prétend que Rhapta, ville d'Azanie, province d'Ethiopie, voifine de la mer, & le *Cap Rhaptun*, ont pris leurs noms d'un mot Grec qui fignifie *coudre*. Ces bateaux étoient plians, & changeoient de figure, & les Ethiopiens les tranfportoient aifément, lorfqu'ils étoient remontez jufques aux cataractes du Nil: car le principal debit de leurs marchandifes fe faifoit à la ville de Coptos. Les Egyptiens leurs voifins étoient trop induftrieux pour negliger l'ufage de cette forte de bateaux, fi commode & de fi peu de dépenfe. On en fabrique encore tous les ans au Caire plufieurs de cette forte, & on les porte fur des chameaux jufqu'à la mer Rouge.

Rien n'a rendu plus celebre le commerce d'Ethiopie, que les Navigations de Salomon, & des Tyriens. J'ai déja marqué ci-deffus que l'Ophir de l'Ecriture n'eft autre chofe que la côte orientale d'Afrique, & la province de So-

phala en particulier ; & que l'autre
est la côte occidentale d'Afrique &
d'Espagne, & la Betique en particulier. Les marchandises que les flottes
de Salomon en rapportoient, étoient
l'or, l'argent, l'yvoire, le bois d'Al-
gummim, & quelques pierreries. Mais
toutes ces marchandises précieuses ne
s'y trouvent pas presentement en si
grande abondance, soit par la negligence & le peu d'industrie des habitans,
soit que les mines de cette terre soient
épuisées, ou que sa fécondité soit di-
minuée.

L'or est encore aujourd'hui la principale marchandise d'Ethiopie. Je comprens sous le nom d'Ethiopie tout ce
grand continent, qui s'étend depuis le
Tropique du Cancre jusqu'à l'Ocean.
On trouve l'or principalement en approchant du midi, & le plus grand
trafic s'en fait à Sophala. Ce trafic ne
s'y fait, ni par mesure, ni par poids,
ni par monnoye ; mais seulement à la
vûë, & par une estimation des yeux,
qui ne peut être que fort incertaine,
& qui quelquefois est fort lucrative
pour les marchands étrangers. Cette
pratique est ancienne parmi ce peuple,

& étoit fort générale ; car s'ils forgeoient quelques piéces de monnoye, c'étoit plutôt pour l'ufage des externes qui trafiquoient parmi eux, que pour le leur. Ils ont encore d'autres métaux, mais ils n'ont pas l'art de les tirer de la terre, & ils font contraints d'en faire venir d'Europe pour leur ufage. Monfieur Bochart foûtient qu'encore qu'il *Bochart.* *praf. Phal.* fe trouve des métaux en Afrique, *& lib. 3.* néanmoins les anciens ne les ont pas *cap. 7.* connus. Pour garant de cette opinion, il cite le Poëte Lucain, qui dit que la *Lucan.* Libye ne fournit ni or ni argent, & *lib. 9.* que fa terre eft de la terre pure. Il pou- *v. 424.* voit ajoûter l'autorité de Strabon, qui *Strab.* dit, qu'on ne trouve ni or ni argent *lib. 2.* dans l'Ethiopie, mais feulement de l'yvoire. Si on lit attentivement ce qui précéde ce paffage de Lucain, on verra qu'il ne parle que d'une partie de l'Afrique, fituée vers l'Occident: & en lifant ce qui fuit ce paffage de Strabon, on verra qu'il ne parle que de la partie d'Ethiopie, qui confinoit à la haute Egypte. Mais quand ces paffages fignifieroient ce que Monfieur Bochart a prétendu, on pourroit leur *Diodor.* oppofer l'autorité de Diodore, qui dit *lib. 1.*

que Sesostris Roi d'Egypte, ayant subjugué les Ethiopiens. leur imposa un
tribut annuel d'or, d'yvoire, & d'ébe-
ne : & celle de Theodoret, qui affure
que l'argent d'Afrique étoit si estimé,
que de son tems ceux qui s'appliquoient
à déterrer & à amasser de l'or & de
l'argent, cherchoient des Africains
pour ce ministére. Outre qu'il n'est pas
croyable, que l'Ethiopie meridionale
étant aussi abondante en or qu'elle l'a
toûjours été, les peuples voisins, &
ceux avec qui elle trafiquoit, l'eussent
pû ignorer. L'Ethiopie fournit aussi l'y-
voire en abondance, l'écaille de tortuë,
les plumes d'autruche, & quelques aromates : non pas toutefois la canelle,
que toute l'Europe venoit prendre autrefois en Egypte, & que l'on croyoit
venir d'Ethiopie, quoiqu'il n'y en naisse
point, & qu'elle y fût apportée de l'isle
de Seylan. Quoiqu'il en soit, cette nation a été puissante, & a autrefois
étendu sa domination jusque sur la Syrie. Ils attirerent dans leur pays les
armes de Semiramis. Sesostris la parcourut toute par ses victoires, & de
tous les Rois d'Egypte, il est le seul
qui ait eu la gloire de l'avoir soumise à sa

Theodoret.
in Jerem.
10,

patrie, laquelle les Ethiopiens prétendent fans aucune apparence, être une
de leurs colonies, & contre laquelle
ils ont foûtenu de grandes guerres.
Perfonne n'ignore la fable de Mem-
non, qui vint au fecours de Troye. On
le fait Roi d'Ethiopie par une ancienne
erreur, qui a fait confondre cette region avec la Sufiane qu'on appelle aujourd'hui Chufeftan, fituée à l'orient
de l'embouchure de l'Euphrate, & qui
fut gouvernée par Tithon, & par Mem-
non fon fils. La fource de cette erreur
vient de l'ambiguité du nom de Chus,
qui dans les Livres facrez fe donne quelquefois à la Sufiane, & quelquefois aux
pays qui font fituez des deux côtez du
golfe Arabique, & font une partie de
l'Arabie, & une partie de l'Ethiopie.
Cambyfes ayant enfuite entrepris de
dompter les Ethiopiens, y perdit fon
armée. Auguste leur fit refpecter fon
empire, envoyant contre eux fes legions fous la conduite de Petronius,
gouverneur d'Egypte, qui pouffa fes
conquêtes bien loin par de-là la ville
de Syene. Et Neron enfin conçut
quelque deffein de l'attaquer, mais ce
deffein ne fut fuivi d'aucun effet.

CHAPITRE XV.

1. Commerce des Carthaginois avant Alexandre : 2. Leur puissance & leurs colonies. 3. Isle Fortunée découverte par eux dans l'Ocean. 4. Relations d'Hannon & d'Himilcon.

1. CARTHAGE fut une fille de Tyr, & un fruit du trafic des Tyriens. Justin abbreviateur de Trogus, remarque que ce fut par le trafic que Didon eût entrée dans cette contrée, & y fut si bien receuë, & que tout le voisinage portant avec empressement ses denrées à ces nouveaux hôtes, ce concours forma en peu de tems la grande & fameuse ville de Carthage.

Justin. lib. 18. cap. 5.

2. Le trafic lui avoit donné la naissance, le trafic lui donna l'accroissement, & la rendit si puissante, qu'elle disputa long-tems à Rome l'empire du monde. Sa situation étoit bien plus avantageuse que celle de Tyr. Elle

Elle étoit en égale diftance de toutes les extrêmitez de la mer Mediterranée ; & l'Afrique où elle étoit fituée,
region vafte & fertile , lui fourniffoit aifément les bleds neceffaires pour
fa fubftance. Avec ces avantages fes
habitans avoient acquis une fi grande
fcience de la mer, qu'en cela, felon
le témoignage de Polybe , nulle au- *Polyb.*
lib. 6.
tre nation né l'égaloit. Pline femble *Plin. lib.*
affurer qu'ils furent les inventeurs du *7. cap. 56.*
commerce : mais on l'entend mal, &
ce n'eft pas fa penfée, comme je l'ai
déja remarqué ci-deffus. Car lorfqu'il attribuë cette invention aux peuples qu'il nomme *Pœni* , il faut entendre les Phéniciens, & non pas les
Carthaginois. Cela paroît clairement
par un paffage du Geographe Diony- *Dionyf.*
fius , où il fait les Phéniciens inven- *Perieg.*
teurs du trafic. Le nom de *Pœnus* eft *v. 908.*
le même que celui de *Phœnix*. Cice- *Cicer. de*
ron donne aux Phéniciens le nom de *Finib.*
Pœnuli , & c'eft ainfi qu'il faut enten- *lib. 4.*
dre *l'uterque Pœnus* d'Horace ; car foit *Horat.*
que l'on entende les Tyriens & les *Carmin.*
Carthaginois , ou les Carthaginois & *lib. 2.*
les habitans de Cadix que nous trou- *od. 2.*
vons avoir auffi été appellez *Pœni* par

E

Cicer. pro Balb. Ciceron : il eſt certain que *Pænus* ſe doit prendre là pour les Phéniciens, puiſque Cadix étoit une de leurs colonies. Les Phéniciens avoient tranſmis aux Carthaginois la ſubtilité de leur eſprit, leur adreſſe dans le commerce, & leur induſtrie dans les arts.

3. Reg. 5. 6. Comme l'Ecriture ſainte nous apprend que Salomon, en bâtiſſant le Temple, eut recours aux Tyriens, pour les ouvrages de charpente & de menuiſerie, dans leſquels ils excelloient, les travaux de boiſerie, qui venoient de Carthage étoient fort eſtimez à Rome. Ils ne furent pas moins habiles dans cet art de préparer les cuirs, qui s'eſt conſervé en Afrique juſqu'à nos jours, d'où nous viennent ces beaux maroquins, qui nous ſont d'un ſi grand uſage. A tous ces moyens de s'enrichir ils joignirent une grande parſimonie. Les Romains s'en moquoient, & les appelloient *Mangeurs de boüillie,* eux qui faiſoient autrefois leur principale nourriture de la boüillie. Mais ce que les Romains avoient fait par pauvreté & par groſſiereté, les Carthaginois le faiſoient par épargne. Par ces voyes ils parvinrent à une grande puiſſance. Au commencement de la troiſiéme guerre qu'ils eurent contre les Romains, & qui cauſa leur ruine entiere, Carthage avoit ſept-cens-mille habitans, & trois-cens villes de leur dépendance dans le ſeul conti-nent d'Afrique. Ils étoient maîtres, non-ſeulement de toute cette liſiere, qui s'étend depuis la grande Syrie, juſqu'aux Colonnes d'Hercule ; ce qui fait une étenduë de plus de mille lieuës françoiſes, mais encore de celle qui s'étend depuis ces mêmes Colonnes vers le midi, où Hannon Carthaginois bâtit tant de villes, & établit tant de colonies. En Eſpagne, qu'ils avoient preſque toute conquiſe, Aſdrubal qui y vint commander après Barca, pere d'Annibal, y fonda la célébre ville de Carthagene, dont Polybe *Polyb. lib.* nous a laiſſé une ſi magnifique deſcrip-*2. 3. &* tion. *10.*

3. On peut ajoûter à ces colonies cette grande Iſle découverte & habitée par les Carthaginois dans l'Ocean, bien loin au-delà du détroit de Cadix, & dont l'Auteur du Livre des merveil-les, attribué à Ariſtote, & Diodore, *Diod.* font une telle deſcription, que plu-*lib. 5.*

E 2

fieurs ont cru qu'elle ne pouvoit être
autre que l'Amerique. Monfieur Bochart ne le croyoit pas ainfi, & étoit
perfuadé que ce trajet n'auroit pû fe
faire fans le fecours de la bouffole.
Mais il faut faire attention fur ce que
dit Diodore, que ceux qui découvri-
rent cette Ifle, y furent jettez par la
tempête : & comme le vent d'orient
regne prefque continuellement dans la
Zone Torride, il pût bien arriver que
quelques vaiffeaux Carthaginois fur-
pris de ce vent, furent portez malgré eux vers ces Ifles occidentales,
comme je le ferai voir dans ma Dé-
monftration évangelique. Du refte il
ne faut pas prendre pour une fable
tout ce que les anciens ont dit de cette ifle Fortunée. Les Grecs purent
bien exagerer ce qu'ils en avoient appris : mais toutes les circonftances,
qu'on en rapporte, ne peuvent pas
avoir été controuvées. On dit que le
Senat de Carthage apprehendant que
cet agréable féjour n'attirât fon peuple , & ne rendît leur ville déferte,
lui défendirent par une ordonnance
expreffe de s'y établir. On dit de plus
qu'ils firent un grand myftére de cette

Boc. Geog.
facr part.
2. lib. 1.
cap. 35.
& 38.

découverte à toutes les autres nations, & qu'ils empêcherent l'abord aux Tyrrheniens, se la reservant pour leur servir de retraite en cas de besoin, comme s'ils avoient eu un pressentiment de leur décadence.

4. La posterité auroit tiré de grandes lumieres des deux monumens illustres des navigations de ce peuple, dans les relations des voyages de Hannon, qui est qualifié Roi des Carthaginois ; & de Himilcon, si le tems les avoit conservez. Le premier avoit décrit les voyages qu'il avoit faits dans l'Ocean, hors des Colonnes d'Hercule, le long de la côte occidentale d'Afrique; & le second, ceux qu'il avoit faits le long de la côte occidentale de l'Europe ; l'un & l'autre par l'ordre du Senat de Carthage. Mais le tems a consumé ces écrits : car quelque soin qu'ayant pris de grands hommes de ces derniers tems, de justifier de tout soupçon, de supposition, le Periple que nous lisons sous le nom d'Hannon, nous ne pouvons le recevoir sans scrupule. Mais nous en aurions encore davantage, de soûtenir que cette ancienne relation de Hannon, qui est citée

par Ariftote, par Mela, & par Pline,
& celle de Himilcon, qui eft citée par
Feftus Avienus, étoient des ouvrages
fuppofez. Il faudroit les avoir vûës
pour en pouvoir faire un jugement fi
affirmatif. Car encore qu'Ariftide, &
quelques autres Auteurs anciens ayent
accufé de fauffeté la relation d'Hannon,
nous ne favons pas fi cette relation,
qui portoit le nom d'Hannon, étoit
celle qui nous refte, ou fi c'en étoit
une autre plus ancienne.

Jamais Carthage n'avoit été plus
puiffante fur la mer, que lorfqu'Alexandre affiégea Tyr fa métropole. Sa
fortune commença dés lors à décliner,
& les guerres qu'elle eut enfuite contre
les Romains, achevérent fa défolation.

CHAPITRE XVI.

1. Commerce des Grecs avant Alexandre. 2. Flottes des Grecs envoyée contre Troye. 3. Commerce des Corinthiens, 4. des Ioniens, 5. des Phocéens, 6. des Atheniens, 7. & des Lacedemoniens. 8. Les Grecs ont contribué à la perfection, mais non à l'invention de la navigation. 9. Expedition des Argonautes. 10. Fondation, & commerce de Troye. 11. Sentiment des anciens Grecs sur les avantages du commerce. 12. Empire de la mer: de ceux qui l'ont possedé, des Lydiens, des Pelasges, des Tyrrhéniens, des Spinetes, des Rhodiens, des Phocéens, & des Massiliens. Polycrate Tyran de Samos. 13. Empire de la mer disputé entre les Atheniens & les Lacedemoniens, affecté par Philippes, Roy de Macedoine. 14. Commerce & alliance des Grecs avec les Egyptiens.

1. PENDANT que le commerce florissoit chez tous ces peuples, les Grecs ne le negligeoient pas. Je comprens sous le nom de Grecs, non seu-

lement les habitans de la Grece, mais
auffi ceux des Ifles de la mer Méditerranée, & des côtes de l'Afie mineure,
où les Grecs ont envoyé des colonies,
fans en exclure même les Siciliens,
& une grande partie des peuples d'I-
talie, venus autrefois du Peloponnefe,
ni les Tyrrheniens, que la plûpart des
anciens auteurs ont crûs Lydiens d'o-
rigine. Thucydide en rapportant, dés
l'entrée de fon ouvrage, l'état & les
mœurs des premiers habitans de la
Grece, les reprefente fort fauvages,
n'ayant aucune focieté, ni aucun commerce entre eux, ni avec les étrangers,
ni par mer ni par terre. Ils fe pilloient
les uns les autres, & ceux qui étoient
proches de la mer exerçoient la piraterie. Ils faifoient librement des defcen-
tes dans les terres étrangeres, ils rava-
geoient les villes prefque toutes ouvertes alors & fans défenfe, & ils fe faifoient un titre d'honneur de ce brigandage. Les Cariens étoient dans la même pratique, & les Phéniciens, ces
anciens navigateurs, leur en avoient
donné l'exemple. Ces pilleries fe com-
mettoient dans le milieu des terres comme fur la Mer. Minos Roi de Crete,

le plus ancien de ceux dont nous ayons connoiſſance, fut le prémier qui tâcha de reprimer ce déſordre. Il dreſſa une flotte, & il ſe rendit maître de l'Archipel, de ſes iſles, & des mers voiſines. Il en chaſſa les corſaires, & établit ſes enfans gouverneurs des terres qu'il avoit ſubjuguées. Quand les Grecs ſe furent familiariſez à la mer, ils commencerent à bâtir des villes ſur les côtes en veuë du commerce, & principalement dans les iſthmes, comme lieux d'un plus grand abord.

2. Thucydide ne demeure pourtant pas d'accord avec les poëtes, de ce grand nombre de vaiſſeaux qu'ils prétendent avoir été envoyez contre Troye. Il fait auſſi cette remarque particuliere ſur les vaiſſeaux qui faiſoient une partie de cette flotte, que les mêmes hommes y faiſoient la fonction de rameurs & de ſoldats. Ce qui devint dans la ſuite d'un uſage preſque ordinaire ; & il ajoûte que ces vaiſſeaux n'étoient pas tous couverts, mais que la plûpart étoient ſans tillac, comme ceux des pirates. Mais après la guerre de Troye, la Grece, comme il l'aſſure, commença à s'appliquer tout de bon à la marine.

Tucydid. lib. I.

3. Il donne aux Corinthiens la gloire d'avoir les premiers fabriqué des galéres à trois rangs de rames ; d'avoir toûjours entretenu le commerce chez eux, dés le tems même qu'il ne s'exerçoit que par terre, étant par leur situation à l'entrée du Péloponnése, comme un entrepôt pour ceux qui y alloient, & qui en venoient; & s'étant mis depuis à la pratique de la mer, ayant bâti des vaisseaux, & écarté les pirates, leur ville devint le lieu du plus florissant commerce de la Grece.

4. Après les Corinthiens il donne l'empire de la mer aux Ioniens, qui s'y maintinrent malgré Cyrus, & son fils Cambyses.

5. Il ajoûte qu'en ce même tems Polycrate tyran de Samos, s'étant rendu puissant sur la mer, s'assujettit plusieurs isles de l'Archipel ; que les Phocéens fondateurs de Marseille y acquirent d'assez grandes forces navales pour vaincre les Carthaginois; que ces flottes, toutes nombreuses & formidables qu'elles étoient, avoient pourtant peu de galéres à trois rangs, mais beaucoup plus de navi-

ées à l'ancienne mode, à un rang de cinquante rameurs, & des vaisseaux longs, que du tems de Darius succes-seur de Cambysés ; le nombre des ga-léres à trois rangs fut fort augmenté par les tyrans de Sicile , Gelon, & Hieron, & par les habitans de Corfou.

6. Il ajoûte que les flottes même dont se servirent ensuite les Athé-niens, & les Eginetes, n'étoient pas fort nombreuses, & n'avoient pour la plûpart qu'un rang de cinquante ra-meurs ; & qu'après même que par le conseil de Themistocle ils cherché-rent leur salut contre Xerxés dans leur flotte , leurs vaisseaux n'étoient pas tout-à-fait couverts. Mais nonobstant cela Xénophon , qui vint peu après *Xenoph.* Thucydide , parle d'Athénes , telle *de proven-* qu'elle étoit de son tems, comme d'une *tib.* ville fort marchande , & pourvûë de toutes sortes de commoditez pour le trafic.

7. La conduite que tenoient les Lacédemoiniens dans le commerce, leurs mœurs , & leur discipline rigide & austére , marquent assez le peu d'in-telligence qu'ils y avoient. Pausanias *Pausan.* nous apprend qu'avant Polydore Roi *Lacon.*

de Lacédémone , qui vécut environ
cinq cens ans après la prife de Troye ,
le commerce fe faifoit à Sparte par
échange , donnant en Payement des
bœufs ou des efclaves , ou de l'or ou
de l'argent en maffe , l'ufage de la

Juftin. monnoye leur étant inconnu. Trogus
lib. 5. prétend que cette forte de trafic ne
cap. 2. s'établit point chez eux par ignorance
& par groffiereté ; mais par une fage
prévoyance de Lycurgue , qui bannit
la monnoye d'or & d'argent de Sparte , comme étant la matiére de tous
les crimes. Ces jeux célébres de la Grece , qui attiroient avec tant d'empref-
fement tous les peuples de cette contrée , ne fe faifoient pas feulement
pour exciter la jeuneffe à ces nobles
exercices , où ils faifoient une fi grande parade de leur adreffe : mais ils fe
fervoient encore de ces occafions pour
fournir à leurs befoins par le trafic.
Outre les affemblées générales , qui fe
faifoient pour ces jeux fi renommez ,
il s'en faifoit encore de particulieres ,
où l'utilité du trafic fe rencontroit
avec le plaifir des fpectacles. Polybe

Polyb. décrit ceux que les Etoliens célébroient
lib. 1. tous les ans chez les Thermiens , &

les riches marchandifes qu'ils y appor-
toient. Xenophon nous apprend, *Xenoph. de repub. Laced.*
qu'encore que les autres villes de la
Grece exerçaffent toutes les profef-
fions qui pouvoient accroitre leur bien;
foit l'agriculture, foit le trafic de mer
& de terre, foit d'autres métiers, Lycurgue avoit défendu à Sparte que
ceux qui étoient de condition libre,
ne s'appliquaffent à aucun de tous ces
moyens qui fervent à l'augmentation
des richeffes. Si nous en croyons Phi- *Philoftr. vit. Apoll. lib. 4. cap. 10.*
loftrate, il reftoit encore parmi ce
peuple, du tems d'Apollonius, qui
vécut fous Domitien, des traces de
cet efprit élévé & defintereffé que Lycurgue lui avoit infpiré. Car on voit
un jeune Lacédemonien, appellé en
jugement, & prêt à être condamné
par les Ephores, pour avoir préféré
le trafic & le negoce de la mer, aux
emplois du gouvernement de l'état,
& au fervice de la république. L'auteur fait dire de plus à Apollonius,
que tant que Sparte s'eft feulement
appliquée aux affaires de la terre, elle a été floriffante & glorieufe, mais
que depuis qu'elle fe fût mife dans le
train de la mer, elle s'eft ruïnée, &
fur la mer, & fur la terre.

8. Plusieurs de ces peuples de
Grece se disputoient l'invention
diverses fortes de navires. Je cro
bien qu'adroits & ingenieux comm
ils étoient, ils ont perfectionné ch
eux la fabrique des vaisseaux, & que
que partie de la science de la mer
mais comment peuvent-ils s'en attr
buer l'invention, eux qui voyoien
si souvent sur leurs côtes les vaisseau
de Phénicie & d'Egypte ? Leurs au
teurs même demeurent d'accord qu'
ont appris la navigation des Egy
tiens, & qu'ils ont appris des Sid
niens les sciences necessaires à la bie
pratiquer, l'Astronomie & l'Arithm
tique. Leur coûtume de conduire leur
vaisseaux suivant le cours de la gran
de Ourse, si différente de celle de
Phéniciens, à qui le mouvement
la petite Ourse servoit de guide,
marque-t'elle pas dans ceux-ci un
bien plus grande pratique, & une bie
plus grande subtilité dans leurs obse
vations ? Outre que les voyages d
Grecs étoient presque bornez à la m
Mediterranée, & qu'ils n'entrere
point dans l'ocean avant Colœus
Samos, qui y entra veritablement

viron fix cens ans après l'expedition
des Argonautes, mais qui ne passa pas
la ville de Tarteffus, située à l'embouchure du Boetis, assez proche du détroit de Gibraltar. Car pour le golfe
Arabique & le golfe Persique & toute
la mer rouge, ils n'y naviguerent point
avant Alexandre.

9. Environ cinquante ans après le
regne de Minos, les Argonautes al-
lerent en Colchide, pour la conquête
de la Toison d'or. Quoi que la Fable ait donné à cette entreprise l'air
d'une expedition militaire, il y a pourtant beaucoup d'apparence qu'elle se
fit moitié guerre, moitié marchandise.
Cette Toison d'or est un mystére que
les anciens expliquent diversement;
les uns prétendans qu'elle signifie le
profit qui revenoit du trafic des laines de la Colchide; les autres qu'elle signifie l'or qu'on y ramasse avec
des toisons dans les rivières. On dit
qu'il y avoit une ancienne loi parmi
les Grecs, qui défendoit de mettre en
mer aucune galére qui portât plus de
cinq hommes, & que Jason fut le
premier qui contrevint à cette défense. On veut aussi que le navire Ar-

go aît été le prémier du genre de ceux
qu'on appelloit vaiffeaux longs. C'é-
toient des vaiffeaux de guerre beaucoup plus grands & mieux équippez
que ceux dont on fe fervoit alors, &
qui n'alloient guére qu'à la rame. Mais
deux cens ans avant les Argonautes
on fait venir Danaus d'Egypte à Ar-
gos dans un vaiffeau à cinquante rames. Ceux qui ont dit que le navire
Argo fut le prémier qui paffa au travers des Cyanées, pour entrer dans
le Pont Euxin, fe font expliquez fort
improprement. Ils devoient dire que
ce fut le prémier vaiffeau long qui
franchit ce paffage, eftimé alors fi
dangereux : car Phryxus & Hellé, en
portant la Toifon d'or dans la Colchide, avoient neceffairement tenu la
même route que Jafon, mais dans une
autre forte de vaiffeau. Il faut dire la
même chofe de ce vaiffeau de Crete
qui enleva Europe ; & de la flotte
de Minos dont j'ai parlé, & de tant
d'autres vaiffeaux plus anciens qu'Argo, dont l'hiftoire & la Fable font
mention. On difpute même à Jafon
l'honneur de s'être le prémier fervi
d'un vaiffeau long : on nomme Para-
lus

lus , Semiramis , & Ægæon , qui le
lui conteſtent. Mais quoi que l'on
nous diſe de ce navire Argo , il eſt
aiſé de juger que c'étoit fort peu de
choſe , en comparaiſon des vaiſſeaux
dont on ſe ſert aujourd'hui , par le
tranſport qu'on dit que firent les Argonautes de ce navire ſur leurs épaules , du Danube dans la mer Adriatique. Les autres qui leur font remon-
cer le Tanaïs , & traîner enſuite leur
navire par terre , juſques dans une
autre riviere qui tombe dans l'ocean,
d'où ils diſent qu'ils rentrérent dans
la mer Mediterrannée par le détroit
de Gibraltar , ne leur font pas faire
une bien moindre beſogne. Eratoſthé-
ne a bien renchéri pas deſſus ce que
les poëtes nous ont dit du voyage de
Jaſon. Il prétend qu'après qu'il fût
arrivé dans la Colchide , il en partit
prenant ſon chemin par terre , & alla
dans l'Armenie & dans la Medie.

10. La côte Aſiatique de l'Helleſ-
pont étoit un poſte avantageux pour
la guerre , pour le commerce de mer,
& pour impoſer & lever des péages
ſur les marchandiſes qui paſſoient par
ce détroit. Quelques années après

E

Minos, Scamandre prince de Crete,
& son fils Teucer, vinrent s'y établir. Ils y trouverent Dardanus, qui
étoit venu d'Italie, & y avoit déja
bâtit Ilion. Ils s'allierent, & fonde-
rent le Royaume de Troye, qui par
sa situation parvint bien-tôt à une
grande opulence. Il ne subsista pourtant guére plus de cent quarante ans,
& fut ruiné par les Grecs, qui se réü-
nirent pour venir à bout de cette guerre, & menérent contre les Troyens
mille ou douze cens voiles; ramas-
sez de toutes les côtes & de toutes les
isles de la Grece.

11. C'est ici qu'il faut rapporter le
plus illustre témoignage qui nous reste
de l'antiquité en faveur du commerce,
& de ceux qui le pratiquent. Il est
de Plutarque, dans la vie de Solon.
De peur d'en rien dérober au lecteur,
& de l'affoiblir en l'abrégeant, j'en
donnerai ici une traduction litterale.
Après avoir dit que Solon ayant trouvé sa maison ruinée par les excessives
liberalitez de son pere, il s'adonna au
trafic pour la rétablir; voici ce qu'il
ajoûte : *En ce tems-la, selon le rapport
d'Hésiode, aucun travail n'étoit honteux,*

& les arts ne mettoient point de difference entre les hommes. Le trafic étoit
aussi en honneur, apportant dans le pays
des commoditez du dehors, établissant
des alliances avec les Rois, & donnant
la connoissance de beaucoup de choses.
Quelques marchands ont même fondé de
grandes villes, comme celui qui bâtit
Marseille, & fut si bien receu des Gaulois.
On dit que Thalès exerça aussi le negoce; ainsi qu'Hyppocrate le Mathematicien,
& que Platon, qui n'entreprit le voyage
d'Egypte, que pour y debiter son huile.
Les avantages du commerce qui sont
ici décrits sommairement, sont agréablement exprimez dans une inscription
Latine, composée autrefois par un savant & ingenieux Professeur de l'Uni-
versité de Caen, qu'on voit gravée sur
la porté d'une maison bâtie au bord
de la mer, sur la côte de la basse
Normandie, qui merite d'avoir ici sa
place.

Queis opus est, affert tumefacta Venilia secum;
Et mox quæ superant revoluta Solacia tollit:
Qui pote damnosum vicinum Nerea ditas?

12. Castor Rhodien, qui vécut du
tems d'Auguste, avoit fait une histoire

F 2

exacte de tous les peuples qui avoient
eu l'empire de la mer Mediterranée,
depuis Minos, jusqu'aux Eginetes,
c'est-à-dire, jusques vers la soixante
& huitiéme Olympiade, pendant le
cours d'environ neuf cens ans. C'est
de ce Castor qu'Eusebe a pris le dénombrement de ces peuples, qu'il a
rapporté dans sa chronique, & les
gens savans ont pris soin de l'éclaircir
dans leurs ouvrages. La suite de mon
dessein ne me permet pas de m'y arrêter en détail, mais il ne me permet
pas aussi d'obmettre quelques remar-
ques particulieres qui y ont rapport.
Il est necessaire, avant toutes choses,
d'expliquer en quoi consistoit cet empire de la mer. Il ne faut pas s'imaginer que ce fût aucun droit de superiorité & de domination dans la pratique de la mer, qui fut deferé sur
les autres peuples par leur consente-
ment. Cet empire consistoit seulement
dans le nombre & la force des vaisseaux, & dans le grand usage de la navigation. Il ne s'étendoit proprement
que depuis les isles de Crete, & de
Rhode, jusqu'aux isles Cyanées, & du
côté de l'Occident, il n'alloit guére

au-delà de la mer Ionienne, & il ne le
faut entendre que par rapport aux nations Grecques.

Les Lydiens, qui tiennent le premier rang dans cette liste après les peuples de Crete, ont été les premiers,
selon le témoignage d'Herodote, qui *Herod. lib.*
ont monnoyé l'or & l'argent, & qui *I. cap. 94.*
ont fait le mêtier de revendeurs & de
regratiers, achetans en gros & reven-
dans en détail.

Eusebe ayant placé dans cette liste *Euseb.*
les Pelasges immédiatement aprés les *Chron.*
Lydiens, & les faisant contemporains *libr. 2.*
de Salomon, nous fait assez enten-
dre que cet empire n'avoit pas des
bornes plus étenduës que celles que
j'ai marquées, car il est hors de doute
que les Phéniciens étoient alors bien
plus puissans sur la mer que les Grecs.
La nation des Pelasges étoit très-ancienne dans la Grece. Leur vie erran-
te en est une preuve ; car dans les premiers tems les Grecs n'avoient point
de demeure arrêtée, comme Thucy- *Thucyd.*
dide l'a remarqué. Mais lorsque la plû- *lib. I.*
part des peuples de la Grece se fixerent
dans leurs demeures, les Pelasges furent toûjours vagabonds par mer & par

F 3

terre. Ce genre de vie leur rendit la navigation neceffaire, & le fréquent ufage les y rendit puiffans.

Si, felon l'opinion commune, les Lydiens & les Pelafges, fi grands navigateurs, avoient donné l'origine aux Tyrrheniens, il ne faudroit pas s'étonner qu'ils leur euffent auffi communiqué leur inclination pour la mer. Mais *Dionyf.* Denys d'Halicarnaffe croit les Tyr-
Halic. rheniens une très-ancienne nation,
lib. 1. originaire d'Italie. La fable de ces nautonniers Tyrrheniens changez par Bacchus en monftres marins, & rappor-
Ovid. tée par Ovide, confirme cette anti-
Met. quité; & elle montre auffi, qu'ils fe
lib. 3. font appliquez dés les premiers tems à la navigation, avant même que les Pelafges fe fuffent établis en Italie dans le voifinage des Tyrrheniens, & qu'ils euffent fait prefque une même nation avec eux. Les Tyrrheniens acquirent à leur tour la domination de la mer, & en établirent le principal fiege dans leur port de Lune : quoique, felon mon avis, cette domination ne s'étendit pas jufques aux parties orientales de la mer Méditerranée. Denys
Dionyf.
Halic. d'Halicarnaffe eft même perfuadé que
lib. 1.

le commerce des Tyrrheniens a perfectionné les Pelaſges dans la ſcience
navale. Ils en auroient joüi long-tems,
s'ils n'avoient pas été contraints de la
céder aux Carthaginois.

Ces mêmes Pelaſges étant entrez
dans une des embouchures du Po, y
bâtirent la ville de Spina, qui tint
auſſi à ſon tour l'empire de la mer
pendant pluſieurs années, & fut enfin
ruinée par les barbares de ſon voiſinage. Je crois toutefois qu'il faut re-
ſtreindre cet empire à la mer Adriatique.

Les Rhodiens, qui tiennent le cinquiéme rang entre les dominateurs de
la mer, peuvent être nommez avec
juſtice les legiſlateurs de la mer, par
l'eſtime qu'ont acquiſe leurs loix navales, les plus anciennes de toutes les
autres loix qui concernent la navigation. Les Romains les ont adoptées
& autoriſées, & ont voulu qu'elles fiſ-
ſent la déciſion de tous les differens
qui ſurviendroient entre les gens de
mer, ſi quelques loix plus récentes n'y
avoient dérogé.

Tout le monde ſçait que les Phocéens, que l'on met au nombre de

ceux qui ont été maîtres de la mer,
ont fondé & bâti la ville de Marseille.
Cette Ville étoit autrefois fournie de
beaucoup de vaisseaux, d'arsenaux,
de magasins, & de toutes sortes d'en-
gins & de machines pour la guerre de
mer & de terre, & la plûpart de son
invention. Elle n'a jamais prétendu à
l'empire de la mer : mais elle s'est toûjours fortement opposée à ceux qui
ont voulu se l'attribuer, & elle étoit
ornée des dépoüilles qu'elle avoit souvent remportées sur ces usurpateurs.
On lui attribuë aussi la gloire d'avoir
vaincu les Carthaginois sur la mer.
De plus, comme les Phocéens ont
été les premiers des Grecs, qui ont
entrepris des voyages de long cours,
si l'on en croit Herodote, les Massiliens, à leur imitation, ont envoyé
leurs vaisseaux dans l'Ocean, le long
des côtes d'Afrique, bien avant vers
le midy, sous la conduite d'Euthyme-
ne, & le long des côtes de l'Europe,
bien avant vers le nord, sous la conduite de Pytheas, l'un & l'autre de
Marseille.

Herod.
lib. 1.
p. 163.

13. Il y a sujet de s'étonner, qu'Eusebe n'ait point mis dans la liste des

dominateurs de la mer, Polycrate, tyran de Samos, qui avoit cent gale- res, chacune de cinquante rames, & à qui Herodote rend témoignage d'a- *Herod.* voir été le premier des Grecs, après *lib. 3.* Minos, qui s'est rendu maître de la *cap. 39.* mer. Mais il faut remarquer dans ce *& 122.* passage d'Herodote, qu'il ne reçoit pas pour un fait indubitable, que Minos se soit mis le premier en possession de cet Empire.

14. Environ cent ans avant Alexan- dre, les Atheniens, & les Lacedemo- niens se disputoient les uns aux au- tres la souveraineté de la Mer, avec beaucoup de chaleur, & des succès fort differens, dont les histoires an- ciennes sont remplies. Philippes Roi de Macedoine, pere d'Alexandre, prin- ce habile & ambitieux, mettant tout en usage pour accroître son pouvoir, & apportant à l'execution de ses des- seins beaucoup de valeur, & encore plus d'adresse & d'artifice, ne negli- gea rien pour se rendre maître de la mer. Les prétextes ne lui manquoient pas : celui des Pirates, qui infestoient le commerce, fut un des plus spé- cieux : quoi qu'il eût recours lui mê-

me à cet infame métier, lorsqu'il se
trouva sans argent au siege de Bizance.
Les Grecs voyoient assez clair dans
ses intentions ; mais ils manquoient
quelquefois de vigilance, pour en prévenir les effets, ou de pouvoir pour
les éluder.

Il ne faut pas se persuader, que ce
Prince, & tous ces peuples, dont j'ai
parlé, n'affectassent si ardemment cette domination, que par le seul motif
d'ambition ; le commerce étoit leur
principal objet : ils savoient que leur
puissance & leurs richesses en dépendoient ; & ils n'étoient pas moins
persuadez, que Themistocle l'avoit
été, & que Pompée le fut ensuite,
de cette grande maxime ; que, qui
est maître de la Mer, est maître de
tout.

15. En traitant du commerce des
Grecs, je ne dois pas omettre qu'il
n'y avoit point de peuple, avec qui
ils prissent soin de toute antiquité,
d'entretenir une plus étroite correspondance qu'avec les Egyptiens ; se
souvenans de leurs anciennes alliances,
& des colonies qui étoient autrefois
venuës d'Egypte en Grece, & comme

les reconnoiſſans pour leurs maîtres en
la ſcience de la mer. Amaſis Roi d'E-
gypte, les affectionnoit, & pour faciliter ce commerce, il leur avoit aſ-
ſigné la ville de Neucratis pour le débit de leurs marchandiſes, & même
pour s'y habituer; outre les autres
lieux, où ils n'avoient la liberté que
de trafiquer.

CHAPITRE XVII.

1. *Changement cauſé dans le Commerce*
par les conquêtes d'Alexandre. 2. *Ale-*
xandrie ruine Tyr. 3. *Fonde Alexan-*
drie. 4. *Diſpoſe les Mers des Indes*
au Commerce. 5. *Il ſe prepare à faire*
la guerre aux Arabes. 6. *Il forme de*
vaſtes deſſeins pour une Monarchie
univerſelle.

1. LEs choſes étoient en cet état,
lors qu'Alexandre attaqua l'Empire des Perſes, & par la conquête
qu'il en fit, changea, pour ainſi dire,

la face du monde, & fit une grande
revolution dans les affaires du commerce. Il faut donc regarder cette
conquête, & principalement la prise
de Tyr, & la fondation d'Alexandrie,
comme une nouvelle époque du commerce. Ce changement arrivé dans le
gouvernement des Etats, & dans les
interêts des peuples, ayant ouvert de
nouveaux ports & de nouveaux paf-
sages, fit prendre un nouveau tour à
la conduite du trafic. Nous avons vû,
que quand Alexandre fit la guerre à
Darius, les vaisseaux Phéniciens couroient toutes les mers, depuis les Indes
& l'Ethiopie jusqu'à l'Ocean occidental, & que jamais les Carthaginois n'a-
voient été si puissans sur la mer, qu'ils
l'étoient alors. Cette domination que
les Grecs affectoient dans la mer Mediterranée, & qui ne s'étendoit guére
au-delà de la mer Ionienne, n'avoit
guére de rapport qu'à ceux de leur
nation & de leur langue : & encore
que le commerce fût leur principal
objet, néanmoins l'ambition & la politique n'y avoient guére moins de part.
C'étoit dans ces vûës que Philippes,
pere d'Alexandre, avoit employé son

adreſſe, pour ſe rendre maître de la mer, juſqu'à faire ſans honte le métier de Corſaire, comme je l'ai dit, lorſque l'argent lui manquoit. Quand ſon fils lui ſuccedà, ſes forces de mer n'égaloient pas, à beaucoup près, celles des Perſes, qui étoient, ſans contredit, maîtres de la navigation, par leurs nombreuſes flottes, quoi que ramaſſées pour la plûpart des peuples ſituez ſur les côtes de la partie la plus orientale de la mer Mediterranée. Les Auteurs ne conviennent pas du nombre de vaiſſeaux, dont la flotte d'Alexandre étoit compoſée, lorſqu'il fit paſſer ſon armée en Aſie. Diodore ne lui donne que ſoixante vaiſſeaux longs. Arrien augmente ce nombre juſqu'à cent ſoixante, dont les Atheniens en avoient fourni vingt, ſans y comprendre les bâtimens de tranſport. Mais tous conviennent, qu'il eſt étonnant qu'il ait oſé attaquer l'Aſie avec une flotte ſi peu comparable à celle des Perſes, qui ſe trouvoit fortifiée alors des vaiſſeaux de Chypre & de Phénicie, & qui n'étoit pas de moins de trois cens voiles, ſelon Diodore, ou de quatre cens, ſelon Arrien. Ce fut ce qui obligea Alexandre, *Diodor. lib.* 17. *Arrian. Exped. lib.* 1.

après la bataille du Granique, de mettre en déliberation, s'il ne devoit pas augmenter ses forces de mer, & exercer les Macedoniens dans la marine, avant que d'aller chercher Darius pour le combattre. Ce fut aussi ce qui d'empêcha de suivre le conseil que lui donnoit Parmenion, de hazarder un combat naval. Et ce fut enfin ce qui l'obligea, après la prise de Milet, de rompre sa flotte, & ceder par consequent aux Perses l'Empire de la Mer, plûtôt que de s'exposer au peril d'une bataille. Outre que dans l'état où étoient ses affaires, il étoit bien aise d'épargner cette dépense, & de rendre ses soldats plus déterminez, en leur ôtant l'esperance de ce refuge. Il esperoit d'ailleurs, étant maître des villes maritimes de l'Asie, de réduire les Perses à rompre aussi leurs flottes, lorsque ces retraites viendroient à leur manquer, & ne leur fourniroient plus de matelots, ni de provisions. Il ne se reserva donc que les vaisseaux necessaires pour porter ses machines de guerre, du nombre desquels étoient les vingt que les Atheniens lui avbient prêtez.

2. La bataille d'Issus ayant achevé
de le rendre maître de la Phénicie & de
l'Egypte, & Tyr qui étoit le centre
de leur commerce & de leurs forces
navales, après un siége de sept mois,
étant tombé sous son pouvoir, il conquit, pour ainsi dire, par cette victoire, toute la mer Mediterranée. Les
Carthaginois sentirent la ruine de Tyr,
à qui ils devoient leur origine. Tyr
avoit reclamé leur secours. Ils s'étoient
interessez au siége qu'elle avoit soutenu, ils l'avoient déchargée de ses bouches inutiles, & ils l'auroient secou-
ruë plus efficacement, s'ils ne s'étoient
pas trouvez eux-mêmes engagez alors
dans une guerre dangereuse contre les
Syracusains. Dés ce jour Alexandre les
regarda comme ses ennemis, & il se
promit bien de tirer raison, si-tôt
qu'il auroit mis ordres aux affaires
d'Orient, de toutes les offenses qu'il
croyoit en avoir receües, par l'interêt particulier qu'ils avoient pris à la
fortune des Tyriens, & par les secours qu'ils leur avoient offerts. Il le
declara même à leurs députez, qu'il
trouva dans Tyr, lors de sa prise.
Les Carthaginois effrayez de ses me-

naces, eurent une grande attention
sur ses démarches. Ils chargerent Ha-
milcar, un de leurs citoyens, homme
avisé, de prendre quelque emploi dans
ses troupes, comme transfuge, d'observer sa conduite, & de leur faire
savoir, par des lettres secrettes, ce
qu'il remarqueroit de contraire à leurs
intérêts. Il s'acquita de sa commission
avec adresse & fidelité : & pour récom-
pense, ses compatriotes, à son retour,
sur de fausses apparences, après la
mort d'Alexandre, le firent mourir,
comme traître à sa patrie. Telle étoit
la ferocité de ce peuple.

3. Mais cependant Alexandre ima-
gina un autre moyen bien plus sûr
pour lui, & bien plus utile pour son
siecle, & pour les siecles suivans, de
se vanger en même tems de Tyr &
de Carthage, dont toute la force
consistoit dans le commerce. Ce fut
la fondation d'Alexandrie, grand &
heureux dessein, de quelque côté
qu'on le regarde, & qui en son genre, n'a jamais eu d'égal. Car il faut
premierement considerer la situation
merveilleuse de l'Egypte, qui a d'un
autre côté une libre communication
de

de l'Afie, & de tout l'Orient, par la
mer Rouge ; de l'Ethiopie & du Midi,
par la même Mer, & par le Nil; du
Septentrion, de l'Europe, & de l'A-
frique, par la mer Mediterranée. L'E-
gypte étoit par elle-même une des
plus fertiles contrées du monde, &
regorgeoit de toutes fortes de biens.
Alexandre confiderant tous ces avantages, & roulant dans fa tête de vaftes
deffeins pour une Monarchie univerfelle, jugea à propos d'établir le fiége
principal du Commerce, & d'y choi-
fir un lieu qui fut comme le nœud de
toutes les parties du monde, & qui
étant fitué entre Tyr & Carthage,
pût s'attirer en même-tems le commerce de l'une & de l'autre. Comme
l'abondance de l'Egypte avoit fait mé-
prifer à fes habitans, fous leurs premiers Rois, le commerce du dehors,
ils n'avoient point de Ports confi-
derables, & ils avoient negligé les
moyens d'en avoir. Le lieu où l'on
bâtit depuis Alexandrie, & qu'on nommoit alors Rhacotis, leur ayant parû
commode pour l'abord des étrangers,
dont ils apprehendoient les vifites ;
ils le munirent, & y mirent une gar-

G

nifon, pour les repouffer, & leur en
empêcher l'entrée. Ils abandonnérent
même les environs, pour fervir d'ha-
bitation aux Paftres, qui étoient une
efpéce de milice, gens d'execution,
vivans bien plus de rapine & de brigandage que de leur induftrie, affez
connus par le Roman d'Heliodore.
Ce lieu avoit en face l'ifle de Pharos,
& il avoit à revers le lac Mareotide,
que le Nil couvroit de fes inondations, par le moyen des canaux que
les anciens Rois avoient pratiquez.
Alexandre jugea cette place propre à
en faire une des plus belles villes, &
un des plus beaux ports du Monde.
Car l'ifle de Pharos, qui n'étoit pas
encore jointe alors au continent, lui
en fourniffoit un magnifique après fa
jonction, ayant deux entrées ; & le
lac Mareotide lui en fourniffoit un autre plus riche que le précédent : fans
que le voifinage de ce lac infectât
l'air pendant les chaleurs, les eaux faï-
nes du Nil venant alors à le couvrir.
Ce fut même pour favorifer le commerce de fa nouvelle ville, qu'Alexandre prit foin de repeupler Tyr de gens
foumis à fes volontez ; & non pas

feulement pour lui fervir dans le cours
de la guerre qu'il faifoit aux Perfes :
car il auroit eu fujet de craindre que
les Marchands accoûtumez fi long-
tems au trafic de Phénicie, & les Phéniciens même, ne fe serviffent du lieu
& du débris de Tyr, pour y rétablir
quelque forte de commerce. Carthage fut allarmée de la fondation d'A-
lexandrie, comme elle l'avoit été de
la prife de Tyr fa métropole, prévoyant
de là une grande diminution dans fon
commerce.

4. Alexandre après avoir défait Porus, & dompté les Indiens, s'appliqua à la connoiffance des mers de l'O-
rient. Plufieurs Phéniciens, entendus
au fait de la marchandife, fuivoient
fon armée. Ils fe chargerent de beaucoup d'aromates précieux, qui naif-
fent dans les Indes. Alexandre fit bâtir des Ports vers l'embouchure de
l'Indus : & il entra lui-même par ce
fleuve dans l'Ocean. A fon retour des
Indes, il y entra encore par l'Eulée,
fleuve qui traverfe la Sufiane, & rentra par l'Euphrate. Ce fut alors qu'il
fit détruire toutes ces cataractes, que
les Perfes, peu intelligens dans la ma-

rine , avoient conſtruites à l'embouchure & le long de l'Euphrate, pour
empêcher l'abord des étrangers dans
leur pays. Avant que de partir des Indes , il avoit envoyé ſes flottes ſous
la conduite de Nearque & d'Oneſicrite , pour reconnoître l'Orient , &
parcourir les rivages de l'Aſie. Elles
étoient ſorties de l'Indus , & elles rentrérent dans l'Euphrate.

5. Indigné de n'avoir reçû des Arabes aucune marque de reſpeɛt ; lui,
devant qui tout genou fléchiſſoit, il
prepara contre eux une armée navale.
Il envoya pluſieurs vaiſſeaux reconnoître les côtes de leur pays , & il
entreprit lui-même une nouvelle navigation dans l'Ocean, vers les rivages de l'Arabie, ſortant par le Pallacopas , qui eſt une branche de l'Euphrate. Il ſe propoſoit auſſi d'envoyer
des colonies ſur les côtes & dans les
iſles du golfe Perſique, & d'établir enfin la demeure capitale du vaſte Empire, qu'il s'étoit propoſé pour but de
ſes conquêtes, dans l'Arabie, dont il
entendoit vanter la felicité.

6. L'Hiſtoire marque d'autres deſ
ſeins bien plus vaſtes , qu'il avoit con

çûs pour la navigation, & qui furent renverſez par ſa mort : mais ils ſont rapportez diverſement. Quelques-uns ont écrit qu'il ne prétendoit pas ſeulement porter ſes conquêtes dans l'Arabie, ſortant par le golfe Perſique, & rentrant par le golfe Arabique, mais encore s'embarquer ſur la côte de Syrie, pour tourner ſes armes contre l'Afrique, ſe vanger de Carthage, s'aſſujettir la Numidie & la Mauritanie, ſortir par le détroit de Cadix, pour aller prendre l'Eſpagne à revers, & après l'avoir ſoumiſe, franchir les Alpes, dompter l'Italie, & repaſſer dans la Grece. D'autres pouſſent bien plus loin ſes projets; & comme ſuppoſans qu'il n'ignoroit pas que l'Afrique eſt une peninſule, environnée de tous côtez de la mer, hormis à l'iſthme de Damieté, ils donnent à entendre qu'il diſpoſoit les choſes, pour faire doubler à ſes vaiſſeaux le Cap meridional de l'Afrique, qu'on appelle aujourd'hui de Bonne-Eſpérance, & les faire rentrer dans la mer Mediterranée par les Colonnes d'Hercule. Ce fut dans de ſemblables vûës qu'il raſſ une grande quantité de vaiſ-

G 3

seaux, qu'il fit bâtir de nouvelles flottes, qu'il fit lever un grand nombre
de matelots, & qu'il fit faire un port
magnifique dans les embouchures de
l'Euphrate, qui pouvoit contenir mille vaisseaux. Mais il y a une observation importante à faire sur toutes
ces navigations, & sur la plûpart de
celles qui se firent dans la suite; c'est
qu'elles se faisoient sans perdre la terre de veuë : ce qui fait connoître
combien on étoit alors éloigné de la
science de la mer, que l'on a acquise
dans ces derniers siécles. Mais quoi
que la mort d'Alexandre prévint la
plûpart de ces desseins, il n'avoit pas
laissé pendant les deux dernieres années de sa vie, de r'ouvrir le chemin
au negoce des Indes, & au rétablissement de leur ancienne correspondance avec l'Egypte, que la fondation
d'Alexandrie devoit rechauffer, & rendre bien plus utile, & bien plus étenduë, en la faisant passer jusqu'aux extrêmitez de l'Occident. On a dit aussi
qu'il eut quelque pensée d'entrer dans
le Pont-Euxin, & d'aller visiter la Scythie, & les Palus Meotides. D'autres
veulent que la valeur des Romains

commença à lui faire ombrage, & qu'il se proposa d'aborder en Sicile & en Italie. Il est certain qu'il fit preparer des materiaux dans les forêts d'Hyrcanie, pour dresser une flotte, & entrer dans la mer Caspie. Il est constant aussi qu'il lui vint vers ce tems-là des députez de l'Afrique, & même de Carthage, d'Espagne, des Gaules, d'Italie, & des Scythes de l'Europe, pour le féliciter sur ses conquêtes, & lui demander son amitié. Ce qui put bien flatter son extrême ambition, en lui faisant accroire qu'il étoit souhaité pour Seigneur de ces peuples, de qui il étoit recherché, & lui faire venir le desir de se voir maître de tous ces pays, c'est-à-dire, du reste du monde.

CHAPITRE XVIII.

1. *Commerce sur les successeurs d'Alexandre, & principalement sous Ptolemée Philadelphe.* 2. *Dispositions particulieres des Indes pour le commerce sous Seleucus.* 3. *Relations des Indes, de Patroclés, de Dionysius, de Megasthene, & de Daimachus.* 4. *Seleucus & Antigonus s'appliquent à la marine. Rétablissement de Tyr.* 5. *Erreur des anciens sur la mer Caspienne. Alexandre & ses Capitaines changérent les noms des pays qu'ils conquirent.* 6. *Flotte prodigieuse de Demetrius Poliorcete. Vaisseau énorme de Ptolemée Philopator.*

1. SI la vie d'Alexandre apporta un si grand changement dans les affaires du Monde, sa mort en apporta un plus grand encore, lorsque de la ruïne du grand empire des Perses on vît naître tant d'Etats particuliers. Mais tous ses successeurs si

divifez d'interefts, ne variérent point
fur le fait du commerce, & fuivirent
les traces qu'Alexandre leur avoit marquées. Les Ptolemées, à qui l'Egypte échut en partage, & principalement Philadelphe, ouvrirent une route depuis Alexandrie jufqu'aux Indes,
en difpofant des étapes commodes par
les canaux du Nil, jufqu'à la mer Rouge. Ce Prince dans un corps infirme
avoit un génie fort élevé, curieux,
& défireux d'apprendre. Il fe rendit
puiffant fur la mer par fes nombreu-
fes flottes, dont Athénée a fait en
détail une defcription, & un denom-
brement, qu'on ne peut lire fans étonnement. Outre plus de fix vingt vaiffeaux à rames, de grandeur extraordinaire, il lui attribuë plus de quatre
mille autres navires, qui étoient employez au fervice de fon Etat : car il
poffedoit un grand Empire, qu'il avoit
formé en étendant les bornes de l'E-
gypte dans l'Afrique, dans l'Etiopie,
dans la Syrie, & au de-là de la mer,
s'étant rendu maître de la Cilicie, de
la Pamphylie, de la Lycie, de la
Carie, & des Cyclades, & poffedant
dans fes Etats près de quatre mille vil-

les ; ce qui eſt ſans aucun exemple.
Pour mettre le comble au bonheur
de ces provinces, il voulut y attirer
par le commerce les richeſſes, & les
commoditez de l'Orient.

2. Alexandre avoit déja jetté les
fondemens de cette correſpondance,
par les colonies des Grecs, qu'il avoit
établies dans les Indes, & par les villes qu'il y avoit bâties. On en avoit
donné le gourvernement à Pithon après
la mort d'Alexandre. Porus & Taxi-
lés gardoient la foi qu'ils avoient pro-
miſe aux Grecs leurs vainqueurs, &
commandoient à leurs Etats, plûtôt
comme gouverneurs, que comme Rois.
Mais Sandrocottus, qui par ſon adreſſe s'étoit fait une Royauté dans le même pays, après s'être ſoulevé contre
les Grecs, avoit exterminé ceux à qui
Alexandre en avoit confié le gouvernement. Seleucus qui avoit revendiqué
la ſouveraineté des Indes, & l'avoit
même pouſſée plus loin qu'Alexandre,
ayant mis ce rebelle à la raiſon, termina ſes differens avec lui par un traité qui lui laiſſoit les terres ſituées le
long de l'Indus, & les villes qu'A-
lexandre y avoit bâties.

3. Seleucus cependant laiſſa l'ad-
miniſtration de cette contrée, ainſi
que de la Babylonie, à Patrocles ſon
Lieutenant, homme d'une capacité &
d'une fidelité reconnuë, & qui en laiſſa des memoires, qui auroient été très
utiles à la poſterité, ſi le tems les avoit
conſervez. Ptolemée de ſon côté voulant être plus particulierement aſſûré
de l'état des Indes, par un homme de
confiance, y envoya Dionyſius, ſavant Mathématicien. Megaſthene fut
auſſi dépêché vers le Roi Sandrocottus, il eut de grandes conferences avec
lui, & avec d'autres Princes Indiens,
& en dreſſa des relations, dont quelques-uns des ſiécles ſuivans ont pro-
fité. Daimachus dreſſa auſſi les ſiennes,
ayant été envoyé vers Altitrochadés,
fils de Sandrocottus. Ce commerce ſi
bien établi par Ptolemée Philadelphe
entre les Indes & l'Egypte ; & par
l'Egypte entre les Indes & l'Occident,
étoit d'un trop grand rapport, pour
être negligé par ſes ſucceſſeurs. Ils
l'entretinrent ſoigneuſement, tant que
leur race regna en Egypte.

4. Des ſucceſſeurs d'Alexandre,
Seleucus & Antigonus furent ceux qui

s'appliquerent le plus à la marine. Le voisinage des Indes invitoit au trafic de mer & de terre Seleucus, qui se trouvoit souverain de la Babylonie, qui avoit parcouru les Indes & qui y entretenoit un Lieutenant. Dans les guerres qu'il eut contre Antigonus, ils couvrirent l'un & l'autre de leurs flottes la mer Mediterranée. Ce dernier se trouvant d'abord dépourvû de vaisseaux, & ayant en tête Ptolemée, Lysimaque, & Cassander, qui étoient maîtres de la mer, il fit travailler à une grande flotte sur les côtes de Phénicie. Et lorsque Seleucus vint se presenter à lui avec cent voiles, & porta l'épouvante dans son armée, il la rassura par la promesse qu'il lui fit de mettre en mer cinq cens vaisseaux avant la fin de l'été. Et en effet il eut bien-tôt une flotte qui approchoit de ce nombre, & il ôta l'empire de la mer à ses ennemis. Il se rendit aussi maître de la ville de Tyr, qui aprés le dégât qu'Alexandre y avoit fait en la prenant, s'étoit assez puissamment rétablie, pour pouvoir soutenir, comme elle fit, un siége de quinze mois.

Plin lib.
2. cap. 67.

5. Ce que Pline dit des navigations

que Seleucus & Antigonus firent dans
la mer des Indes, vers la mer Cafpienne, est fort embrouillée, & est
une suite de l'erreur dans laquelle il
est tombé après plusieurs autres, qui
ont crû que la mer Caspienne étoit
un golfe de la mer Scythique. Alexandre & ses successeurs, jetterent
une grande confusion dans la géographie & dans l'histoire, quand par une
vanité ridicule ils changèrent les noms
des pays qu'ils avoient subjuguez,
pour leur en donner de plus illustres.
Patroclés l'un des Amiraux des Macedoniens, fut celui qui donna lieu à
cette erreur touchant la mer Caspienne, en se vantant faussement d'y être
entré par la mer de Scythie. Pline ne *Plin. lib.*
s'explique pas plus clairement dans ce ² ˑ ᶜᵃᵖ· 77
qu'il ajoûte des Palus Meotides, &
de l'ocean septentrional. Les princes
descendus de tous ces successeurs d'A-
lexandre, n'abandonnérent pas le soin
de la mer, mais ils ne cultivérent pas
tous cette pratique avec le même suc-
cés, jusqu'à ce qu'enfin ils furent subjuguez par les armes Romaines.

    6. Mais nous ne devons pas oublier
de parler ici de cette prodigieuse flotte

que fit conftruire Demetrius Poliorcete, fils d'Antigonus, pour fe rendre maître de l'Afie. Plutarque dit
qu'elle étoit de cinq cens voiles; qu'on
admira non feulement le nombre, mais
encore la grandeur des vaiffeaux; perfonne n'ayant vû jufqu'alors des vaiffeaux de 15. & de 16. rangs de rameurs; qu'il eft vrai que Ptolemée
Philopator, Roi d'Egypte, fit faire
quelques années après, un navire de
quarante rangs, long de deux cens
quatre-vingt coudées, & portant fa
poupe à quarante huit coudées de
hauteur, chargé de quatre mille rameurs, de quatre cens matelots, &
de trois mille foldats; mais que cette
vafte machine fembloit n'être faite que
pour l'oftentation, & n'étoit d'aucun
ufage par l'énormité de fa maffe, ref-
femblant plûtôt à une grande maifon
fixe & fans mouvement : mais que les
vaiffeaux de Démetrius avoient, nonob-
ftant leur grandeur furprenante, toute
l'agilité neceffaire, pour fervir aux
ufages à quoi ils étoient deftinez. Mais
quoi que tous ces vaiffeaux ne fuffent
faits que pour la guerre, & n'euffent
aucun rapport à la marchandife, ils

nous font neanmoins concevoir juſqu'à quel point on avoit porté alors
l'étude de la navigation & des affaires de la mer.

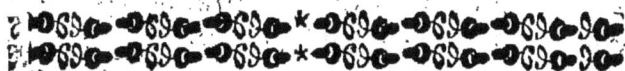

CHAPITRE XIX.

1. *Commerce des Rhodiens après Alexandre.*

1. CE fut dans la ſuite de cette
guerre d'Antigonus contre Seleucus & ſes alliez , que la vertu,
la valeur & les forces maritimes des
Rhodiens ſe déployérent davantage.
Alexandre les avoit toûjours traitez
avec beaucoup de marques de diſtin-
ction. Ils évitérent ſoigneuſement de
prendre aucun parti dans les guerres de
ſes ſucceſſeurs. La faveur de ces Princes , une longue paix , & un commerce aſſidu , les avoir rendus aſſez puiſſans pour entreprendre ſeuls , & ſans
aucun ſecours étranger , de nettoyer
la mer de pirates. Mais comme leur
ſituation leur rendoit le trafic d'Egypte , non ſeulement commode & utile,

mais encore neceſſaire, & qu'ils en
tiroient leur principale ſubſiſtance, ils
avoient toûjours entretenu une liaiſon
plus étroite avec Ptolemée, qui en
étoit Roi. Ainſi quand Antigonus les
voulut obliger à entrer dans ſon parti, & à l'aider des commoditez de
leur Iſle contre Ptolemée, ils le re-
fuſérent généreuſement, & ſe reſolurent à ſouffrir plûtôt les dernieres
extrêmitez, que de manquer de foi à
leur allié. Ils ſoutinrent pendant un an
un rude ſiége contre ſon fils Demetrius, qui n'avoit point ſon pareil dans
l'art d'aſſieger, & de prendre les villes, & qui n'étoit pas moins formidable par ſes forces de mer, qui alloient au-delà de quatre cens voiles;
& ils firent enfin la paix à des conditions aſſez avantageuſes avec un ſi redoutable adverſaire. Ils gardérent dans
la ſuite avec les Romains la même
politique qu'ils avoient gardée avec
les Succeſſeurs d'Alexandre, & prirent
grand ſoin de conſerver leur amitié;
& cela les broüilla avec Philippes, Roi
de Macedoine; & avec Mithridate,
qui n'y trouva pas ſon avantage.

CHA-

CHAPITRE XX.

1. Commerce des Carthaginois après Alexandre, 2. en Sicile, 3. en Sardaigne, 4. & en Espagne.

1. CEPENDANT les Carthaginois augmentoient leurs forces, & en travaillant à augmenter leur domination, leur commerce en devenoit plus floriffant. Ils n'avoient pas trouvé d'abord grande refiftance dans le continent d'Afrique. Ils porterent leurs vûës plus loin, & ils fongérent à s'établir dans la Sicile, dans la Sardaigne, & dans l'Efpagne.

2. Le voifinage de la Sicile, & fa fertilité les attiroit à fa conquête. Ils la tentérent dés le tems de Cyrus. Mais ils y trouvérent une grande refiftance, & ils effuyérent de grands revers : & la pefte traverfa quelquefois les avantages qu'ils avoient obtenus par la guerre. Ils en remporterent néanmoins de grandes dépoüilles, & ils en conquirent une partie, mais ils ne joüi-

H

rent jamais paisiblement de ces conquêtes. Les Siciliens fatiguez de leur acharnement opiniâtre, eurent quelquefois recours aux étrangers. Mais leur plus seure défense leur vint d'eux-mêmes. Gelon, qui s'étoit fait leur tyran, tailla en piéces les Carthaginois sur les bords de l'Himere, lorsqu'ils déférérent trop aveuglément au conseil que leur avoit donné Xerxés, d'attaquer la Sicile. Gelon usa modérément de sa victoire, & leur donna la paix. Aprés la mort de Gelon, ses freres ne purent empêcher que la Sicile ne retombât dans l'état démocratique. Alors les Carthaginois rentrérent dans les affaires de cette isle, & prirent des mesures pour se l'assujettir toute entiere : mais les deux Denys s'y opposérent, ayant usurpé la tyrannie de la Sicile, & s'y étant maintenus pendant cinquante ans, avec cinq cens gros vaisseaux, cent mille hommes de pied, & dix mille chevaux. Denys le pere commença son usurpation par l'avantage qu'il remporta sur les Carthaginois, en les chassant de l'isle. Mais la suite ne répondit pas à ces commencemens : & après divers évenemens,

il perit enfin par une mort malheureuſe.
Le commerce receut un grand déchet
ſous ſon gouvernement, lorſqu'il permit au peuple de Syracuſe, & de toute
la Sicile, de piller les magaſins des Carthaginois, qui s'étoient établis chez
eux, & y poſſedoient de grandes richeſſes : ſans épargner même leurs vaiſſeaux, qui ſe trouvoient en grand nombre dans leurs ports. Il étoit néanmoins
fort appliqué à la navigation. Il ren-
cherit par deſſus les Corinthiens, qui
étoient inventeurs de la fabrique des galéres à trois rangs, & il fut le premier
qui fit faire des galéres à cinq rangs. Il
leur fit bâtir des loges autour du port de
Syracuſe. Son fils, qui lui étoit fort
inferieur en toutes choſes, mit en mer
juſqu'à quatre cens galéres. Mais tous
ces grands armemens ſe faiſoient bien
plus pour la guerre que pour le trafic.
Timoleon, qui vint enſuite, ne reſiſta
pas moins aux entrepriſes des Carthaginois. Il les fit de nouveau repaſſer en
Afrique, & abandonner la poſſeſſion
de la Sicile, dont ils avoient joüi long-
tems, quoi qu'ils lui oppoſaſſent une
flotte de deux cens galéres, & de plus
de mille vaiſſeaux de charge, & il

rétablit l'Isle en une pleine liberté.
Mais ces avantages n'étoient que paſ-
ſagers : car ce peuple inquiet, ambitieux, & intereſſé, ne pouvoit ſe pri-
ver de tous les biens qui lui revenoient
de cette iſle, & il étoit choqué de la
grandeur de Syracuſe, qui étoit la ri-
vale de Carthage, dans l'eſperance
de la domination de la Sicile. La Fortune lui ſuſcita encore un dangereux
adverſaire en la perſonne d'Agatocle,
qui occupa la tyrannie de la Sicile, peu
de tems après le jeune Denys ; quoi
que la baſſeſſe de ſa naiſſance, &
l'obſcurité de ſa jeuneſſe, ne lui pro-
miſſent pas une ſi grande élevation,
ayant même exercé la piraterie contre
ſa propre patrie. Les hiſtoires ſont
remplies de revers, que la fortune
lui fit éprouver dans les guerres qu'il
ſoûtint contre les Carthaginois ; &
des exploits d'une valeur, & d'une
capacité ſinguliere, par leſquels il les
repouſſa. Il les alla attaquer en Afrique, & les aſſieger dans leur capitale,
& il rétablit les Siciliens dans l'empire de la mer. Il prit alors un ſoin particulier de leur trafic, & protegea
leurs marchands, quoi qu'il traverſât

ailleurs les affaires du commerce; & que pour son profit particulier il retint toûjours son esprit de pirate, & qu'il s'associât aux corsaires d'Italie. Après une tyrannie de vingt-huit années, il mourut empoisonné par son petit fils.

La mort d'Agathocle fit rentrer les Carthaginois dans leurs prétentions sur la Sicile. Ils crurent avoir une occasion favorable de l'envahir toute entiere. Ils y passérent avec de grandes forces. Les Siciliens reclamérent le secours de Pyrrhus, Roi d'Epire, qui avoit été gendre d'Agathocle, & avoit un fils de ce mariage. Il passa aussitôt en Sicile avec plusieurs vaisseaux, qui joints à ceux que fournirent les Syracusains faisoient une flotte de plus de deux cens voiles. Il maltraita celle des Carthaginois, quoi qu'il fussent alors maîtres de la mer. Il fit de grandes conquêtes dans l'isle, & s'en qualifia Roi. Mais les Romains prenant en Italie sur ses alliez les mêmes avantages qu'il prenoit en Sicile sur les Carthaginois, pour ses alliez, il fut obligé d'abandonner la Sicile, & ensuite l'Italie.

3. Lorſque les Carthaginois ſe crurent maîtres de la Sicile, ils voulurent appuyer cette conquête de celle de la Sardaigne, mais ils n'y réüſſirent pas : ils y perdirent une grande bataille, & la meilleure partie de leur armée. Ils y firent une ſeconde tentative, quelque tems après, avec auſſi peu de ſuccès ; & Aſdrubal, l'un des généraux, qui avoit été chargé de cette expedition, y reçut une bleſſure, qui lui ôta la vie. Mais ils furent enfin contraints de la ceder aux Romains. Ce qui ne fut pas une des moindres cauſes de la ſeconde guerre Punique, pendant laquelle les Carthaginois ne negligérent rien, pour s'en mettre en poſſeſſion.

4. Quoi que l'exemple des Tyriens, qui s'étoient fait de ſi grands établiſſemens en Eſpagne, ait bien pû y attirer les Carthaginois, qui étoient ſortis d'eux, néanmoins ces établiſſemens, qui regardoient ſeulement le commerce, ne furent pas tant ce qui les y attira, qu'une occaſion fortuite, plûtôt qu'un deſſein prémédité, qui les fit penſer à étendre leur domination en Eſpagne. Car les habitans de Ca-

dix, sortis comme eux des Tyriens, ayant imploré leur assistance contre les Espagnols leurs voisins, qui les harceloient incessamment, les Carthaginois ne leur refusérent pas un secours, qu'ils leur pouvoient donner aisément par mer, sur laquelle ils s'étoient rendus puissans; & par terre, où ils avoient poussé leur domination jusqu'au détroit de Cadix. Ils ne se contentérent pas d'avoir repoussé les Espagnols, ils passérent dans leur terre, & se rendirent maîtres d'une partie de l'Espagne. Carthage voulut conserver une si belle conquête : elle y envoya des chefs entendus dans la guerre, qui par divers succès, y étendirent leur domaine. Mais nul n'égala le merite d'Annibal, qui leur succeda, & qui se rendit maître de toute l'Espagne, qui est au-delà de l'Ebre; & ils n'en furent dépoüillez que par la valeur des Romains, qui après les en avoir chassez, eurent encore de grandes guerres à soûtenir contre les Espagnols même, jusqu'au téms d'Auguste, qui dompta enfin ce peuple féroce, & réduisit l'Espagne en forme de Province.

CHAPITRE XXI.

1. LE Commerce ne fut pas la principale veuë des Romains dans les guerres qu'ils entreprirent, comme il le fut dans la plùpart de celles des Carthaginois. Ils fongérent à étendre leur domination, & à faire des conquêtes, & ils y réüffirent. Mais

des gens d'une si profonde sageffe n'i-gnoroient pas combien les richeffes étoient neceffaires à leurs deffeins, & qu'ils n'avoient point de moyen plus sûr pour les acquerir, que le Com-merce.

2. L'exemple des peuples de leur voisinage les y follicitoit. D'un côté les Tyrrheniens, qui avoient dominé dans une grande partie de la mer Medi-terranée, & y avoient exercé de gran-des pirateries, par la commodité que leur donnoit le port de Lune; des-quels les Carthaginois, les Siciliens, & principalement Agathocle leur ty-ran, avoient abaiffé la puiffance ma-ritime. De l'autre côté les villes mari-times, qui étoient leurs proches; & ces peuples originaires de la Grece, qui habitoient l'extrêmité de l'Italie, les invitoient au trafic par celui qu'ils pratiquoient. La neceffité même les y contraignoit, le pays qu'ils habitoient n'étant pas affez fertile pour les nour-rir, & quoi qu'ils fiffent profeffion d'une grande frugalité, & du mépris des richeffes, ils étoient pourtant con-traints par toutes les regles de la pru-dence & de la politique, de fe pré-cautionner contre l'indigence.

3. Cependant Polybe, auteur gra-
ve & intelligent, qui a eu part au
affaires, & est d'une sincerité irrepro-
chable, dit fort affirmativement, qu'a-
vant la premiere guerre Punique, le
Romains n'avoient point pensé à l
mer; que la Sicile fut la premiere terre hors de l'Italie, où ils abordérent
& que quand ils y passérent pour secourir les Mamertins, ils se servirent
de vaisseaux, qu'ils avoient emprun-
tez des Tarentins, des Locriens, &
des Neapolitains; & qu'ayant pris une
galére couverte, du nombre de celle
que les Carthaginois, qui tenoient
sans contredit depuis long-tems l'Empire de la Mer, employoient contre
eux, leur servit de modele, pour bâtir en soixante jours une flotte de cent
galéres à cinq rangs, & de vingt galéres à trois rangs, qui vainquit ensuite celle des Carthaginois. Polybe
admire avec raison cette vigueur, &
cette hardiesse nonpareille des Romains, & declare que cela seul lui a
fait naître l'envie d'écrire la premiere
guerre Punique. L'on marque la 493
année de Rome, comme celle où le
Romains entrérent en mer pour la pre-

miere fois. On juge bien que ces vaiſſeaux étoient fort groſſiérement con-
ſtruits : les Hiſtoriens l'aſſurent, &
ils aſſurent même que dans la guerre
que les Romains eurent contre Antiochus, l'an 563. de Rome, ils étoient
encore fort mal adroits dans cette fabrique.

4. Mais quoi qu'il ſemble que Polybe, diſant que les Romains n'avoient
jamais entré en mer avant la premiere
guerre Punique, ait entendu parler
des expeditions navales, entrepriſes
pour la guerre, & qu'il paroiſſe même
s'en expliquer aſſez clairement en quelques endroits, néanmoins il eſt difficile de le concilier avec lui-même,
lorſqu'il rapporte dans ſon troiſiéme
Livre les anciens Traitez faits entre
les Romains & les Carthaginois. Par
le premier, dont nul autre que lui n'a
fait mention, & qui fut fait l'an 245.
de Rome, ſous les premiers Conſuls,
après la dépoſition de Tarquin, c'eſt-
à-dire, environ 250. ans avant la premiere guerre Punique, les Romains
s'engagérent pour eux & pour leurs
alliez, de ne point naviger au-delà
du Cap qui couvre Carthage, du côté

du Nord , & qu'on appelle le Beau Promontoire , s'ils n'y étoient contraints par neceffité. Les voyages entrepris par eux pour le trafic, tant en Afrique qu'en Sardaigne , & dans la partie de la Sicile qu'occupoient les Carthaginois, y font expreffement diftinguez & reglez par des claufes particulieres : ce qui laiffe entendre que les principales claufes du Traité regardoient la guerre navale : & ce qui le prouve encore plus nettement, c'eft l'explication que Polybe donne enfuite aux termes de ce Traité , en rapportant aux galéres & vaiffeaux longs, ce qui étoit dit des navires en général. Par le fecond Traité , qui fut paffé à Rome, à la priere des Carthaginois, l'an 402. de la fondation de Rome, & dans lequel les Tyriens, & ceux d'Utique, font nommément compris dans l'alliance des Romains; on connoit que les Romains trafiquoient aux mêmes lieux, qui font défignez par le premier Traité ; & de plus, qu'ils exerçoient la piraterie, & qu'ils étoient affez puiffans, pour pouvoir bâtir des villes au-delà des mers. Le paffage de Pyrrhus en Italie, donna

u lieu au troisiéme Traité d'alliance entre les Romains & les Carthaginois,
n l'an 473. de la fondation de Rome.
Tite-Live veut que c'ait été le qua- *Tit. Liv.*
triéme Traité. Il paroît par ce Traité *Epit. lib.*
que les Romains avoient alors negligé [13]
e soin de la mer; car ils stipulent,
que les Carthaginois leur fourniront
des vaisseaux dans le besoin, & pour
es voyages, & pour la guerre; & au
surplus, les conditions des Traitez
précédens sont renouvellées. Outre
ces preuves que nous tirons de Polybe
contre lui-même, nous lisons que l'an
de Rome 416, qui précéda la premiere guerre Punique de 74. ans,
es Romains ayant ruiné le port des
Antiates, & s'étant emparez de leur
flotte, qui étoit de vingt-deux galéres, entre lesquelles il s'en trouvoit six
armées d'éperons, le Consul Mænius
orna de ces éperons la Tribune aux
harangues dans la place publique, brûla les navires dépouillez de cette défense, & fit remonter les autres jusqu'à Rome, & les mettre dans le lieu
destiné à la garde & à la fabrique des
vaisseaux. Ce qui prouve invincible-
ment que dés ce tems-là les Romains

mains s'appliquoient aux affaires de la mer.

5. Je ne puis m'empêcher de remarquer ici une faute grossiere, qu'à commise Isidore dans ses Origines, sur cette matiere, lorsqu'il dit en plus d'un endroit, que la Tribune aux harangues fut ornée d'éperons, pris des navires des Carthaginois, dans la guerre Punique ; confondant les éperons pris des navires des Antiates, dont on para la Tribune aux harangues, avec ceux que Duillius fit attacher à la colonne qu'il érigea dans la place publique, après la victoire navale qu'il remporta sur les Carthaginois.

6. Nous lisons de plus, que les Romains avoient en mer une flotte de dix vaisseaux couverts & armez, avant la guerre contre les Tarentins ; c'est-à-dire, environ dix-huit ans avant la premiere guerre Punique. Ce fut cette flotte qui donna occasion à la guerre contre Tarente, par la fierté brutale de ses habitans, qui l'attaquérent, lorsque passant paisiblement, elle s'approcha de leur port, comme d'une ville amie, pour s'y rafraîchir ; coulérent à fond quatre vaisseaux de cette

Isidor. Orig. lib. 13. cap. 2. & lib. 18. cap. 16.

flotte, & tuérent Valerius qui la commandoit, que d'autres nomment Cornelius, & tous les autres chefs & soldats, qui tombérent entre leurs mains, rendirent les gens de mer, & prirent un de ces vaisseaux. Et pour comble d'injustice & d'emportement, ils traitérent outrageusement les ambassadeurs des Romains, lorsqu'ils vinrent leur demander raison de ces insultes. Ils avoient déja donné des marques assez éclatantes de leur mauvaise volonté contre le nom Romain, lorsqu'ils prirent contr'eux le parti des Neapolitains & des Palepolitains, en fomentant leur résistance, en leur promettant leur secours, & en les blâmant ouvertement, lorsqu'ils se soûmirent aux Romains. Ils avoient eu même de secrettes alliances avec les Gaulois, avec les Tyrrheniens, avec les Samnites, & avec d'autres ennemis de Rome. Les Tarentins qui se reprochoient tant d'offenses, voyant approcher la flotte Romaine de leur port, & ne croyant pas qu'elle y vint dans un esprit de paix, crut agir selon les regles de la prudence & de la guerre, de les prévenir.

7. Ce Valerius, qui commandoit la flotte, exerçoit, selon le témoignage de Tite-Live, la charge de Duumvir naval, dont l'office étoit d'équiper, de reparer, & d'entretenir les flottes. Et en cela même il paroît évidemment que les Romains ne commencérent pas à se mêler des affaires de la mer, lorsqu'ils passérent pour la premiere fois en Sicile, avant la premiere guerre Punique, puisque ces charges de Duumvir de la mer furent créées l'an de Rome 443. c'est-à-dire, environ cinquante ans avant le tems où Polybe prétend que les Romains commencérent à s'appliquer à la mer. Avant même cette action barbare des Tarentins, il y avoit un Traité entr'eux, & les Romains par lequel ces derniers ne pouvoient naviger au-delà du Promontoire Lacinium, qui est proche du golfe de Tarente.

Tit. Liv. Epit. lib. 12.

8. Il est donc constant que les Romains s'appliquoient à la mer dés le tems de leurs Rois, premierement pour le negoce, & ensuite beaucoup plus pour la guerre; mais que les ennemis qui environnoient leur Etat dans l'Italie, leur donnérent de si importantes

&c.

& si continuelles occupations , qu'ils
furent contraints de se relâcher dans
le soin de la marine , jusqu'au tems
de la premiere guerre Punique. Car
alors ils le reprirent avec tant d'ardeur , & un si prodigieux succès , que
tout ce qu'ils y avoient fait auparavant , ne mérita pas en comparaison
d'être compté pour rien. Et c'est en
ce sens qu'il faut entendre & expliquer
Polybe.

CHAPITRE XXII.

1. Commerce & Navigations des Ro-
mains & des Carthaginois, depuis la
premiere guerre Punique , jusqu'à la
seconde. 2. Les frequens naufrages
affoiblissent la puissance maritime des
Romains.

1. **L**Es Carthaginois avoient été
maîtres de la mer, jusqu'à la
premiere guerre Punique. Cette domination leur avoit acquis une partie
de l'Afrique, de l'Espagne, & de la
Sicile, toute la Sardaigne, & toutes

I

les Isles adjacentes. Ils infestoient impunément les côtes d'Italie, quand il
s'en présentoit quelque prétexte ; &
personne ne leur disputoit le commerce de la mer Mediterranée, qu'ils par-
tageoient paisiblement avec les Tyriens,
leurs consanguins, & leurs alliez. Ils
faisoient de ce commerce leur principal interêt. Cela paroît assez clairement par le discours que leur fit le
Consul Marcius dans la troisiéme guerre Punique, lorsqu'il leur declara l'ordre que le Senat avoit donné de détruire Carthage. C'est la mer, leur
dit-il, & les grandes richesses que
vous en retirez, qui sont cause de vôtre malheur : c'est la mer qui vous a
invitez à l'invasion de la Sicile, &
ensuite à celle de l'Espagne : en tems
de paix même vous pilliez nos marchands ; & pour ôter la connoissance
de vôtre crime, vous les noyez dans
la mer : mais enfin vôtre mechanceté
étant découverte, il vous en coûta
la Sardaigne. C'étoit le souvenir de
cette grande puissance, qui faisoit dire
à leurs députez dans le Senat de Rome, après la seconde guerre Punique, qu'à peine leur restoit-il la ville

de Carthage avec ses murs, après s'ê-
tre vûs maîtres presque de toute la
terre. Ce fut donc par une précaution
sage, & presque necessaire, que les
Romains entreprirent la premiere guerre Punique. J'ai déja dit, que pour
la soutenir, les Romains en l'espace
de soixante jours, à compter du jour
que les arbres furent coupez dans la
forêt, batirent une flotte de cent galéres à cinq rangs, & de vingt galéres à trois rangs, sur le modéle d'une
galére des ennemis, dont le hazard
les avoit rendus maîtres. Quelques-
uns la font monter à cent-soixante
voiles. Et il ne faut pas s'imaginer,
que ces vaisseaux fussent quelques petits bateaux, fort inférieurs à la grandeur de ceux d'aujourd'hui, puisque
Polybe nous témoigne, que dans la *Polyb.*
bataille navale des Consuls Attilius & *lib.* I.
Manlius, qui fut donnée contre les
Carthaginois, cinq ans après celle de
Duillius, chaque navire portoit trois
cens rameurs, & six-vingt soldats.
Personne n'ignore que cette flotte de
nouvelle fabrique, conduite par des
pilotes sans art, & commandée par
le Consul Duillius, vainquit celle des

I 2

Carthaginois. Je ne fai quelle foi il faut ajoûter à ce que rapporte Pline, *Plin. lib. 16. cap. 39.* fur le témoignage de l'hiftorien Pifon, que les Romains dreſſérent en quarante-cinq jours une flotte de deux cens vingt voiles, contre Hieron, Roi de Syracufe, qui s'étoit declaré d'abord pour les Carthaginois, & qui ſe reconcilia peu après avec eux : car cela ne s'accommode nullement avec le recit *Polyb. lib. 1.* que nous fait Polybe du démêlé qu'eut ce Prince avec les Romains. Cinq ans après la victoire de Duillius, une autre flotte Romaine de trois cens trente galéres couvertes, défit, ſous le commandement du Conſul Attilius Regulus, celle des Carthaginois, qui étoit de 350. navires armez.

2. Ces victoires auroient acquis aux Romains l'Empire de la Mer, ſans les naufrages que firent leurs flottes dans les années ſuivantes, & qui les contraignirent de le ceder aux Carthaginois. Dans la premiere année, leur flotte, qui étoit de 364. voiles, fut réduite à 80. Pour reparer cette perte, ils firent conſtruire 120. vaiſſeaux en trois mois, & remirent en mer une flotte de 300. voiles. Un ſecond nau-

frage leur en fit perdre la moitié. Néanmoins ils reprirent courage trois ans après, & rétablirent une nouvelle flotte de 200. voiles. Mais en ayant perdu 93. l'année suivante, dans un combat naval sur la côte de Sicile; & peu de tems après le Consul Junius ayant passé en Sicile avec un renfort de 120. galéres, & de plus de 800. vaisseaux de charge; & une furieuse tempête ayant brisé les deux flottes qu'ils avoient sur ces côtes, ils furent contraints de laisser encore de nouveau les Carthaginois maîtres de la mer : qui n'y trouvant plus de résistance, allérent ravager les côtes d'Italie, les plus proches de la Sicile: ce qui força les Romains de tenter encore de nouveau la fortune de la mer. Ils dressérent donc une flotte de 200. galéres à cinq rangs, qui termina cette guerre, par la victoire qu'elle remporta, sous le commandement du Consul Lutatius, l'an de Rome 511. Les Carthaginois demandérent la paix aux Romains, à qui elle n'étoit guére moins necessaire qu'à eux. Ils l'obtinrent, à condition d'abandonner ce qu'ils possedoient en Sicile; c'est-à-dire, toute l'Isle, à la reserve de ce qu'occupoit Hieron, Roi de Syracuse; & toutes les Isles qui sont entre l'Italie & la Sicile. C'est ainsi que finit une guerre qui avoit duré vingt-quatre ans, qui avoit coûté aux Carthaginois 500. galéres à cinq rangs, & 700. aux Romains, en y comprenant celles qu'ils perdirent par les naufrages. Ce traité fut le quatriéme entre ces deux puissantes nations. Il sembloit exclure assez nettement les Carthaginois des isles de Sardaigne & de Corse : mais il n'en attribuoit pas la possession aux Romains. Les uns & les autres y avoient d'anciennes prétentions. Le droit des Carthaginois étoit le plus apparent, comme fondé sur une plus longue joüissance, quoi que les Romains la leur eussent disputée, & que plus de vingt ans auparavant le Consul Lucius Scipion eût défait les habitans de Corse & de Sardaigne dans leurs isles, bien que défendus par une armée de Carthaginois. Peu après le dernier traité de paix, les Romains s'en mirent en possession, & declarérent la guerre aux Carthaginois, qui faisoient mine de s'y vouloir opposer,

fans faire reflexion où les avoit réduits
la derniere guerre. Ils furent donc forcez de fouffrir l'entreprife des Romains,
& de confentir à une nouvelle clau-
fe, touchant la ceffion de la Sardaigne, qui fut ajoûtée au dernier traité.
Ces Ifles firent quelques tentatives dans
les années fuivantes, pour fecouër le
joug des Romains ; mais leurs efforts
ne fervirent qu'à fournir la matiere à
quelques triomphes des Confuls Romains.

CHAPITRE XXIII.

1. *Pirateries des Illyriens reprimées.* 2. *Et
en particulier celles des Iftriens.*

1. **D**Ix ou douze ans après ce quatriéme Traité entre Rome &
Carthage, les Romains fe trouvérent
engagez dans une nouvelle guerre
contre les Illyriens, pour la confervation de leur commerce, & pour
la protection de leurs marchands. Ce
peuple qui habitoit la côte orientale

I 4

du golfe Adriatique , & principalement les Iſtriens , & les Liburniens,
qui en faiſoient la meilleure partie ,
étoient fort décriez pour leurs pirateries , plus de trente ans avant la premiere guerre Punique. Les Liburniens
s'étoient ſignalez entre eux par la legereté de leurs vaiſſeaux, qui étoient
les meilleurs voiliers de tous les vaiſſeaux de la mer. Ces brigandages ne
s'exerçoient point à la dérobée par les
Illyriens. Teuta, leur Reine les y au-
toriſoit , & leur avoit permis de piller indiſtinctement toutes ſortes de
nations. Ils tomboient ſouvent ſur les
marchands d'Italie , & les traitoient
avec beaucoup d'inhumanité. Les Romains, qui par l'étenduë du domaine
qu'ils poſſedoient en Italie , & par les
alliances qu'ils avoient contractées ,
ſe trouvoient intereſſez à ces courſes
des Illyriens, & en recevoient de frequentes plaintes , ſe reſolurent enfin
d'y mettre ordre. Ils envoyérent des
ambaſſadeurs à la Reine Teuta , qui
poſſedée de l'eſprit feroce de ſa nation,
les receut mal , & même fit tuer l'un
d'eux, qu'elle crut lui avoir manqué
de reſpect. Mais elle ne fut pas long-

tems fans s'en repentir, par la vigou-
reufe guerre que lui firent les Romains.
Elle leur demanda la paix, & elle lui
fut accordée à de dures conditions.
Elle fe foumit à abandonner toute
l'Illyrie, à la referve de quelque peu
de places fur la côte, à ne pouvoir
mettre en mer que deux brigantins
défarmez, & à ne naviger point au-
delà de la ville de Liſſus, voiſine de
Dyrrachium, fur la frontiere de la
Macedoine.

2. Mais les Iſtriens ne fe purent
contenir dans des bornes fi étroites,
ni s'aſſujetter à des conditions fi contraires à leur humeur & à leurs interêts. Ils recommencérent leurs pilleries fix ou fept ans après le traité fait
avec Teuta, & n'épargnérent pas les
vaiſſeaux des Romains, qui portoient
à Rome les blés neceſſaires pour leur
nourriture. Ils en furent punis, comme Teuta l'avoit été : mais non pas
toutefois de telle forte que leur exemple pût empêcher deux ans après un
nouveau foulevement des Illyriens,
fous la conduite de Démétrius le Pha-
rien, qui contre les termes du traité
de paix fait avec Teuta, outre les au-

tres contraventions, avoit oſé mettre
en mer cinquante brigantins, & les avoit
envoyez au-delà de Liſſus, & juſqu'aux
Cyclades. Mais ſon audace ne tarda
pas à être reprimée par le Conſul Emy-
lius, qui le vainquit, le chaſſa de l'Illyrie, & triompha de lui.

CHAPITRE XXIV.

1. *Commerce & Navigations des Romains & des Carthaginois, pendant & après la ſeconde guerre Punique.*

1. J'AI dit ci-deſſus, qu'une des
principales cauſes de la ſeconde
guerre Punique, fut la poſſeſſion de
la Sardaigne. A quoi il faut ajoûter le
payement d'une groſſe ſomme que les
Romains exigérent des Carthaginois
dans le déſordre de leurs affaires. Annibal, qui s'étoit engagé par ſerment
dés ſon enfance à être ennemi irre-
conciliable des Romains, paſſant l'E-
bre, & aſſiégeant Sagunte, ville alliée
des Romains, contre les clauſes du

Traité, qui avoit été paſſé avec Aſ_
drubal, donna commencement à la ſeconde guerre Punique. Je ſortirois de
mon deſſein, ſi j'entreprenois d'en
faire le recit, après tant d'Auteurs
anciens & modernes, qui l'ont écrite.
Je n'en dirai que ce qui a quelque
rapport au Commerce & à la Navigation. Lorſque pour faire diverſion de
la ſanglante guerre, qu'Annibal entretenoit en Italie depuis ſi long-tems,
& qu'il avoit portée juſques ſous les
murs de Rome, Scipion fut chargé
de paſſer en Sicile; & de là en Afri_
que. Il uſa de telle diligence pour ré_
tablir la flotte qu'il devoit mener en
Sicile, qu'en moins de quarante-cinq
jours, à compter du jour que les arbres avoient été coupez, il fit conſtrui_
re vingt galéres à cinq rangs, & trente à quatre rangs; les arma, & les
équipa, pour joindre à la flotte, qui
devoit paſſer de Sicile en Afrique, &
il employa à cela du bois verd, faute
d'autre. La victoire que Scipion remporta en Afrique ſur Annibal, termina cette guerre, & força les Carthaginois à demander la paix. Ils l'obtinrent, mais à de facheuſes conditions.

Entre autres chefs du traité, il fu
rêté, qu'à l'avenir ils ne pourro
avoir plus de dix galéres ; que le
plus seroit livré aux Romains ; & qu
leur restitueroient les vaisseaux qu'
leur avoient pris pendant les trêve
On regla même la grandeur des bateau
dont ils se serviroient à l'avenir pou
la pêche , & pour les voitures qu'i
feroient dans les côtes voisines. Sci
pion fit brûler devant leurs yeux cin
cens vaisseaux à rames de toutes gran
deurs : ce qui ne les toucha pas moin
que s'ils avoient vû brûler Cartbage
Telle fut la fin de cette guerre , qu
avoit duré dix-sept ans, après une pai
de vingt & trois ans. Les Romains se
trouvérent alors sans contredit souve
rains de la mer, sur laquelle ils tinren
cette année cent galéres. Leur com
merçe devint florissant , & l'abondan
ce fut si grande à Rome , que les mar
chands payoient les nautonniers e
bled , pour le prix de leurs voitures.

CHAPITRE XXV.

1. *Affaires de la Mer dans la guerre entre les Romains, & Philippes Roi de Macédoine. 2. Confederation de Philippes avec Annibal. 3. Philippes est contraint de brûler une partie de sa Flotte ; son pays est attaqué par celles des Romains, d'Attalus, & des Rhodiens. Pristes, sorte de vaisseaux. 5. Philippes vaincu par les Romains, est dépoüillé de ses forces de mer.*

1. CETTE Paix entre les Romains & les Carthaginois, après la seconde guerre Punique, fut suivie de la guerre contre Philippes, Roi de Macedoine. Depuis longtems la grandeur des Romains faisoit ombrage à ce Prince. Avant que d'entreprendre rien contre eux, il s'apliqua tout de bon à la marine, dans la guerre qu'il fit aux Etoliens. Il exerça aux fonctions de la marine ses Macedoniens,

que le voifinage de la mer y rendoit
naturellement affez difpofez. Ce fut
peu après ce tems-là que les Romains
commencérent à prendre part aux affaires de la Grece : & c'eft ce qui obligea Philippes à redoubler fes foins
pour la mer. Non pas qu'il ofât oppofer fes flottes à celles des Romains
pour les combattre ; mais cherchant
feulement les moyens de tranfporter
plus aifément fes foldats dans les lieux
où il jugeoit à propos de les attaquer.
Il crut les vaiffeaux conftruits à la maniere des Illyriens, plus propres à cet
ufage. Dans le deffein où il étoit de
paffer en Italie, il fut le premier des
Rois de Macedoine, qui mit en mer
cent brigantins.

2. La funefte bataille de Cannes,
qui mit un fi grand défordre dans les
affaires des Romains, détermina Philippes à faire un traité de confédéra-
tion avec Annibal, dont les principales conditions furent, que Philippes
pafferoit promptement en Italie avec
deux cens voiles, comme il paroiffoit
être en pouvoir de le faire ; qu'il en
ravageroit les côtes orientales, & que
les Ifles voifines de la Macedoine, qui

pourroient être conquises, lui demeu-
reroient pour son partage.

3. L'an de Rome 540. le Préteur
Lævinus, commandant la flotte qui
gardoit la côte de Brindes & de la Ca-
labre, fit embarquer ses soldats sur ses
galéres, & sur ses vaisseaux de charge, pour secourir les villes d'Oricum
& d'Apollonie, situées sur les côtes,
l'une d'Epire, & l'autre de Macedoine, assiégées par Philippes, qui se
servoit à ces siéges de six-vingt brigantins à deux rangs. Lævinus le força dans son camp, & l'obligea de se
retirer par terre en Macedoine, après
avoir été contraint de brûler lui-même une partie de sa flotte. Dans cette même année les villes d'Eubée furent attaquées de trois puissantes flottes; de celle des Romains; de celle
d'Attalus, Roi de Pergame, qui étoit
de vingt-quatre galéres à cinq rangs;
& de celle des Rhodiens, qui étoit
de vingt vaisseaux couverts. Douze
ans après, Philippes se trouva engagé à un nouveau combat naval près
de l'isle de Chio, contre ce même Attalus; & les Rhodiens, dont les flottes étoient de soixante & cinq galéres

couvertes, fans celles de Byfance, &
quelques autres encore. Cellé de Philippes étoit de cinquante-trois galéres
couvertes, fans celles qui étoient découvertes, & cent-cinquante, tant
galiotes que Priftes.

4. Ces Priftes étoient de petits vaiffeaux, tirans leur nom de la figure
d'une efpéce de baleine, qui étoit pofée à la prouë du vaiffeau, ou pour
lui fervir d'enfeigne, & le faire reconnoître, ou pour marquer fa legereté
& fa vîteffe, pareille à celle de cette
forte de baleine, qui étoit nommée
Prifte, parce qu'elle avoit le bout du
mufeau fait en forme de fie. Je raporte
ce détail, pour faire connoître quelle
étoit alors la navigation de ces peuples; d'où il eft aifé de juger, qu'ils ne
négligeoient pas d'employer ces commoditez à l'ufage du commerce.

5. L'an 556. de Rome, Philippe
Roi de Macedoine, ayant été vaincu
par les Romains, fous la conduite du
Conful Quintius Flamininus, il leur
demanda la paix, & elle lui fut accordée. Une des conditions du Traité
fut, qu'il livreroit aux Romains toutes fes galéres couvertes, & ne fe re-
serveroit

ſerveroit que quelques brigantins; avec cette étonnante galére qui étoit à ſeize rangs de rameurs, & qui étoit preſque inutile pour ſa prodigieuſe grandeur ; & qui ſervit pourtant longtems après à porter à Rome le Conſul Paul Emyle, après qu'il eût vaincu Perſée fils de Philippes.

CHAPITRE XXVI.

1. *Antiochus entreprend la guerre contre les Romains, à l'inſtigation des Etoliens & d'Annibal, & eſt défait aux Thermopyles. 2. Affaires de la Mer dans cette guerre. Antiochus vaincu par Terre & par Mer, eſt dépoüillé de ſes forces maritimes, & d'une partie de ſon Etat.*

1. L'EXEMPLE de Philippes devoit faire reſpecter les Romains par Antiochus, Roi de Syrie, qui fut ſurnommé le Grand, & qui enflé de ce titre, & de quelques ſuccès, s'attira à ſon grand dommage les armes des Romains, & perdit l'Empire de la

K

Mer, & une partie de son Etat. Là grandeur des Romains, qui prenoit de jour en jour de nouveaux accroisse-mens, lui donnoit de la jalousie, & il n'en donnoit pas moins de son côté aux Romains. Il fut enfin entiere-ment determiné à leur faire la guerre, par l'instigation des Etoliens, & de Thoas leur Prince, qui s'étoit chargé de cette députation : & bien plus encore, par Annibal, fugitif de son pays, & portant en tous lieux sa hai-ne implacable contre les Romains. Le succès ne répondit pas aux espéran-ces qu'on avoit données à Antiochus. Sa défiance, son irrésolution, & son incapacité, l'empêchérent de tirer tout l'avantage qu'il eût pû, des conseils & du service d'un aussi grand homme qu'étoit Annibal. Il fut battu & défait aux Thermopyles par le Consul Aci-lius Glabrio.

2. Dans la même année, qui fut l'an 563. de Rome, le Préteur Livius, chargé du commandement de la flotte des Romains, eût ordre de passer in-cessamment en Grece, avec trente navires bien équipez, & de les join-dre à la flotte que lui devoit remettre

le Conful Attilius. La flotte d'Antiochus reçût cependant quelques échecs
de celle des Romains, qui dés-lors
n'étoient pas moins puiſſans ſur la mer
que ſur la terre. Après que Livius eût
ſuccedé à Attilius, dans le commandement de la flotte Romaine, il en
compoſa une de 81. navires armez,
& de pluſieurs moindres, tant de ceux
des Romains, que de ceux de leurs
alliez. Antiochus lui oppoſa cent vaiſſeaux ſous la conduite de Polyxénidas,
capitaine experimenté. Ces vaiſſeaux
étoient inferieurs en grandeur, & en
force à ceux des Romains, mais ils les
ſurpaſſoient en legereté : car juſqu'a-
lors les Romains n'entendoient guere
la marine. Cette legereté ſervit à ſau-
ver une partie de la flotte d'Antiochus, après la bataille qu'il perdit contre les Romains ſur la côte d'Ionie.
Antiochus, pour réparer cette perte,
envoya Annibal en Syrie, pour lui
amener des vaiſſeaux de Sicile, & de
Phénicie. Pendant qu'il exécutoit cet
ordre, les Rhodiens l'attaquérent à
ſon retour, & après lui avoir pris
quelques vaiſſeaux, ils tachérent de
tomber ſur le reſte, & de s'en emparer,

lorsqu'il quitteroit la côte de Pamphylie, sur laquelle ils l'avoient poussé.
Mais Polyxénidas, Amiral d'Antiochus, ne tarda pas à le vanger des
Rhodiens. Il surprit devant l'Isle de
Samos leur flotte jointe à une partie
de celle des Romains. A peine sept
vaisseaux purent-ils échapper, & vingt
furent pris & conduits à Ephese. Æ-
mylius Regillus succeda à Livius dans
le commandement de la mer, & opposa une flotte de 80. vaisseaux à celle d'Antiochus, qui étoit de près de
cent galéres couvertes, sous le commandement d'Annibal, & de Polyxénidas, & la défit sur la côte de l'Ionie,
près de Myonnesus, faisant sentir à
ce superbe Roi qu'il devoit déformais
céder aux Romains la superiorité de
ces mers, qu'il s'étoit attribuée jusqu'alors. Les Romains prirent treize
de ces vaisseaux, & brûlérent le reste,
ou le coulérent à fond. Mais la défaite
de son armée de terre, près du Mont
Sipylus, par l'Armée Romaine, conduite par Domitius, sous le commandement des deux Scipions, freres, acheva de lui ôter toute esperance de se
rétablir sur la mer : car il ne pût ob-

tenir la paix, qu'à condition d'abandonner toute la partie de l'Asie, qui
est entre la mer, & le mont Taurus ;
& de se contenter de la Syrie ; qu'il
livreroit aux Romains ses vaisseaux de
guerre, & ne pourroit retenir que dix
brigantins de moyenne grandeur, pour
contenir ses sujets dans l'obéïssance ;
& qu'il ne pourroit les envoyer au-delà
des deux promontoires de Cilicie, qui
seroient les bornes de son Empire. En
exécution de ce traité, le Consul Romain fit détruire cinquante galéres
couvertes, qui faisoient la force de la
flotte Royale. Et son fils Antiochus
Eupator s'étant voulu dispenser de la
rigueur de cette clause, & augmenter
ses forces de mer, le Sénat Romain
envoya brûler les vaisseaux surnumé-
raires.

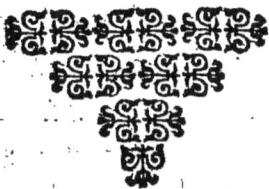

K 3

CHAPITRE XXVII.

1. *Affaires de la Mer sous Prusias, Roi de Bithynie.*

LA déroute d'Antiochus fit appré-hender à Annibal, que ce Prince, chez qui il s'étoit refugié, ne fût obli-gé de le livrer aux Romains : il passa donc au service de Prusias, Roi de Bi-thynie, qui faisoit alors la guerre à Eumenés, Roi de Pergame, allié des Romains, & à qui cette alliance don-noit de grands avantages sur Prusias, Leurs flottes étoient prêtes à combat-tre. Celle de Prusias se trouvant fort inferieure, Annibal, qui la comman-doit, y suppléa par son adresse. Il fit ramasser un grand nombre de serpens. Il en remplit des bouteilles de terre, qu'il fit jetter dans les vaisseaux enne-mis au fort du combat. Les soldats d'Eumenés, troublez par une attaque si extraordinaire, & si imprévuë, fu-rent mis en désordre, & prirent la fuite. Ce fut ce même Prusias, qui s'étant joint aux Rhodiens, fit la guerre aux Byzantins, & les empêcha de lever les péages qu'ils avoient coûtume d'exiger des vaisseaux qui navigeoient vers le Pont Euxin.

CHAPITRE XXVIII.

1. *Affaires de la Mer, dans la Guerre des Romains contre les Etoliens, 2. & contre les Istriens, 3. & contre Nabis, tyran de Sparte.*

1. LEs Etoliens éprouvérent à leur tour les armes Romaines. Ils se les attirérent par leur fierté, & par les sollicitations qu'ils firent faire à Antiochus par Thoas leur député, pour l'irriter contre les Romains, & l'engager à leur faire la guerre. Ce peuple ne se contentoit pas d'affecter la superiorité sur ses voisins ; il exerçoit encore ses brigandages sur la mer : car leurs forces maritimes n'étoient pas méprisables ; & dés le tems qu'ils avoient fait alliance avec les Romains, contre Philippes, Roi de Macedoine, ils s'étoient engagez volontiers à l'at-

K 4

taquer par mer. Ils faiſoient paroître
une ſi grande ardeur pour accroître
leur domination & leurs richeſſes, qu'ils
avoient donné de la terreur aux peuples qui leur étoient voiſins, & de la
haine à tous les autres. Leur audace
les porta juſqu'à concevoir du mépris
pour les Romains, à le rendre public,
& même à le leur déclarer. Après
quelques alliances entr'eux, aſſez mal
entretenuës, ils en vinrent enfin à une
rupture ouverte. La guerre qu'Antiochus avoit entrepriſe contre les Romains ſur leurs preſſantes inſtances,
lui ayant été funeſte, leur ruïne ſuivit
de près celle d'Antiochus. Le Conſul
Fulvius prit la ville d'Ambracie leur
capitale, & les réduiſit à lui demander
la paix, qu'ils obtinrent par l'entre-
miſe des Atheniens, & des Rhodiens.
Cette conquête entraîna celle de toutes les Iſles, qui ſe trouvent depuis la
côte d'Epire, juſqu'au cap de Malée.

2. Les Iſtriens, qui avoient pris
part à la querelle des Etoliens, eurent
part auſſi à leur déroute. Claudius Pul-
cher les ſubjuga : & par là les Romains ſe rendirent maîtres de toute la
partie occidentale de la mer Mediter-

ranée, & se mirent en pouvoir d'y
exercer un libre & riche commerce,
lorsque les affaires de la guerre le leur
permettoient.

3. Ils étendirent encore leur puissance maritime au-delà du cap de Malée, en se mettant en possession des
places que Nabis occupoit sur les côtes voisines de Sparte, dont il avoit
envahi la souveraineté ; & de Gythium
entr'autres, qui étoit le havre de Sparte. Ce tyran exerçoit une violente piraterie sur les côtes de Péloponnese.
Les Romains avoient d'anciens traitez
d'alliance avec les Lacedemoniens. Nabis les avoit renouvellez : mais les
ayant depuis violez par beaucoup d'in-
fractions, le Consul Romain fut obligé de mettre en mer contre lui une
flotte de quarante vaisseaux, soutenuë
de dix-huit galeres couvertes de Rhodes, & de dix autres du Roi Eumenés,
joints à trente de ses brigantins, il le
dépoüilla de sa puissance maritime, &
le réduisit à faire un traité, par lequel
il fut contraint de livrer sa flotte aux
Romains, pour rendre aux villes voisines les vaisseaux qu'il leur avoit enlevez, & de ne se réserver que deux

brigantins. Il ne laissa pas dans la suite
de préparer une autre flotte, petite à
la verité, mais suffisante pour le maintenir dans les villes qu'il tenoit sur la
côte, contre celle que les Achéens
envoyoient pour lui opposer, sans attendre celle des Romains. Philopoemen
grand capitaine dans la guerre de terre,
mais fort peu entendu dans les affaires
de la mer, non plus que tous les Ar-
cadiens ses compatriotes, peuple Méditerranée, suivant son courage plus
que sa raison, monta sur cette flotte
& se fit battre par Nabis : qui profitant de cet avantage, fit une trève
avec les Romains. Mais avant qu'elle
fut expirée, il fut tué par les Etoliens.
Cet évenement, les soins de Philopoemen, & l'abord d'une flotte Romaine
de vingt-quatre grandes galéres à cinq
rangs de rameurs, au havre de Gythium, sous le commandement d'Attilius, firent rentrer Sparte dans l'alliance des Achéens.

CHAPITRE XXIX.

1. Démêlé des Romains avec les Rhodiens.

LORSQU'EN l'an de Rome 585.
les Romains résolurent la guerre
contre Persée , Roi de Macédoine ;
les Rhodiens par une singuliere audace
s'étoient voulu constituer arbitres de
cette guerre , & avoient fait remon-
trer avec hauteur aux Romains par
leurs Ambassadeurs , dans le Sénat ;
& dans leur armée , devant le Consul
Paul Emyle , les incommoditez que
leur isle en souffroit depuis trois ans ,
leurs provisions ne venant plus à l'ordinaire , & les péages que la mer leur
fournissoit étant arrêtez. Mais après la
déroute de Persée , ils changerent bien
de ton. Et à Rhodes & à Rome , ils
donnérent des marques publiques de
leur repentir , & tâchérent de faire
tomber sur quelques particuliers , le
reproche de la faute publique. Les
Romains eurent de la peine à rece-

voir leurs satisfactions : à la fin néanmoins ils renouvellerent avec eux l'ancienne societé : mais après les avoir
dépoüillez de la Carie & de la Lycie.

CHAPITRE XXX.

*1. Affaires de la mer dans la guer-
re des Romains contre Persée, Roi de
Macédoine. 2. Affaires de mer dans la
guerre des Romains contre Gentius, Roi
des Illyriens. 3. Le Commerce & la
navigation fort négligez alors par les
Romains. 4. Forces de mer d'Attalus,
Roi de Pergame.*

DANS les préparatifs que fit Persée , pour soûtenir la guerre
contre les Romains, ceux de la mer
ne furent pas négligez : car après avoir
inutilement sollicité les Rois de Pergame, de Syrie, & d'Egypte, & les
peuples de la Grece , d'entrer dans
ses interêts, il envoya des députez à
Carthage pour réveiller la haine de ce
peuple contre les Romains. Les Car-

thaginois, après leur avoir donné une audiance secrette, envoyérent de leur côté leurs Ambassadeurs à Persée. Il avoit un grand nombre de vaisseaux; & dans ce nombre, il s'en trouvoit quelques-uns d'une grandeur merveilleuse. Ses brigantins couroient le bon bord, & ses gens pilloient ou couloient à fond tous les navires qu'ils rencontroient.

Les Romains cependant se précautionnoient du côté de la mer. Le Préteur Licinius avoit auparavant preparé, par ordre du Senat, cinquante galéres à cinq rangs, tirées de l'arcenal de Rome, & de ceux de Sicile, & les avoit fait conduire à Brindes. Après quoi le Préteur Lucretius, chargé du soin de la flotte, ayant joint aux vaisseaux des Romains, ceux qui avoient été fournis par les alliez; il les avoit conduits à l'Isle de Cephalenie, près de la côte d'Epire; & les avoit envoyez à l'Isle d'Eubée, où se rendirent plusieurs autres vaisseaux des alliez. Mais le Préteur les leur envoya, n'y ayant point de guerre maritime, où il pût les occuper. La conduite de cette guerre étant échuë ensuite à

Paul Emyle, vaillant & sage Capitaine, il prit grand soin de faire reconnoître les forces maritimes de Persée. Cneius Octavius fut fait général de la flotte que les Romains lui opposerent. Cette flotte se trouvoit en mauvais état, par le peu de soin que l'on en avoit pris. La plûpart des matelots étoient morts ou absens ; ceux qui restoient avoient été mal payez & mal entretenus : marque certaine du peu d'application que Rome avoit alors au trafic. On travailla avec ardeur à le rétablir. Ces préparatifs épouvantérent Persée, qui craignant pour la sureté de ses côtes, prit toutes les précautions imaginables pour leur défense : mais tous ses soins furent inutiles. Son armée de terre ayant été défaite par le Consul dans la Macedoine, près de la ville de Pydna, il se refugia dans l'Isle de Samothrace, sous la protection des Dieux que l'on y sert; qui n'empêcherent pas le Préteur Octativius d'y aborder avec sa flotte, & de l'aller enlever de cette Isle, après qu'il se fut rendu à lui, pour le livrer au Consul, qui l'emmena à Rome, le destinant à être le prin-

cipal ornement de son triomphe, &
y être traîné, chargé de chaînes. Paul
Emyle étant de retour à Rome, remonta le Tibre dans un vaisseau royal
de Persée, d'une prodigieuse grandeur,
conduit par seize rangs de rameurs &
orné des dépoüilles de ce prince. Ce
vaisseau étoit sans doute le même,
dont Philippes pere de Persée, s'étoit
servi dans la guerre contre les Romains;
& qui suivant le traité de paix lui fut
laissé par le Consul Flamininus. Plusieurs autres vaisseaux de ce Roi, d'é-
norme grandeur, furent menez à Rome, & retirez dans le Champ de Mars.
D'où l'on peut juger combien ce Roi
infortuné étoit puissant sur la mer.

2. Gentius, Roi des Illyriens, qui
avoit suivi sa fortune, ne fut pas plus
heureux que lui. Persée avoit recherché & obtenu son alliance, pour se
fortifier contre les Romains. Il le sol-
licita principalement de grossir ses forces de mer, sachant que les Romains n'étoient guere alors en état de
les soûtenir. Gentius s'y prépara soigneusement; mais sans négliger son
armée de terre. Il y avoit déja long-
tems que les vaisseaux des Illyriens dé-

foloient, par fes ordres avec leurs brigantins, les côtes d'Italie, qui leur
étoient oppofées. Dés l'an de Rome
585. le Préteur Duranius, qui étoit
chargé du gouvernement de la Poüil-
le, & du foin des affaires d'Iftrie, s'en
étoit plaint au Sénat, & avoit remon-
tré qu'ayant envoyé fes députez à Gentius, pour en demander raifon, il leur
avoit refufé fon audience, & en avoit
même arrêté quelques-uns, les trait-
tant non comme députez, mais comme efpions. S'étant outre cela ligué
avec Perfée, les Romains ne purent
diffimuler tant d'offenfes, ni differer
plus long-tems à attaquer l'un & l'autre, par mer & par terre. Anitius
Préteur fut chargé de la guerre d'Illyrie, & il la termina en trente jours.
Il la commença par attaquer la flotte
Illyrienne, quoi qu'avec circonfpection, car il en connoiffoit la force.
Il l'affoiblit feulement de quelques
vaiffeaux. Il fit enfuite fa defcente dans
l'Illyrie, & pouffa le Roi avec tant
de vigueur, qu'il le força de fe rendre à fa difcretion, lui, fon frere,
fa femme, & fes enfans, avec les plus
grands Seigneurs de fon Etat : avant
même

même que Persée eût été vaincu par Emile. On fut surpris à Rome de les y avoir amener prisonniers, & d'apprendre les nouvelles de la fin de cette guerre, avant que d'en avoir sçû le commencement. Le Sénat envoya des députez à Paul Emyle, & à Anitius, pour régler avec eux les affaires de l'Illyrie & de la Macedoine, qui fut réduite en province : & les préteurs Anitius & Octavius ramenérent en Italie leurs flottes victorieuses. Ces avantages furent suivis des triomphes qui leur étoient dûs. Les Historiens ont célebré avec affectation la magnificence du triomphe de Paul Emyle, traînant par les ruës de Rome le malheureux Persée, avec ses trois fils, tristes restes de la grandeur Macedonienne, qui avoit subjugué l'Orient. Et comme si un triomphe n'eût pas suffi pour rendre la misere de Persée assez public, le triomphe naval du Préteur Octavius vint après celui du Consul ; & ce triomphe fut suivi d'un donatif, que le Préteur fit aux gens de mer, qui avoient servi sous lui. Le triomphe d'Anitius parut ensuite. On voyoit marcher devant le Roi

L

Gentius , fa femme , fon frere , fes enfans , & tous ces Seigneurs Illyriens qui avoient été pris avec lui ; & la largeffe du Préteur s'étendit fur les gens de mer , comme fur ceux de terre.

3. Mais ce qui fait en ceci principalement à notre fujet , c'eft que deux cens vingts brigantins de la flotte de Gentius , qui avoient été pris par Anitius , furent donnez par les Romains aux habitans de Corfou , d'Apollonie , & de Dyrrhachium. Ce qui fait affez connoître que les Romains ne fe mêloient guerre alors des affaires de la mer , que par raport à la guerre , & peu au commerce , puifqu'ils prenoient foin de fournir même à ces peuples , les moyens d'entretenir & d'augmenter le leur. En effet , Polybe attefte que dés le tems de Philippes , Roi de Macedoine , jufqu'à un affez long-tems après la défaite de Perfée , les Romains avoient abfolument négligé la côte de l'Illyrie.

Polib. Excerpt. Legat. cap. 125.

4. Cependant les autres petits Rois d'Afie , ne laiffoient pas de fe tenir armez fur la mer. Peu d'années avant la troifiéme guerre Punique , Athenée,

frere d'Attalus, Roi de Pergame, mena contre Ariarathe une flotte de quatre-vingt vaisseaux de combat. Cet
armement étoit composé de cinq galeres des Rhodiens, de vingt des Cy-
ziceniens, & de vingt-sept d'Attalus.
Le reste avoit été fourni par les alliez.

***

CHAPITRE XXXI.

*1. Affaires de la mer dans la troisiéme
guerre Punique. 2. Prise & destruction
de Carthage. 3. Puissance de Carthage avant sa destruction. 4. Rétablissement de Carthage.*

1. **D**URANT la guerre que les
Romains firent en Macedoi-
ne, les Carthaginois portant impa-
tiemment le joug qu'ils leur avoient
imposé, se préparerent secretement
à le secoüer. Mais toutes leurs précautions n'empêchérent pas qu'on ne
sçût à Rome qu'ils amassoient une
grande quantité de bois pour rétablir
leur flotte, & qu'ils faisoient des pré-

paratifs, qui ne sembloient tendre qu'à
la guerre : & la fierté de leur cour-
ge étoit si peu domptée, que lors que
les Romains, pour s'en éclaircir, en-
voyerent des députez à Carthage,
sous prétexte de terminer les differens
des Carthaginois avec Massinissa, le
peuple pensa les déchirer : & ils revin-
rent à Rome, convaincus par leurs
propres yeux, que l'on y dressoit une
flotte contre la disposition des traitez.
Rome pensa donc alors serieusement
à leur déclarer la guerre, & ils la leur
déclarérent l'an de Rome 605. Le
Consul Marcius eût le commandement
de l'armée navale, qui consistoit en
cinquante galeres à cinq rangs, en
cent flustes, & en un grand nombre
d'autres vaisseaux. L'autre Consul Ma-
nilius commanda l'armée de terre. Les
Carthaginois se trouvérent surpris par
ce grand & promt appareil. Les habitans d'Utique se soûmirent aux Romains sans aucune réserve, & donnérent aux Carthaginois l'exemple de faire
le même. Ils le firent donc, ne prévoyant pas l'extrême malheur qui devoit leur en arriver.

2. Les Romains commencérent

executer cette convention par l'in-
cendie de leur flotte. Ils prirent d'eux
ensuite un grand nombre d'ôtages ;
& après les avoir réduits à cet état, ils
leur déclarérent enfin que la résolution
étoit prise, de détruire leur ville, &
d'établir leur demeure dans le continent, à cinq lieües loin de la mer.
La fureur les saisit, entendant cet ordre, & ils se resolurent à souffrir les
dernieres extrêmitez, plûtôt que de
subir une si cruelle condition. Il fallut donc les assieger dans les formes,
par mer & par terre. Lorsque Scipion
leur eût ôté l'usage de leur port, ils en
creusérent aussitôt un nouveau dans un
autre quartier de la ville, d'où l'on
vit incontinent sortir une flotte de six
vingt navires armez, qu'ils avoient
bâtis dans l'espace de deux mois. Ils
attaquérent hardiment celle des Romains, & en brûlérent une partie. Mais
malgré tant d'efforts, Carthage fut enfin prise par Scipion, sept cens ans
après sa fondation, l'an de Rome
608. Cette troisiéme guerre Punique
n'ayant pas duré cinq ans. Les Romains brûlérent les restes de cette nouvelle flotte des Carthaginois : peuve

L 3

aſſurée du peu d'attachement qu'ils avoient alors à la mer. Dans le triomphe de Scipion, l'on vit paroître à Rome les dépoüilles de cette ſuperbe ville, amaſſées pendant tant d'années, par tant de travaux, & par tant de victoires.

3. Pour bien juger de la grandeur de cette victoire des Romains, il faut ſe ſouvenir de la puiſſance qui reſtoit encore à Carthage avant cette troiſiéme guerre, quoique déja fort affoiblie par les deux précedentes. Elle avoit encore ſept cens mille habitans; elle étoit maîtreſſe de trois cens villes dans l'Afrique, & d'une étenduë de pays de plus de mille lieuës. Son pouvoir ne parut jamais davantage, que dans les derniers efforts qu'elle fit contre les Romains, dans cette prodigieuſe quantité d'armes, & dans cette grande flotte, qu'ils fabriquérent comme à la dérobée, pendant le ſiége de leur ville, lorſqu'ils ſembloient manquer de toutes choſes.

4. Le tems néanmoins fit connoître aux Romains combien Carthage leur pouvoit être utile pour leur ſubſiſtance. Dans les tems ſéditieux des Gracques, le plus jeune étant Tribun

du peuple, fe fit députer pour y conduire une colonie de fix mille habitans, & l'établir fur les ruines de l'ancienne ville, vingt-deux ans après fa
deftruction, l'an de Rome 631. Mais
quelques prodiges ayant traversé cet
établiffement, il fut enfin confommé
par Augufte, qui fuivant les deffeins
& les mémoires de Jules Cefar, fit
rebâtir Carthage, & la peupla de Romains & d'Afriquains, cent deux ans
après fa ruine.

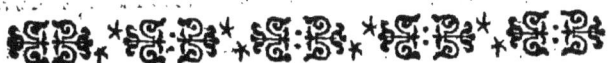

CHAPITRE XXXII.

Commencement du Commerce des
Romains en Afrique.

CE ne fut qu'après la deftruction
de Carthage, que Rome commença à avoir un commerce réglé avec
l'Afrique; car il n'y en avoit aucun
auparavant, comme l'affure Suetone
en termes exprès dans la vie de Te-
rence. Ce commerce confiftoit principalement dans la vente des efclaves,
dont le nombre s'accrut fort par la

L 4

ruïne de Carthage, & par celle de Corinthe, qui arriva bien-tôt après : &
ce trafic se faisoit principalement dans
l'Isle de Delos.

CHAPITRE XXXIII.

1. *Commerce de Corinthe.* 2. *Corinthiens
réformateurs de la construction des
navires.* 3. *Heureuse situation de
Corinthe pour le Commerce.* 4. *Son
orgüeil cause de sa ruïne.*

1. LA ruïne de Corinthe suivit de
près celle de Carthage, & arriva dans la même année. Sa situation
entre deux mers, à l'entrée du Péloponnese, & au milieu de la Grece,
lui avoit attiré un si grand commerce,
qu'elle passoit pour une des plus marchandes, & des plus riches villes de la
Grece. Les jeux Isthmiques, qui se
célébroient à sa porte, contribuoient
encore à l'ennoblir, & à l'enrichir.
Thucyd. Thucydide lui rend témoignage d'avoir
lib. 1. toûjours été une ville de commerce ;
dés le tems même que les Grecs s'a-

donnoient beaucoup plus au trafic de terre qu'à celui de mer. Et lorſqu'ils s'appliquérent à la mer, Corinthe ſe trouva ſi heureuſement placée, qu'elle ne tira pas de moindres avantages de ce commerce, qu'elle en avoit tiré auparavant de celui de terre.

2. Les Corinthiens réformérent la conſtruction des navires, & on leur attribuë la prémiere invention des galeres à trois rangs de rameurs. Quelques-uns même prétendent, que la fabrique du navire Argo, qui étoit un vaiſſeau long, leur eſt duë : mais elle vient de plus loin, & doit être rapportée aux Pheniciens. Euſebe s'eſt lourdement abuſé, quand au lieu de dire que la premiere galere à trois rangs avoit été faite à Corinthe, il a dit que la prémiere galere à trois rangs avoit navigé d'Athenes à Corinthe. L'hiſtoire rend témoignage que la prémiere guerre navale, dont les Grecs ayent eu l'experience, a été entre les Corinthiens & les habitans de Corfou. Ce fut long-tems après ce tems-là que les Ioniens prevalurent ſur la mer, dans la guerre navale qu'ils ſoutinrent vigoureuſement contre Cyrus. Ce ne fut que ſur l'in-

Euſeb. Chron. liber. 2.

ftruction des Corinthiens touchant la
fabrique des vaiffeaux, que les Sa-
miens mirent en mer ces puiffantes
flottes, dont l'Hiftoire fait mention.
avant que les Corinthiens euffent in-
venté la fabrique des galeres à trois
rangs, on ne connoiffoit prefque point
d'autres navires que ceux qu'on appelloit longs, & qui étoient menez par
cinquante rameurs rangez fur une même ligne. Quelques Grecs infulaires
fe pourvurent de galeres à trois rangs.
vers le tems de Darius. Et lors que
Xerxés fon fils vint en Grece, The-
miftocle eut beaucoup de peine à perfuader aux Atheniens de préparer une
flotte capable de lui refifter ; & les vaiffeaux de cette flotte n'étoient pas entierement couverts. Les Grecs recon-
nurent par l'événement l'utilité de ce
confeil : & ceux qui le pratiquérent
depuis, devinrent fuperieurs aux autres par leur force & par leurs richeffes.

3. La ville de Corinthe, qui pour
le commerce de terre, fe trouvoit par
fa fituation être un entrepôt fi neceffaire à la Grèce, dont elle tiroit de
grands peages, qu'elle fût appellée par Philippes la chaîne de la Grece, étoit comme j'ai dit, encore

mieux, située pour le commerce de la mer. Elle avoit deux ports sur les deux mers voisines. L'un étoit le port de Cenchrées, sur la mer Egée, qui lui ouvroit le commerce de toute la partie orientale de la mer Méditerranée : & l'autre étoit le port de Lequée sur la mer Ionienne , du côté de l'occident. Il faut voir ce que l'orateur Aristide a écrit avec profusion, à l'honneur de cette ville. La communication de ces deux ports, si voisins l'un de l'autre, épargnoit aux Corinthiens une longue navigation autour du Péloponnese, & le périlleux passage autour du cap de Malée. Enfin Corinthe étoit regardée comme le marché commun, & comme la foire, non seulement de toute la Grece, mais même de l'Europe & de l'Asie. Il ne faut point de meilleure preuve de son grand trafic, que l'invention des poids & des mesures, qui lui est attribuée ; & toutes sortes de beaux arts , qui y fleurissoient ; & les excellens ouvriers, & les ouvrages exquis, qui se trouvoient à Corinthe.

Aristid. Orat. Isthmic. in Neptum.

4. Mais à mesure que son commerce l'enrichit, ses richesses l'enorgüeil-

lirent. Elle eût l'audace de violer le droit des gens avec les Romains, & de traiter indignement leurs députez. Rome fut fenfible à cet affront. Mummius, qui avoit été Conful l'an de Rome 607. fut chargé l'an fuivant du foin de la vengeance, & il en prit une fort fanglante : car après avoir défait leur armée fous leurs murailles, cette belle ville fut pillée, brûlée, & détruite de fond en comble. Rome s'embellit des dépoüilles de Corinthe, dont la ruine entraîna l'abbaiffement du refte de la Grece. Mummius fut le prémier des Romains, qui triompha des Grecs, felon le témoignage *Appian.* d'Appien : car il ne faut pas confondre *Libyc.* la Macédoine avec le refte de la Grece. Corinthe demeura dans cette défolation, jufqu'en l'année de Rome 710. qu'elle fut rétablie par Jules Cefar, & devint une colonie Romaine.

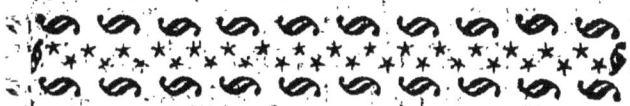

CHAPITRE XXXIV.

1. *Commerce de l'Isle de Delos.*

1. L'Isle de Delos étoit comme le centre de la mer Egée ; & lorsque les flottes ennemies s'y rencontroient, le respect de ce lieu, qui leur étoit sacré, suspendoit les hostilitez, & elles y demeuroient tranquilles. Par là, cette ville devint un lieu d'un si grand & si riche trafic, & principalement d'esclaves, que vers le tems de Persée, au rapport de Strabon, il y en entroit, & en sortoit dix-mille pour un jour. Elle profita de la ruïne de Corinthe ; car ses marchands s'y transportérent, invitez par l'immunité de son Temple, & par sa situation commode pour les navigations, qui se faisoient d'Europe en Asie, & d'Asie en Europe. Mais aucune nation ne la frequenta plus que les Romains : & avant même que les Macedoniens se fussent attiré les armes Romaines, l'abord des marchands n'étoit si grand à proportion

Strab.
lib. 14.

en aucun autre lieu. Après le rétablissement de Corinthe, les Atheniens,
qui possédoient Delos, prirent grand
soin d'y entretenir le commerce. Mais
les guerres de Mithridate le lui firent
perdre, & elle demeura presque déser-
te dans les années suivantes.

CHAPITRE XXXV.

1. *Affaires de la Mer, après la ruine de*
Carthage & de Corinthe : 2. & par-
ticulierement pendant la guerre des Ro-
mains contre Mithridate.

1. LA ruine de Carthage & de Corinthe fit changer de face aux
affaires de la mer. Utique devint la capitale d'Afrique, mais avec peu de
pouvoir sur la terre, & moins encore
sur la mer, dont les Romains se trouvoient les maîtres. Mais comme la
guerre les occupoit principalement, le
soin du commerce fut fort negligé.
Dans cette disposition, les pirates cou-
rurent les mers impunément, & les

rendirent presque impraticables aux marchands. Qui auroit crû qu'un peuple aussi méprisable, que les habitans des isles Baleaires, eût osé attaquer & piller avec de foibles vaisseaux, & presque informes, ceux qui se présentoient devant eux, & soûtenir le choc de la flotte du Consul Métellus ? Ils furent néanmoins repoussez ; & ils auroient appris à se contenir dans leurs rochers, si l'exemple des pirates de Cilicie ne les avoit rappellez à leurs premieres voleries. Les Romains ne vinrent pas si aisément à bout de ces derniers. Le Préteur Antonius, surnommé l'Orateur, les poursuivit jusques dans leurs retraites. Son fils, qui fut pere de Marc Antoine le Triumvir, étant chargé dans sa Préture du commandement de toutes les côtes maritimes, attaqua l'isle de Crete, qui étoit un autre nid de pirates. La liaison qu'elle avoit entretenuë avec Mithridate, fut le prétexte de cette entreprise. Les Romains étoient alors engagez dans une dangereuse guerre contre ce Roi, qui étoit puissant sur la mer ; & qui, pour l'être encore davantage, s'étoit menagé le secours des corsaires ; mais qui l'étoit beaucoup plus sur la terre. Comme il s'étoit attiré presque toute leur application, & qu'il occupoit leurs principales forces, le nombre des corsaires, dont l'audace n'étoit point réprimée, s'accrut excessivement. La trop grande confiance, avec laquelle Antonius attaqua les navires de Crete, ruïna son entreprise. Il perdit contr'eux beaucoup d'hommes & de vaisseaux ; & leur victoire les ayant rendu insolens, ils le traitérent avec mépris. Cet affront lui fut si sensible, qu'il mourut de douleur en Crete. Mais Q. Metellus Proconsul répara cette perte, & effaça la honte de cette défaite, subjuguant toute l'Isle, donnant des loix à ce peuple, qui jusqu'alors avoit été libre sous celles de Minos. Et cette glorieuse conquête lui mérita le triomphe, & le surnom de Cretique : comme la défaite des Isauriens avoit merité le même honneur, & le surnom d'Isaurique à P. Servilius Proconsul. Les pirates de cette Province, de la Cilicie, de la Pamphylie, & de la Lycie, qui en étoient proches, étendoient leurs courses jusqu'aux environs de la Grece, & de

Crete.

Crete, & jufqu'en Afrique, & ruïnoient
le commerce. Ils efperérent repouffer
avec leurs brigantins le choc de la flotte Romaine. Le combat fut fanglant :
ils furent défaits, & pourfuivis jufqu'en
terre, & les places qu'ils avoient for-
tifiées fur la côte pour leur fureté, furent détruites.

2. Cependant, la guerre que les
Romains faifoient à Mithridate, ne
contribuoit pas feulement au foulevement des pirates, par la diverfion qu'elle faifoit des forces Romaines ; mais
encore par les follicitations, & les fecours de ce Prince. D'ailleurs les victoires des Romains, en les rendant
formidables, les avoit rendus fi odieux
à toute l'Afie, à l'Egypte, à la Grece, & à la plûpart des Ifles voifines,
que le nom & les ordres de Mithridate, étoient refpectez comme ceux d'un
liberateur. Ses flottes, fous le commandement d'Archelaus, dominoient
fur la mer, & fe faifoient voir près
des côtes d'Italie. Mais les Rhodiens,
gens puiffans dans la marine, gardérent leur foi aux Romains. Leur Ifle
fervit de retraite à ceux qui purent
échaper de cette cruelle boucherie,

que ce Prince fanguinaire fit exercer
contr'eux. Il attaqua les Rhodiens avec
une flotte fort fupérieure en nombre
de vaiffeaux, mais dont tous les efforts furent rendus inutiles par l'adreffe
des Rhodiens. Il étoit cependant maître de la mer, ou par fes flottes, ou
par les corfaires, qui obéïffoient à fes
ordres. Après que Sylla, qui lui avoit
été oppofé par les Romains, eût pris
Athénes, il envoya Lucullus en Afrique & en Egypte, pour lui ramaffer
une flotte, dont il pût fe fervir contre de fi puiffans ennemis. Le Roi Ptolemée n'eût pas le courage de fe déclarer pour les Romains. Mais non-
obftant fon refus, & la perte d'un
grand nombre de vaiffeaux, que les
pirates lui enlevérent; & quoiqu'il n'eût
voulu employer aucun navire de cor-
faire; il ne laiffa pas de compofer une
forte efcadre, qu'il groffit des vaiffeaux des Rhodiens. Ce fut alors que
Mithridate s'étant enfermé dans Pita-
ne, ville de la Troade, & fe voyant
affiegé par Fimbria du côté de la terre,
il appella toutes fes efcadres à fon fecours, pour s'échaper par mer. Fimbria en donna avis à Lucullus, & l'ex-

hôrta de le prévenir , en lui fermant
par fa flotte le chemin de la mer , pour
prendré & avoir en leur pouvoir ce
dangereux ennemi du nom Romain.
Lucullus ne voulut entrer dans aucune
affociation , avec un auffi méchant
homme que Fimbria. Il fe contenta de
deux victoires qu'il remporta fur la
flotte de Mithridate , près des côtes
de la Troade. Il ne fut pas moins heu‑
reux contre les troupes des Mitylé‑
néens , qui s'étoient declarez pour le
Roi. Contre un fi redoutable ennemi ,
on joignit aux efforts de la guerre l'a‑
dreffe des négociations. Archelaüs ,
amiral de Mithridate , par les induc‑
tions de Sylla , & par les fecrettes fol‑
licitations de Lucullus & de Muræna ,
livra une partie de fa flotte aux Ro‑
mains , & engagea Mithridate à y con‑
fentir ; & enfin il quitta fon fervice ,
& paffa à celui de fes ennemis. De deux
cens navires bien fournis , qu'avoit
Mithridate fur les côtes de la Troade ,
on en livra foixante & dix à Sylla. Peu
d'années après la mort de Sylla , Lu‑
cullus & Cotta étant Confuls , ce der‑
nier fut envoyé avec une flotte dans
la Propontide , pour défendre la Bi‑

thynie contre les entreprises de Mithridate ; pendant que Lucullus étoit chargé du soin principal de toute cette
guerre ; Cotta le voyant arrêté dans
l'Asie par divers obstacles, voulut le
prévenir, & effleurer du moins la gloire de vaincre Mithridate. Mais il fut
battu par mer & par terre. Il perdit
soixante navires, & se vit incontinent
assiegé dans Chalcédoine. Lucullus s'é-
tant avancé pour le secourir, Mithridate leva le siége, pour l'aller mettre
devant Cyzique, ville de Mysie, située sur les bords de la Propontide,
qui avoit été affoiblie par la défaite de
Cotta, où elle avoit perdu dix vaisseaux, & une partie de ses troupes.
Mais il se vit bientôt assiegé lui-même
dans son camp par Lucullus, & contraint par la faim de lever encore ce
siege. Il prit le chemin de la mer, comme le plus sûr : mais voulant passer à
Byzance, une violente tempête lui fit
perdre plus de soixante vaisseaux armez, & l'auroit fait périr lui-même,
sans le secours d'un corsaire, qui le
reçût dans son brigantin, & le porta
seurement dans son Royaume. Lucullus de son côté poursuivant les restes

de l'armée de Mithridate, commandée par ses généraux, coula à fond trente-deux vaisseaux de guerre, & plusieurs vaisseaux de charge, sur les côtes de la Troade, & sur celles de l'Isle de Lemnos. Le Senat Romain crut devoir seconder tant d'heureux succès, & ordonna trois mille talens à Lucullus, pour reparer & augmenter sa flotte. Il n'accepta point cette offre, & répondit qu'avec le secours des vaisseaux des alliez du peuple Romain, il croyoit pouvoir se rendre maître de la mer, & en chasser Mithridate : & il exécuta en effet ce qu'il avoit promis. Il en fit voir des marques bien éclatantes à Rome, lorsqu'il triompha de Mithridate, & que dans son triomphe il fit paroître entre autres dépoüilles cent & dix galéres armées d'éperons.

M 3

CHAPITRE XXXVI.

1. *Affaires de la Mer pendant la guerre des Romains contre les Pirates.*

1. TANT que les Romains eurent en tête un si puissant ennemi, les pirates se multipliérent à l'infini. Les Carthaginois & les Corinthiens, après la destruction de leurs villes, n'ayant plus de retraite, ni de moyens de subsister, les cherchérent uniquement dans la mer, & firent leur capital de la piraterie; d'autant plus que Mithridate les y encourageoit. Ceux d'entre eux qui osoient s'en mêler auparavant, ne le faisoient que dans la belle saison: mais la necessité les contraignit alors de la continuer dans tout le tems de l'année, & ils le faisoient sans crainte & sans péril. Quelques gens de qualité, quoique riches, se servirent de cette occasion pour le devenir davantage. Il n'est pas croyable à quelle puissance cette dangereuse societé s'éleva, & avec quelle audace elle l'exerça. Le

commerce fut interrompu. Rome fut
privée des provisions ordinaires & necessaires que la mer lui fournissoit, &
que ses convois reglez lui apportoient:
ses citoyens, & même ses magistrats,
qui se servoient de la commodité de la
mer, étoient enlevez ; ils infestérent
les côtes de l'Italie : & comme s'ils
eussent voulu assiéger & affamer Rome,
leurs voiles parurent à l'embouchure
du Tibre. Les Temples & les Villes
même voisines de la mer étoient sacca-
gées, & ils destinérent plus de quatre
cens de ces Villes pour leur servir de
retraite : les autres étoient forcées de
se racheter à beaux deniers comptans.
Ces scélérats, quoique dispersez par
toute la mer Mediterranée, formérent
néanmoins entre eux une espéce de République. Ils éleurent des chefs aguer-
ris. Ils avoient plus de mille vaisseaux
de toutes grandeurs, dont ils formérent des flottes reglées. Ils avoient
leurs ports, leurs fares, leurs arsenaux,
& leurs Magasins. Mais la Cilicie étoit
comme leur citadelle, & c'étoit de là
qu'ils fournissoient les secours necessaires à leurs diverses escadres, & à
leurs associez. Un mal si pressant, qui

M 4

portoit la famine dans Rome, demandoit un prompt & extraordinaire remede. On ne crut pas le pouvoir attendre avec plus de confiance, que de la valeur, & de la conduite de Pompée. On lui donna le commandement de toute la mer Mediterranée, depuis le détroit de Cadix, jusqu'au Bosphore de Thrace, & des côtes qui l'environnent, jusqu'à l'étenduë de cinquante milles dans les terres; & on lui fournit tout l'argent, les munitions, & les troupes necessaires, pour mettre en mer cinq cens vaisseaux, tant des flottes Romaines, que de celles de leurs alliez, & principalement des Rhodiens. Une si formidable puissance, confiée à un seul homme dans une République libre, ne manqua pas de produire beaucoup de jalousie & de contradiction : quoique deux ans auparavant, on eût vû sans murmure un pareil commandement attribué à Antonius ; mais la difference des personnes faisoit la difference des sentimens. Pompée surpassa les esperances qu'on avoit conçuës de lui. En moins de trois mois il purgea la mer, par lui ou par ses lieutenans, de ces ennemis

lu genre humain. Il défit leur flotte
ur les côtes de Cilicie, & il les poursuivit jufques dans les forterefles qu'ils
étoient préparées dans les rochers du
mont Taurus. La plûpart d'eux fe rendit à fa difcretion. Il leur prit plus de
cent galéres armées, & une infinité
d'autres vaifleaux, & n'en perdit pas
un. Les corfaires même de Créte, dont
a pourfuite avoit été recommandée à
Metellus, aimérent mieux fe rendre à
Pompée, dont ils entendoient vanter
a modération, que de fouffrir plus
longtems la cruauté de Metellus. Pompée voulant couper le mal par la racine,
& ôter aux pirates l'occafion de retourner à leurs brigandages accoûtumez,
leur interdit l'ufage de la mer. Il leur
donna des demeures fixes dans le continent, & des terres pour cultiver.
Pompeiopolis, ville de Cilicie, où il
en établit une partie, tira de là fon
nom. Ce peuple farouche après avoir
été foumis par la valeur des Romains,
le fut encore davantage par leur indul-
gence, & aucune autre nation ne leur
fut plus fidelle & plus affectionnée
dans la fuite.

CHAPITRE XXXVII.

1. *Affaires de la Mer, pendant la guerre des Romains contre les peuples de Vannes, 2. & pendant les premieres guerres des Romains contre l'Angleterre.*

1. APrès la défaite des pirates, la mer Mediterranée étant libre, le commerce put se rétablir entre les peuples qui habitent sur ses côtes: mais les Romains furent ceux qui en profitérent le moins. Ils cherchoient bien plus à s'aggrandir par la guerre, que par les richesses qu'apporte le commerce. Et quand ils auroient voulu s'accroître par cette voye, les guerres civiles qui survinrent, & qui apportérent un si grand changement dans leur Etat, auroient traversé ce dessein. Outre que les anciens Auteurs, appliquez principalement à conserver la memoire des grands évenemens, ont fort negligé cette partie de l'Histoire.

Depuis la guerre des pirates, qui fut terminée l'an de Rome 687. jufqu'à la guerre que Céfar fit dans les Gaules, l'Hiftoire ne nous en apprend rien. Lorfque Céfar dompta les Belges, ceux de Vannes, que Strabon mit au nom- *Strab.* bre des Belges, furent obligez, com- *lib. 4.* me les autres, de lui donner des ôta-ges. Les peuples de la Grande-Breta-gne, s'étoient fort intereffez à cette guerre des Belges, à caufe de leur voi-finage, & du trafic qu'ils faifoient en-femble. Ceux de Vannes particuliére-ment avoient avec eux un grand com-merce : & comme ils prévoyoient que Céfar ne tarderoit pas à attaquer les Anglois, pour les en détourner, ils concertérent de lui faire des affaires dans les Gaules. Ils arrêtérent donc des Chevaliers Romains, qui comman-doient les troupes qu'on avoit en-voyées chez eux. Ce peuple étoit le plus puiffant de ces quartiers, & par la quantité, & par la force des vaiffeaux qu'ils entretenoient, principalement pour leur trafic d'Angleterre ; par l'ha-bileté & l'expérience de leurs gens de mer ; par tous les ports de cette côte, qui, bien qu'en petit nombre, étoient

tous en leur pouvoir ; & par les
buts qu'ils tiroient de tous ceux
navigeoient dans cette mer. César av
ti de ce soulevement, donna or
qu'on bâtit des galéres dans la Loir
& dans les riviéres qui y tomben
& il les fit faire propres pour cet
Mer, fort differentes de celles, do
les Romains avoient coûtume de
servir dans la mer Mediterranée.
les firent semblables aux vaisseaux d
Vannes, qui étoient plus larges,
plus plats de fond, & plus hauts d
prouë & de pouppe, plus solides d
matiere, portans des voiles de cuir
pour mieux resister à la force du vent
& des ancres attachées à des chaîne
de fer, & calfeutrées d'algue, pou
contenir les planches, & les empêche
de se déjetter par la secheresse. Le
Anglois leurs alliez envoyérent de
vaisseaux à leur secours, & il se trou
vérent en état d'opposer à Cesar une
flotte de deux cens voiles ; bien mu
nis de toutes sortes de provisions de
guerre & de bouche. César avoit don
né ordre qu'on assemblât tout ce qu'o
pourroit trouver de pilotes expert
& il avoit fait lever & dresser un gran

nombre de rameurs dans la Province. Il fit venir des navires des côtes de Xainthonge & de Poitou, & des côtes méridionales des Gaules, qui n'avoient point pris de part à ce soûlevement, & même de la mer Méditerhranée. Mais tout cet appareil de César parut méprisable à ses ennemis, en comparaison de la force & de la grandeur de leurs vaisséaux ; & il auroit été de peu d'effet, sans les faulx tranchantes, dont les Romains s'avisérent de se servir, pour couper les cordes qui soûtenoient leurs antennes & leurs voiles. Par là leurs vaisseaux demeurérent inutiles, & furent envahis par les Romains. Ce combat mit fin à cette guerre : car comme ceux de Vannes avoient réüni en ce lieu toutes leurs forces, ayant perdu une bonne partie de leur flotte dans le combat, de reste ayant été brûlé, & ce qu'ils avoient de meilleurs hommes ayant été tué, il ne leur resta aucune ressource.

2. Cet obstacle, qui empêchoit César de passer en Angleterre, étant levé, il s'y prépara sans differer. Il s'y crut obligé par les secours que cette Isle avoit fournis aux Gaulois contre

lui, dans toutes les guerres précédentes. Outre que la gloire d'avoir été
le prémier des Romains, qui eût osé
tenter cette mer occidentale avec une
flotte, & d'avoir abordé une contrée
jusqu'alors inconnuë, l'invitoit assez
à cette entreprise. Car tant s'en fau-
que les Romains connussent alors l'Angleterre, à peine étoit elle connuë
des Gaulois. Il n'en connoissoient que
les côtes qui leur étoient opposées;
& ils ne les connoissoient que sur le
rapport de leurs marchands, qui y
passoient de tems en tems pour l'entretien de leur commerce. Ce fut à
eux que César s'adressa pour s'instruire
de l'état de l'isle, il n'en tira pas un
grand éclaircissement : & ce fut par
eux que les Anglois furent incontinent
avertis des desseins & des préparatifs
de Cesar. Ils sçûrent qu'il avoit ramas-
sé de toutes les côtes voisines, tout
ce qui s'y étoit trouvé de vaisseaux,
& qu'il y avoit joint la flotte, qu'il
avoit employée l'été contre ceux de
Vannes. Il composa une flotte de quatre vingt vaisseaux de charge, sur lesquels il mit deux legions, & ses officiers sur ce qu'il avoit de galéres;

il destina dix-huit autres vaisseaux
de charge, pour transporter sa cava-
lerie. César qui a laissé dans ses Com-
mentaires un recit exact de cette expedition, remarque que la figure &
l'usage des galéres parurent nouveaux
à ces barbares. Les tempêtes qui survinrent, mirent la flotte de César en
grand désordre, & l'empêchérent de
tirer tout l'avantage qu'il auroit pû se
promettre de sa victoire.

Mais étant mieux informé par cette prémiere tentative de l'état des
choses, il se resolut à un second voyage, & à un plus grand effort. Il
avoit fait préparer six cens vaisseaux,
allans à voiles & à rames : il les avoit
fait faire plus plats & plus legers qu'à
l'ordinaire, pour la facilité de la charge & de la décharge, & pour les
pouvoir mettre plus commodément à
sec : & il avoit fait venir d'Espagne
tout ce qui étoit necessaire pour les
agrais. Il avoit de plus vingt-huit galéres, & joignant à cela plusieurs navires de charge, & un bon nombre
de vaisseaux que quelques particuliers
avoient fait construire pour leurs usages, il s'embarqua avec cinq legions

& deux mille chevaux, & aborda en Angleterre, avec plus de huit cens voiles : sans y comprendre soixante navires, que Labienus, l'un de ses Lieutenans, avoit fait bâtir pour les lui envoyer, & que le vent contraire empêcha d'aborder. Quelques-uns font monter cette armée navale à mille vaisseaux. Les orages qui survinrent endommagérent encore la flotte de Cesar. Mais nonobstant ces inconveniens, il ne laissa pas de mettre ce peuple sauvage à la raison, & de les assujettir à payer les impôts & les tributs au peuple Romain.

C H A.

CHAPITRE XXXVIII.

1. *Commerce d'Angleterre au tems de Céfar.* 2. *Caffitérides, & le Commerce, qui s'y faifoit de Plomb & d'Etain.* 3. *Trafic d'Irlande & de Cornoüaille.* 4. *Marchandifes que fourniffoit l'Angleterre.* 5. *Cuivre, Etain & Plomb d'Angleterre.* 6. *Chiens d'Angleterre.* 7. *Marchandifes que l'on portoit en Angleterre.* 8. *Bateaux d'Angleterre, conftruits de bois pliant, & couverts de cuir.* 9. *Les guerres civiles des Romains leur font negliger l'Angleterre.*

1. CEs expéditions de Céfar, & celles que les Romains avoient faites auparavant en Efpagne, avancérent fort le commerce dans ces parties occidentales de l'Europe. Les Belges craignans que le luxe ne leur amollît le courage, ne donnoient pas volontiers entrée dans leur pays aux étrangers, pour y debiter leurs marchandifes; & entre eux les Nerviens

N

la leur défendoient entierement. L'abord des côtes d'Angleterre n'étoit pas interdit de la même forte aux marchands étrangers. Ceux des Belges, qui s'adonnoient au trafic, vifitoient fouvent les côtes d'Angleterre, qui leur étoient les plus proches. Les Gaulois y entretenoient une étroite correfpondance, & principalement les peuples de Vannes, comme je l'ai fait voir.

2. Les Efpagnols & les Phéniciens, qui avoient de grands établiffemens en Efpagne, faifoient de frequentes courfes dans la partie occidentale d'Angleterre, & dans les autres Ifles Britanniques, que l'antiquité a toutes comprifes fous le nom general de Caffitérides. Le commerce qu'ils y exerçoient étoit fi lucratif, par le plomb & l'étain qu'ils en tiroient, qu'ils crurent en devoir faire un grand fecret. Strabon rapporte qu'un pilote Phénicien fe voyant fuivi dans ce voyage par un vaiffeau des Romains, il aima mieux aller brifer le fien dans des rochers, pour y faire perir, après lui, celui qui le fuivoit, que de lui donner connoiffance du droit chemin; &

Strab. lib. 3.

que lui s'étant fauvé par fon adreffe, il fut dédommagé de fa perte par ceux de fa nation. Mais l'avidité des Romains ne ceda point à celle des Phéniciens, & ils parvinrent enfin à découvrir cette route. Strabon ajoûte que Publius Craffus fit ce voyage, & le rendit public. On pourroit croire qu'il entend parler de Craffus pere, qui fut tué dans la guerre contre les Parthes; car étant Proconful, il fit la guerre contre les Portugais, & triompha de l'Efpagne; & il put être informé par les Phéniciens & les Carthaginois de Cadix, du trafic des Caffitérides. Mais je vois plus d'apparence d'attribuer ce voyage au jeune Craffus, que les Parthes mirent à mort avec fon pere. Car lors qu'il étoit Lieutenant de Céfar dans la guerre des Gaules, ce fut lui qui foumit les peuples de Vannes, & de toutes les côtes voifines, fituées au Couchant & au Nord. Et dans le féjour qu'il fit parmi eux pendant fon quartier d'hyver, il ne put ignorer le trafic qu'ils faifoient en Angleterre, & dans les autres Ifles Caffitérides. Un jeune homme courageux & entreprenant comme lui, put bien

concevoir le deffein de vifiter lui-même ces Ifles, pour s'affurer de la verité
des rapports qu'on lui en faifoit ; ou
peut-être Céfar lui en donna-t'il l'ordre, pour connoître par lui la partie
occidentale d'Angleterre, comme il
en donna un pareil à Volufenus, pour
vifiter les côtes du Levant & du Midy.

3. Comme Craffus étoit plus proche de l'Irlande, que les autres Lieutenans de Céfar, il apprit fans doute
que cette Ifle avoit de bons ports, &
que l'abord des marchands y étoit grand.
Du tems de Strabon les vaiffeaux qui
alloient des Gaules vers le Septentrion,
ne paffoient point l'Irlande : car on
étoit perfuadé, que tout ce qui étoit
au-delà, vers le Septentrion, étoit
inhabitable, pour l'extrême rigueur du
froid. Les ports de cette Ifle devinrent dans la fuite plus connus & plus fré-
quentez que ceux d'Angleterre. C'eft
Tacite qui nous l'apprend, & nous
favons d'ailleurs par le témoignage de
Diodore, que le commerce avoit rendu les habitans de Cornoüaille beaucoup plus humains, & moins farou-
ches que le refte de la Nation. Mais
pour les parties méditerranées & fep-

Tacit. vit.
Agric. cap.
24.
Diodor.
lib. 4.

tentrionales d'Angleterre, & les Isles voisines, habitées par les naturels du pays, il est probable que l'abord des étrangers ne leur avoit point fait perdre leur grossiereté naturelle. Quant à ce que dit Solin, que les habitans des Cassitérides refusoient la monnoye dans leur commerce, & trafiquoient par l'echange des marchandises, il ne faut pas attribuer cela à leur barbarie, mais à la commodité du trafic ; puisque les Anglois, que César a connus, usoient de monnoye de cuivre, & de piéces de fer, & payoient aux Romains en monnoye les impôts & les autres droits, à quoi on les avoit assujettis. *Solin. cap. 22.*

4. Strabon nous apprend que les marchandises, que fournissoit l'Angleterre, étoient des bleds, du bétail, de l'or, de l'argent, du fer, des peaux, des cuirs, & des chiens de chasse : & en parlant des Isles Cassitérides, qu'il faut considerer comme faisant une partie de l'Angleterre ; il ajoûte l'étain & le plomb. Tacite & d'autres anciens Auteurs, y joignent encore les perles. César ne parle ni de l'or, ni de l'argent, ni des perles. Ce qui montre *Strab. lib. 4. Strab. lib. 3. Tacit. vit. Agric. cap. 12.*

N 3

que ces métaux d'Angleterre ne furent connus des Romains qu'après César. Cela paroît encore par les lettres de Ciceron, où il dit qu'il ne se trouvoit ni or ni argent en Angleterre, & il le dit sur les avis qu'il en recevoit d'Angleterre, même par les lettres de Quintus son frere, & par celles de César. On voit par là que les Romains s'informérent dés les premiers abords des richesses de cette Isle : mais il est bien croyable que les habitans les leur cachérent, de peur de les affriander à cette conquête, & les attirer chez eux; Et d'ailleurs, comme l'or & l'argent ne se trouvoient que dans les parties occidentales & septentrionales de leurs Isles, où César ne pénétra point ; il n'en put avoir qu'une connoissance fort incertaine. Mais les Romains ne tardérent pas à s'en instruire, comme il paroît par le témoignage de Strabon, qui vécut sous Auguste & sous Tibere.

Cicer. Ep. Fam. lib. 7. ad Trebat. Epist. ad Attic. lib. 4. Epist. 17. & 116.

5. Pour le cuivre, il est certain que les Anglois le faisoient venir de dehors. César l'assure, & Strabon le dit aussi des Cassitérides. D'où il s'ensuit, ou que le cuivre, qui se trouve aujour-

Cas. lib. 5. cap 12. de bell. Gall. Strab lib. 3.

d'hui parmi eux , n'étoit pas encore
découvert , ou qu'il ne leur suffisoit
pas. C'étoit aussi des contrées occidentales d'Angleterre , & des Isles adjacentes, que venoit l'étain & le plomb.
Nulle autre marchandise du pays n'enrichit tant l'Angleterre , que cet étain.
De là vint à ces Isles le nom de Cassitérides , & c'est ce qui attira principalement chez eux les étrangers , & y
fit fleurir le commerce. Non pas que
je croye que les anciens n'ayent point
eu d'autre étain que celui des Cassitérides. Herodote dit veritablement que *Herodot.*
les Grecs le tiroient de là : mais Pline *lib.* 3.
traite cela de fable ; & comme nous *cap.* 15.
apprenons d'Homére qu'il étoit fort *Plin. lib.*
en usage dans le tems de la guerre de *34. cap. 16.*
Troye , & que le plomb ne lui étoit
pas inconnu , ces métaux auroient bien
pû être apportez des Cassitérides en
Grece par les Phéniciens , qui couroient les mers dés ce tems-là , selon
le témoignage du même Homere. Mais
nous savons d'ailleurs , qu'il y avoit
d'autres regions fertiles en plomb &
en étain. Les Phéniciens trouvoient
ces métaux dans l'Espagne , dans les
Gaules , & en beaucoup d'autres en-

droits de l'Europe. Mais l'Asie n'en manquoit pas non plus. Aristote parle du plomb des Indes; & la Chine donne aujourd'hui de l'étain & du cuivre. Je dis du cuivre, pour convaincre Pline d'erreur, lors qu'il nie que l'on trouve du cuivre & du plomb dans les Indes. On trouvoit de l'étain chez les Dranges, peuple Indien. Une Isle des Indes a été nommée Cassitera, de l'étain qu'elle rendoit, aussi-bien que les Cassitérides de l'Europe : & on ne me persuadera pas que cet étain, & ce plomb, que les Israëlites trouvérent chez les Madianites, du tems de Moyse, leur fût venu par les Phéniciens. Les Egyptiens trafiquoient en Orient par la mer Rouge, avant que les Phéniciens trafiquassent en Occident par la mer Méditerranée ; quoi que je ne nie pas que les Phéniciens n'ayent aussi trafiqué en Orient par la mer Rouge. L'étain & le plomb d'Orient purent bien venir aux Grecs par cette voye, & même aussi par terre. Et c'est peut-être ce qui a fait attribuer à Midas, Roi de Phrygie, la premiere découverte de ces métaux : car la Phrygie, Province de l'Asie mineure, étoit orientale à la Grece. Il ne faut donc pas ajoûter foi

Arist. de mirab. ausc.

Plin. lib. 34. cap. 17.

legerement aux paroles de Pline, ni **Plin. lib. 7. c. 56.** de ceux qui après lui ont dit que le premier plomb qui soit venu aux Grecs, leur ait été apporté des Caffitérides.

6. Pour les chiens d'Angleterre, on en faisoit venir à Rome, avant l'expédition de César en Angleterre ; puisque Strabon, & le poëte Gratius, qui est cité par Ovide, & dont le poëme de la chasse s'est conservé jusqu'à nos jours, font mention des chiens d'Angleterre, & de l'usage que les Gaulois en faisoient pour la guerre, & les Romains, pour la chasse.

7. Les marchandises étrangeres que l'on apportoit en Angleterre, étoient du sel, de la poterie, & des ouvrages de cuivre, d'yvoire & d'ambre.

8. Pour avoir une juste idée du trafic que les Anglois faisoient par mer, du tems de César, il faut savoir qu'ils se servoient de petits bateaux construits de bois pliant & leger, & couverts de cuir : usage pratiqué anciennement chez plusieurs autres peuples, & principalement chez les Saxons, qui venoient exercer leurs brigandages dans l'Ocean, aux environs des côtes de la Gaule & de l'Angleterre ; & dans ces derniers tems encore chez les Groen-

landois. César se servit de ces sortes de bateaux, lors qu'il fit la guerre en Espagne contre Afranius. Mais il y a sujet de douter, si les Anglois n'avoient point d'autres vaisseaux que ces vaisseaux de cuir, qui semblent ne leur avoir servi, que pour passer dans les Isles voisines; comme Solin le donne à entendre, lorsqu'il dit que les Anglois ne se servoient de ces vaisseaux, que dans la mer entre l'Angleterre & l'Irlande; ou si outre ces vaisseaux, qui étoient pour leur usage journalier, ils n'en avoient point d'autres, de gros bois, & de matiere solide, comme Selden l'a cru, pour les voyages de long cours, & pour la guerre. Il est certain qu'on ne trouve aucun passage dans les Livres des Anciens, qui marque qu'ils eussent de grands vaisseaux, bâtis de bois solide, selon la fabrique ordinaire. Et puisque Pline écrit, qu'ils faisoient des navigations de six journées dans ces sortes de navires, on peut conjecturer que leur industrie alla jusqu'à en fabriquer d'assez grands, pour fournir à des voyages de long cours. De plus, le Poëte Avienus dit en propres termes qu'ils n'avoient point l'usage des vaisseaux bâtis à la maniere ordinaire, de

Marginal notes:

Solin. cap. 22.

Selden. Mar. claus lib. 2. cap. 26.

Plin. lib. 4. cap. 16.

pin, & de fapin, mais feulement des bateaux couverts de peaux ; & Eumenius *Eumen.*
dans fon Panegyrique à Conftantius ; *Paneg.*
affure que lorfque l'Angleterre fut atta- *cap. 11.*
quée par Céfar , elle n'avoit aucuns
vaiffeaux de guerre. Mais d'un autre
côté, lorfqu'elle fourniffoit des fecours
aux Gaulois, ce que Céfar affure qu'el- *Cæf. de*
le faifoit fouvent , & lors qu'elle affifta *bell. Gall.*
ceux de Vannes, contre les Romains, *lib. 3.*
peut-on s'imaginer qu'ils n'y vinffent *cap. 9.*
qu'avec des canots de cuir, vaiffeaux
fi peu propres pour la guerre ? ou qu'ils
ne leur fourniffent que des hommes fans
vaiffeaux ? Croira-t'on que voyant à
tous momens les étrangers fur leurs côtes avec de bons vaiffeaux, l'envie ne les
prit pas de les imiter , pour en tirer les
mêmes avantages ? Dans cette incerti-
tude , il eft mal-aifé de fe déterminer.

9. Le commerce d'Angleterre étoit
en cet état, lorfque les guerres civiles
entre Céfar & Pompée firent oublier
ce pays-là aux Romains. Augufte même, étant enfuite en pleine paix, &
Tibere fon fucceffeur , crurent plus
utile, pour l'interêt de leur Empire, de
l'abandonner. Mais l'Empereur Claude
en jugea autrement, & reprit les deffeins de Céfar.

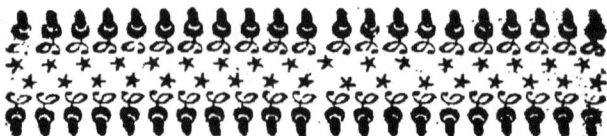

CHAPITRE XXXIX.

1. POur les Gaulois, il ne faut point de plus seure preuve de leur ap-

plication au commerce, que le culte qu'ils rendoient à Mercure. Ce Dieu étoit reconnu & honoré non seulement par eux, sous le nom de Teutatés, mais encore par les Allemans, sous le nom de Wodan, & de Godan, comme maître souverain du profit qui se fait par le trafic. Je pourrai montrer, en quelque autre occasion, par où le culte de ce Dieu, & de la Déesse Isis, a passé en Allemagne, & d'Allemagne vray-semblablement dans les Gaules, & des Gaules en Espagne : car on trouve dans l'antiquité une trace bien évidente du culte rendu à Mercure par les Espagnols, sur cette montagne voisine de Carthagene, qui portoit son nom. On en trouve aussi quelques-unes du nom d'Hermés, que les Grecs donnoient à Mercure, dans le nom du mont Herminius, qui est en Portugal, & dans plusieurs noms propres, rapportez par Mariana dans son Histoire. Les Saxons avoient conservé chez eux ce même nom à Mercure, presque sans déguisement. Ils le nommoient *Irmin*, d'où vrai-semblablement s'est formé le nom de Germains, qui

Marian. de rep. Hispan. lib. 5. c. 3.

devint celui de toute la nation ; & celui des Hermondures , & des Hermions en particulier ; & celui du fameux Herminius , & du Roi Hermion , & de plufieurs autres. Que fi les Gaulois avoient pris leur religion des Anglois,

Cæf. de bell. Gall. lib. 6. cap. 2. Tacit. de vit. Agric.cap. 11. comme Céfar & Tacite l'affurent, on ne peut pas douter que le culte de Mercure , & par confequent l'application au trafic ne fuffent auffi receus parmi eux. Mais outre cette preuve, la fituation des Gaules, ayant l'ocean au nord & au couchant , & la mer Mediterrannée au midy , qui invitoit au trafic une nation populeufe & induftrieufe , ne nous permet pas de douter qu'ils ne vouluffent profiter des avantages que la mer fembloit

Cæfar de Bell. Gall. c. 24. leur offrir : & Céfar affure , que la connoiffance des pays étrangers , & des marchandifes, qui en venoient, produifoit chez eux l'abondance. Et certainement , on ne peut rapporter qu'au commerce , cette grande puiffance maritime de ceux de Vannes , & leurs navigations frequentes en Angleterre.

2. Mais le principal commerce des Gaules fe faifoit alors à Marfeille. Tout

le monde sçait que cette ville avoit été fondée par les Phocéens, peuple d'Asie, dés le tems de Tarquinius Priscus, Roi de Rome ; ou selon d'autres, sous Servius Tullius son successeur. Ce peuple avoit été contraint, par la petitesse de son Etat, & la stérilité de son Terroir de s'adonner à la mer. Le trafic, la pesche, & même la piraterie, qui étoit honorable dans ces mers en ce tems-là, l'avoient rendu si puissant, qu'il avoit été maître de la mer, pendant quarante-quatre ans. Les vaisseaux dont ils se servoient, n'étoient pas simplement fabriquez pour l'usage de la marchandise, mais encore pour la guerre. Les Marseillois retinrent les mœurs de leurs fondateurs, faisant leur capital de la pratique de la mer ; & à l'imitation des Rhodiens, ils firent des loix nautiques, pour promouvoir le commerce & la navigation. Ils apprivoisérent & cultivérent l'humeur sauvage des Gaulois, qui les avoient receus, & leur apprirent à vivre à la Grecque. Leur gloire & leurs richesses s'accrurent par leur trafic, & par leur industrie. Leur port, leurs flot-

tes, leur arcenal, leurs magafins pour
l'ufage du commerce & de la guerre
de terre & de mer, la beauté de léurs
bâtimens, & le bon ordre de leur
gouvernement ; tout cela leur attira
l'envie de leurs voifins, des Liguriens,
des Salyens, & des autres Gaulois : mais
il leur attira aufli l'eftime des autres
nations, & principalement des Romains, qui recherchérent leur amitié, & les prévinrent par leurs bien-
faits ; & furent fecourus par eux dans
plufieurs grandes occafions. Le Proconful Sextius, fondateur de la ville
d'Aix, mit Marfeille dans une paif-
ble poffeffion des ports de fon voifinage, & de toute la côte, tendante
vers l'Italie, en écartant de la mer
les Salyens, dont la proximité les
importunoit, & les avoit fouvent
obligez d'avoir recours aux Romains,
pour leur défenfe ; & attribua à Marfeille le territoire qu'il avoit ôté aux
Salyens. Peu d'années après, Marius
ayant creufé un nouveau canal, pour
recevoir la plus grande partie des eaux
du Rhône, il en fit maîtres les Marfeillois, pour reconnoître le fervice
important qu'ils lui avoient rendu contre

tre les Ambrons. Ce prefent les enrichit, par les impôts qu'ils levérent
fur les marchandifes qui entroient dans
le Rhône, & qui en fortoient ; & ils
ne négligérent rien depuis, pour s'en
conferver la poffeffion. Pompée leur
donna toutes les terres fituées fur la
rive occidentale du Rhône, depuis
la mer, jufques dans le Vivarais, &
Céfar après avoir fubjugué les Gaules,
leur avoit donné d'autres terres, &
avoit augmenté leurs revenus. Cette
grande puiffance fomenta la jaloufie
de leurs voifins, qui s'étant fait battre & défaire par eux, contribuérent
encore à leur grandeur. Du côté de
la mer, les Carthaginois, à qui cette grande élévation faifoit ombrage,
ne furent pas plus heureux contre
eux, lorfqu'ils voulurent s'oppofer
à leurs progrez. Ils eurent fouvent
fujet de s'en repentir par les bat il-
les navales, qu'ils perdirent contre
eux.

3. Avec tant d'avantages, il ne
paroît pourtant point qu'ils ayent
recherché, ni qu'on leur ait donné le
titre de maîtres de la mer. Leur nom
ne fe trouve point dans la lifte qui

O

nous reste de ceux qui l'ont été. Nous devons cette liste à Eusebe, qui l'a inserée dans sa Chronique, l'ayant extraite après Julius Africanus, de celle qui avoit été dressée par Castor de Rhodes. Mais s'ils n'ont pas obtenu le titre de maîtres de la mer, il leur a été plus glorieux de s'opposer à ceux qui le vouloient usurper, & d'avoir remporté sur eux plusieurs victoires navales.

4. Dans un état si florissant, ils songérent à étendre leur Empire, & à se fortifier contre leurs voisins, toujours jaloux de leur grandeur, par les colonies qu'ils établirent à droite & à gauche, sur les côtes des Gaules, d'Italie, & d'Espagne, Nice, Antibe, Fréjus, Hieres, la Ciotad, Toulon, & selon quelques-uns, Agde, Roses, & Empurias. A ces colonies l'Histoire en ajoûte beaucoup d'autres, & a tâché de déterminer l'étenduë de la domination de Marseille, tant par mer, que par terre : mais cela nous engageroit à une trop longue recherche.

5. Les Marseillois ne bornérent pas leurs navigations à la mer Mediter-

ranée ; ils entrérent dans l'Océan, &
firent de longues courses au Sud & au
Nord. Euthymenés Marseillois s'avança par-delà la Ligne, & en rapporta
des singularitez, qui passérent pour
fabuleuses. On ne respecta pas davantage les relations que Pytheas, autre
Marseillois, fit de ses voyages vers
le Nord, & jusqu'en Islande. Polybe,
& Strabon, les ont décriées, comme
des impostures ; de même qu'Aristide
a décrié celles d'Euthymenés. En quoi
il semble que les Grecs, nation très
fabuleuse, ayent jugé des autres par
eux mêmes : car ils ne traitérent pas
mieux les navigations d'Hannon, &
celles des autres Carthaginois ses compatriotes. Mais Eratosthene a rendu
justice à Pytheas, & le tems a confirmé la verité de ses recits, & de ceux
d'Euthymenés.

6. Ces deux illustres Marseillois
avoient laissé des ouvrages geographi-
ques : & on leur a joint mal à propos,
comme compatriote, Castor gendre
du Roi Déjotarus, qui entre autres
écrits, avoit composé, comme j'ay
dit cy-dessus, une liste des peuples
qui s'étoient rendu maîtres de la mer.

Caftor étoit Rhodien. Suidas marque
expreffément qu'on s'eft trompé, quand
on l'a crû Marfeillois ; & parce qu'il
s'étoit établi dans la Galatie , on l'a
appellé Galate ; & c'eft là , felon ma
conjecture, la fource de l'erreur : car
les Grecs donnant indifferemment le
nom de Galates aux Gaulois , & aux
peuples de Galatie , on a crû Caftor
Gaulois , parce qu'il étoit appellé
Galate. Voffius , tout clairvoyant
qu'il eft , dit qu'il étoit au commencement orateur de Marfeille. Suidas
l'a trompé, lorfqu'il a écrit , qu'on
l'a cru fauffement Marfeillois , & puis
ajoûtant qu'il fut orateur, fans joindre le titre d'Orateur à celui de Marfeillois.

7. Quoi que Demofthéne dans fon
Exception contre Zenothemis , nous
reprefente , & lui & fon patron He-
geftrate , tous deux de Marfeille, comme deux hommes frauduleux & de mau-
vaife foi , il ne laiffe pas de nous apprendre combien étoit alors floriffant
le commerce de cette ville. Mais elle
fut dépoüillée par Céfar d'une grande
partie de fes colonies , & des villes
de fa dépendance, pour avoir pris le

parti de Pompée contre lui , après
avoir perdu deux batailles navales contre sa flotte , commandée par Deci-
mus Brutus , & s'être renduë à lui-
même , après un long siége , fort cou-
rageusement soutenu.

8. Je me suis un peu étendu sur
les avantages de Marseille , parce
que nulle autre ville des Gaules ne
l'égaloit alors en grandeur & en richesses , & ne peut mieux faire juger du commerce qui se faisoit dans
les Gaules. Plusieurs autres néanmoins
y fleurissoient , dans le même tems ,
par le trafic. Arles étoit de ce nombre : elle n'etoit pas éloignée de Marseille ; & ce fut là que César fit construire douze galéres , en trente jours,
à compter du jour que le bois fût
abbatu , pour s'en servir contre les
Marseillois. D'où l'on peut connoître
combien ceux d'Arles étoient entendus
dans la pratique de la mer : ce qui
augmenta encore davantage dans la
suite du tems. Elle étoit en réputation pour ses manufactures , & on
faisoit cas principalement de ses bro-
deries , & de ses ouvrages d'or & d'argent de rapport.

O 3

Strab. lib.
4. Diodor.
lib. 4. &5.

9. Elle cedoit pourtant à Narbonne, que Strabon, & Diodore disent avoir été le lieu du plus grand trafic toute cette contrée. Ce dernier remarque que l'étain d'Angleterre se voituroit sur des chevaux, au travers des Gaules, à Marseille, & à Narbonne;

Auson de
clar. urb.

& Ausone dit que les flottes d'Orient, d'Afrique, d'Espagne; de Sicile, & de tout le monde, abordoient au port de Narbonne : mais le cours de la riviere d'Aude, qui la traverse & la disposition de la mer, étant changez, elle s'est trouvée privée de son port & de son commerce. La même chose est arrivée à Aigues-mortes qui étoit autrefois un port considerable, & qui se trouve presentement éloignée de la mer, par les sables que le Rhône y a amassez.

10. Montpellier profita de la decadence de Narbonne, & elle devint dans la suite un lieu de très-grand abord pour les vaisseaux de toutes les côtes de la mer Mediterranée. Je ne parle point des autres moindres ports de cette côte, d'Agde, de Toulon, d'Antibes, de Fréjus, où Auguste retiroit ses vaisseaux destinez à la garde de cette

te ; dont les fables ont depuis comblé le port de Nice & même ceux de Monaco, & de Gennes fi nous entrons dans la Ligurie.

11. Les Gaules avoient auffi leurs ports fur l'ocean ; & comme le tems en a rendu quelques-uns inutiles, il en a auffi ouvert d'autres, qui font aujourd'hui d'un grand ufage. L'embouchure de la Garonne faifoit un marais des eaux de la mer, près de Bordeaux, & y formoit un bon port ; qui mit cette ville dans l'état florissant qu'Aufone a pris plaifir de décrire. Ce marais ne paroît plus aujourd'hui, & la ville n'a pas laissé de retenir fa fplendeur. Puisque César dans la guerre de Vannes fit venir des vaisseaux des côtes de Xaintonge, & de Poitou, & des autres provinces des Gaules, qui n'avoient point pris de part à cette guerre, il faut necessairement conclure qu'il y avoit des ports dans ces quartiers-là, comme il y en a encore aujourd'hui. Quoi que Nantes foit bien avancée dans les terres, César met néanmoins les Nantois au nombre des peuples maritimes. En effet, la Loire lui amenoit de

l'Ocean beaucoup de gros vaisseaux marchands. Strabon fait mention de Corbilon, ville de commerce sur la Loire, qu'il fait aller de pair avec Marseille & Narbonne. Le tems en a fait perdre la connoissance. Je ne saurois êtré de l'avis de M. Valois, qui écrit que c'est Coiron, proche de Nantes. Il n'est pas vrai-semblable que deux Villes de commerce étant si voisines, eussent pû s'élever en même-tems à une si grande puissance. Je ne puis pas croire non plus que Corbilon ait été Blois, comme d'autres se le font persuadé. Peut-être Corbilon étoit-ce le premier nom de la villes de Nantes, qui depuis fut nommée *Condivicuum*; ces doubles noms atttribuez aux villes n'étant pas sans exemple. Mais nul autre peuple Gaulois n'égaloit alors la puissance, que ceux de Vannes s'étoient acquise sur la mer. Il faut encore considerer l'embouchure de la Seine, comme un des ports principaux, que les Gaulois eussent du côté du Nord. C'est le jugement qu'en fit César, lorsque se préparant à attaquer l'Angleterre, il y fit construire ses vaisseaux.

Strab. lib. 4.

12. Le conflant du Rhône & de la Saone rendit Lyon, quoi que fitué au milieu des Gaules, une ville d'un très-grand commerce. Elle étendoit fes bras, pour ainfi dire, de la mer Mediterranée à l'Ocean : car la fource de la Saone étoit fi voifine de celle de la Mofelle, & de la Seine, qu'il étoit aifé de voiturer par terre les marchandifes qu'on avoit fait remonter ces Rivieres. Le Rhône recevoit beaucoup de marchandifes par les fleuves navigables qui s'y joignent, & il les communiquoit non-feulement à la Saone, mais encore à la Loire, par des chariots, qui les alloient enlever à quelque diftance au-deffus de fon embouchure; fa rapidité le rendant difficile à remonter. La Saone après avoir reçû le Doux, portoit fes marchandifes près de la Mofelle; où ayant été voiturées, elles paffoient à Tréves, qui étoit alors une fort puiffante ville, & de là dans le Rhin, & enfuite dans l'Ocean. C'eft ce qui a donné lieu à la remarque qu'un ancien Geographe *Vet. orb. defcrip. cap. 49.* a faite de l'étroite correfpondance, & de l'heureux commerce, qui étoit entre Arles & Tréves.

13. Cela fit venir la penſée à AnÁ tiſtius Vetus, l'un des chefs de l'armée Romaine, qui étoit dans les Gaules l'an quatriéme de l'Empire de Neron, de joindre par un canal la Saone à la Moſelle. Et ſur ces mêmes veuës, Henry IV. conceut le deſſein de joindre la Saone à la Meuſe. D'un autre côté les marchandiſes de la Saone ayant été portées par charroy dans la Seine, elles paſſoient dans l'Ocean, & de-là en Angleterre. Le voiſinage des Rivieres, qui tombent dans l'Au de d'un côté, & dans la Garonne de l'autre, fourniſſoit encore un autre moyen de joindre l'Ocean à la mer Mediterranée, & d'établir un commerce commode entre Narbonne & Toulouſe.

14. Pour revenir à Lyon, ceux qui la veulent faire plus ancienne que l'ordre donné par le Senat de Rome à Munatius Plancus, l'an de Rome 710. de la bâtir, & que la colonie qu'il y établit enſuite, diſent que c'étoit un lieu de commerce, où s'aſſembloient des negocians pour le debit des denrées, qui venoient par le Rhône, & par la Saone, de vins, d'huiles, &

autres liqueurs, de bleds, de bestiaux, de draps, de toiles, & d'ouvrages de fer. On parle de soixante nations, qui s'assembloient en ce lieu pour leur trafic. Une ancienne inscription de Lyon fait mention de Tauricius de Vannes, Intendant general du commerce des Gaules, patron des bateliers de la Saone, & de la Loire, des voituriers, & des pêcheurs. D'autres inscriptions anciennes montrent, que l'Intendance des bateliers du Rhône, & de la Saone, a été souvent confiée à des Chevaliers Romains. Lyon, quoi que ville mediterranée, ne laissoit pas d'exercer son negoce sur la mer, & de prendre part au commerce reglé que Marseille, Arles, & d'autres villes des Gaules, entretenoient en Egypte, sous le regne des Soudans. Car puis qu'Arles étoit comme une succursale de Tréves, selon cet ancien Geographe qui vivoit *Vet. orb.* sous Constantius & Constans, ces deux *descrip.* villes ne pouvoient entretenir leur *cap. 49.* correspondance, qu'en faisant servir Lyon d'entrepôt, & on ne peut pas douter que Lyon, ville fort marchande, dés le tems de sa fondation, en quelque tems qu'on la mette, negligeât une occasion si favorable, d'entretenir son trafic sur la mer Mediterranée. Enfin, son pouvoir s'accrut à tel point, & elle devint si peuplée, que dés le tems d'Auguste, au rapport de Strabon, elle ne cedoit qu'à Narbonne.

Strab. lib. 4.

15. Tout ce que j'ai dit, montrent assez que les Gaulois, ne se contentant pas de la fertilité & de la beauté de leur terre, s'appliquérent aussi à la mer avec succès. Ce que César reconnut si bien, qu'après les avoir domptez, il se servit très-utilement de leurs flottes dans les guerres civiles qu'il eut à soutenir. Les Romains tirérent de grands avantages de ces belles provinces des Gaules, que César leur avoit conquises. Ils levérent de grands péages, non-seulement sur les marchandises qui en provenoient, & qui en sortoient, & sur celles que les Gaulois y faisoient venir pour leur usage; mais encore sur celles qui y passoient pour le compte des Anglois, à l'entrée & à la sortie. Et à ces richesses, il faut encore ajoûter l'or que l'on tiroit des Cevenes & des Pyrenées.

16. Les Francs, qui fubjuguérent les Gaules dans la fuite des années, y portérent une pareille inclination pour la mer. Car l'hiftoire nous apprend, qu'ayant été foumis par l'Empereur Probus, & ayant obtenu de lui des terres pour habiter, une partie d'entr'eux, ennemie de la paix & de l'obéïffance, fe faifit de plufieurs vaiffeaux, qu'ils trouvérent fur les côtes du Pont-Euxin, vint ravager celles de l'Afie & de la Grece, & ayant été repouffez de celles d'Afrique, ils fe rabattirent fur la Sicile, & fe rendirent maîtres de Syracufe, & y firent un grand carnage ; qu'après être enfin fortis du détroit de Cadix, pour paffer dans l'Océan, & avoir attaqué les côtes d'Efpagne, ils retournérent paifiblement chez eux, fans avoir reçû aucun échec. Ils renouvellérent leurs pirateries quelque tems après, & furent enfin reprimez par Maximien.

CHAPITRE XL.

1. *Commerce d'Espagne vers le tems de*
César; & principalement en Métaux.
2. *Autres Marchandises d'Espagne.*
3. *Ports & Villes marchandes, & au-*
tres commoditez d'Espagne, pour le
trafic.

1. QUOY que les Gaules surpassent
l'Espagne, en la fertilité du
terroir, l'Espagne les a pourtant beaucoup surpassées dans l'antiquité, & la
richesse de son commerce. Les Phéniciens qui ouvrirent les premiers le
trafic de la Mediterranée, ne paroif-
sent point avoir plus fréquenté aucune
region, que les Provinces d'Espagne,
qui sont vers le détroit de Gibraltar,
& l'embouchure du Bætis, celébrées
par les Auteurs sacrés, sous le nom
de Tharsis. Ce Pays, selon le témoignage du Prophéte Ezechiel, étoit si

Ezech.
27. 12.

bondant en argent, en fer, en étain, en plomb, qu'il en enrichit les Tyriens. Elle portoit aussi de l'or & du cuivre. Mais l'argent faisoit sa plus grande richesse. On en trouvoit dans plusieurs Provinces, & principalement le long du Bætis, qui sort d'une montagne, qu'on avoit nommée la Montagne d'argent, à cause de la quantité d'argent qu'on en tiroit. C'étoit cet argent qui attiroit les Phéniciens, & qui les enrichit; car Aristote rapporte qu'ils l'échangeoient avec les Espagnols, contre des marchandises à très-vil prix : à peu près comme les Espagnols échangérent depuis l'or de Mexique, & du Perou. Il ajoûte, que les Phéniciens trouvant là plus d'argent que leurs vaisseaux n'en pouvoient porter, ils en forgérent leurs ancres, & toutes les ustenciles de leurs vaisseaux, que l'on forge ordinairement de fer. Diodore dit, que ce fut cet argent, qui rendit les Phéniciens si puissans, & les mit en état d'établir de tous côtez tant de florissantes colonies, & qui porta si haut la grandeur des Carthaginois, & leur fournit les moyens de soûtenir tant de gran-

Arist. de mirab. ausc.

Diod. libr. 5.

des guerres contre les Romains, les Siciliens & les Africains, & que de là même enfin les Romains tirérent des biens immenses. En effet, les Auteurs Espagnols ont pris soin de calculer dans leurs écrits les sommes prodigieuses d'or & d'argent, tant en lingots qu'en monnoye, que les Romains ont tirées de leurs Provinces : car il n'y avoit presque aucun canton dans toute l'Espagne, où l'on ne trouvât de l'or, ou de l'argent, ou de l'étain, ou d'autres métaux ; à commencer par l'Algarve & l'Andalousie, & finir par la Galice, l'Asturie, & les Pyrenées. Il faut pourtant excepter de cette liste les isles Baleaires, que l'on peut regarder comme une partie de l'Espagne ; car il leur étoit défendu par leurs loix, de posseder ni or ni argent, dans la crainte de s'attirer, par cette amorce, la guerre des étrangers, comme les Espagnols s'étoient attiré celle d'Hercule. Les Grecs vinrent à leur tour prendre part à ces trésors. Le hazard porta à l'embouchure du Bætis un Colæus de Samos, vers la 45. Olympiade, & il y fit un très-riche butin. Il avoit été precedé dans ce voyage, par un So-

strate

rate de l'isle d'Egine. Les Phocéens
chassez d'Asie par les Perses, vinrent
en ces contrées en la 60. Olympiade,
du tems du fameux Arganthonius, qui
les combla de richesses, n'ayant pû les
retenir chez lui.

2. Outre les métaux, l'Espagne
fournissoit encore beaucoup d'autres
marchandises; du vin, des laines, &
des étofes fines; du fin lin, & des toiles fines, dont on leur attribuë l'invention; du miel, & de la cire; de
la poix, du borax, du vermillon, de
l'écarlatte, du sel fossile, des poissons
salez, des saumures excellentes, du
gland même, & de cette espéce de
jonc, nommé *Spartum*, si utile pour
les cordages, & pour plusieurs autres
usages de la vie, d'où Carthagene avoit
tiré son surnom de *Spartaria*, dont l'u-
sage ne fut connu en Espagne, qu'a-
près que les Carthaginois y eurent
porté leurs armes, & dont on fit ensuite un si grand débit en Italie. L'huile, qu'on peut mettre aussi au nombre
des marchandises d'Espagne, & principalement de l'Andalousie, ne paroît
pas y avoir été fort abondante dans
les premiers commencemens, puis-

P

Arist. de
mirab.
ausc.

qu'Aristote assure, que les Espa
donnoient aux Phéniciens des b
d'argent pour de l'huile, & que
habitans des isles Baleaires manqu
d'huile naturelle, se servoient d'u
huile factice de leur composition;

Strab.
lib. 3.

du tems même de Strabon, les Port
gais se servoient de beurre, au lie
d'huile.

3. Pour le débit de tant de riche
marchandises, la nature avoit prépar
à l'Espagne beaucoup de ports com
modes, & de grosses rivieres, portan
des bateaux bien avant dans les terres
principalement dans toute la côte oc
cidentale de l'Ocean; quoi que le for
de leur commerce fut du côté d'Italie
Ils avoient de plus creusé des canau
dans les terres, pour le transport de
marchandises, & la facilité du commer
ce, tant entre eux, qu'avec les étran
gers. Les habitans avoient sçû profit
de ces favorables dispositions, & s'é
toient fait un grand nombre de ville
marchandes. Mais leur principal com
merce, depuis le commencement, ave
constamment perseveré à Cadix,
l'embouchure du Bætis, où étoit l'an
cien Tharsis : & c'est ce qui les avo

obligez d'y élever un phare, pour la sureté de la navigation. Et la fortune secondant leur induftrie, vers le tems de Céfar, & les mers fe trouvant libres de pirates, l'Efpagne acquit des biens immenfes par le trafic. Cependant les Portugais, qui y avoient bonne part, aimérent mieux trafiquer par échange, & faire leurs payemens en lingots d'argent, qu'en argent monnoyé : & la côte feptentrionale d'Efpagne n'étant acceffible du côté de la mer, que par un grand détour, fe trouva privée du commerce; & fes habitans demeurans dans leur ferocité naturelle, né furent apprivoifez que longtems après par les Romains. Du tems d'Augufte & de Tibere, les côtes meridionales d'Efpagne envoyoient à Rome, & dans toute la côte occidentale d'Italie, de grandes efcadres de gros vaiffeaux marchands, dont le nombre égaloit prefque celui des flottes, qui venoient d'Afrique en fi grand nombre.

CHAPITRE XLI.

1. *Commerce d'Allemagne, vers le tems de César, & dans les tems suivans. 2. L'Allemagne peu connuë avant César. 3. La vie de Nomades, que menoient la plûpart des Allemans, les éloignit du commerce.*

1. LE culte que les Gaules rendoient à Mercure, nous a servi de preuve de leur application au trafic. Nous pouvons faire le même jugement des Allemans. Ils adoroient Mercure sous le nom de Wodan, & de Godan, comme maître souverain du profit, qui se fait par le trafic. Car il ne faut pas s'arrêter au témoignage de César, lorsqu'il dit, que les Allemans ne reconnoissoient point d'autres Dieux que le Soleil, le Feu, & la Lune, & qu'ils n'avoient pas même entendu parler des autres Dieux. Tacite étoit mieux informé que lui, & il assure qu'ils avoient plusieurs Dieux, & leur faisoient des

Cæs. de bell. Gall. lib. 6. cap. 21.

Tacit. de mor. germ. cap. 8.

sacrifices, & qu'ils mettoient Mercure au premier rang. Il reste même encore en Allemagne quelques Idoles de ce Dieu. Paul Diacre ajoûte, que cette Religion étoit très-ancienne en Allemagne, & que ce Mercure est le même que le Mercure des Grecs & des Romains. Le nom de Teutatés, que les Gaulois lui donnoient, qui est le même que celui de Teuth, qu'il avoit chez les Allemans, d'où ils ont pris leur nom de Teutons, est manifestement le même nom de Theuth, que les Egyptiens lui donnoient, avec les mêmes fonctions. D'ailleurs, César nous apprend que les Allemans recevoient les marchands chez eux; mais que les Sueves, qui étoit la plus puissante nation d'Allemagne, cherchoient bien moins dans leur commerce à pourvoir à leurs besoins, & à s'accommoder des marchandises étrangeres, qu'à debiter celles que la guerre leur avoit acquises.

César de bell. Gall. lib. I. c. 39.

2. En ce tems-là l'Allemagne étoit peu connuë. Avant César elle ne l'étoit que par une réputation fort incertaine, & il n'en connut que la partie, qui étoit sur les bords du Rhin. Au-

gufte en fut bien mieux inftruit, & par les guerres que les Romains y portérent fous fes aufpices, & par les navigations qu'il fit faire dans le Nord, & au-tour de l'Allemagne, jufqu'au-delà du Cap de la Cimbrique Cherfonefe. Car fous le nom d'Allemans, je comprens auffi les Cimbres, qui occupoient cette peninfule, qui en fait la partie la plus feptentrionale. C'eft *Plin. lib.* de Pline que je tiens ce que je viens *2. cap. 67.* de dire. Il parle en d'autres lieux de *lib. 4. c. 13.* la Baltie, ou Scandinavie, comme d'une region connuë, & celebrée par des Auteurs beaucoup plus anciens que lui. De là il faut conclure, que lorfque *Strab. lib.* Strabon, qui écrivoit dans les com-*7.* mencemens de l'Empire de Tibere, a dit, que toute la partie d'Allemagne, qui eft au-delà de l'Elbe jufqu'à l'O-cean, c'eft-à-dire, jufqu'à la mer Bal-tique, étoit entierement inconnuë de fon tems, & que perfonne auparavant n'avoit pénetré ces contrées, ni par mer, ni par terre, il faut entendre que le dedans du pays étoit inconnu : mais non pas les rivages. Cela fe confirme *Tacit. de* par le fuffrage de Tacite, lorfqu'il dit, *mor. Germ.* que les Allemans étoit une nation au-*cap. 1. & 3.*

tochthone, qui n'en avoit jamais reçû aucune autre dans son pays, ni pour la voir s'y établir, ni même pour en être visitée : & il ajoûte, que les transmigrations & les peuplades ne se faisoient point autrefois par terre, mais seulement par mer, & que les navires des Romains entroient rarement dans cette mer. Et neanmoins César nous enseigne que dans les tems qui l'avoient precedé, les Gaulois prenoient souvent par force des établissemens en Allemagne. Le même Tacite rapporte, sans la refuter, l'opinion de ceux qui croyoient, qu'Ulysse étoit venu par mer en Allemagne, & s'étoit avancé dans les terres qui sont sur les bords du Rhin. D'ailleurs ce voyage, que les Egyptiens firent sous la conduite d'Osiris, jusqu'aux fontaines du Danube, au rapport de Diodore ; & ce culte que les Suèves rendoient à Isis : & celui que tous les Allemans rendoient à Teuth, d'où ils ont pris le nom de Teutons ; & cet autre voyage que les Fables font faire aux Argonautes à leur retour de la Colchide, en remontant le Danube, & passant du Danube dans le golfe Adriatique,

Cæs. de bell. Gall. lib. 6. cap. 24.

Tacit. de mort. 6. Germ. cap. 3.

Diodor. lib. 1.

P 4

suivant la folle persuasion où ils étoient,
que le Danube se joignoit à cette mer,
ou suivant une autre imagination plus
folle encore, que les Argonautes avoient
porté jusques-là le navire Argo sur
leurs épaules; tout cela donne lieu de
croire que l'Allemagne n'a pas été si
inaccessible aux étrangers. Je ne puis
passer sous silence une autre opinion
plus extravagante encore que la précé-
dente, & qui fait voir dans quelle
ignorance de la Géographie ont été
les Anciens. Quelques-uns d'eux ont
avancé, que les Argonautes avoient
remonté le Tanaïs, & étoient entrez
dans l'Ocean : & Eratosthene dans

Strab. Strabon les a fait aller par terre de la
lib. 1. Colchide dans l'Armenie, & dans la
Medie.

3. Mais revenons aux Allemans. Il
est vrai que leur frugalité, & la vie de
Nomades qu'ils menoient, changeant
incessamment de demeure, & portant
tout leur bien sur des chariots, faisoit
qu'ils se passoient aisément des marchandises étrangeres. C'étoit même par
la connoissance qu'ils avoient des dés-
ordres, que cause l'avarice, qu'ils ne
se vouloient fixer dans aucune demeu-

Mais ceux qui étoient situez le long du Rhin, ayant commencé à prendre goût au vin, à l'exemple de leurs voisins, ils en trafiquérent, les autres se contentans de la biere. D'ailleurs, ils n'avoient pas beaucoup de marchandises de leur crû, qui attiraffent les étrangers. Les veines metalliques y étoient rares alors : à peine même connoiffoient-ils l'or & l'argent. Ceux qui étoient proches du Rhin avoient appris des nations voisines l'usage de la monnoye : mais ceux qui étoient plus retirez dans le milieu du pays, & vers le Levant, ne trafiquoient pour la plûpart que par échange. L'ambre que produisent les côtes septentrionales de l'Allemagne, rapportoit quelque profit, car le luxe des Romains leur rendit cette marchandise précieuse.

CHAPITRE XLII.

1. Ancien commerce de la Scandinavie.
2. Des Peuples situez à l'Orient de
l'Allemagne. 3. De la Pologne, 4.
& de la Moscovie.

1. LA Scandinavie, dont j'ai parlé, avoit ses ports sur l'Ocean,
& sur la mer Baltique. Les Suions,
qui en occupoient la partie occidentale, c'est-à-dire, les Norvegiens,
avoient des flottes sur l'Ocean. Ils
se servoient d'un genre de navires à
deux proües, sans voiles, & dont la
chiourme n'étoit pas fixe, & passoit
d'un côté à un autre, selon le besoin.
Ce qui leur étoit commun avec d'autres peuples du Pont Euxin, dont
Tacit. parle Tacite, ainsi que de ces premiers.
Hist. lib. La Scandinavie étoit sterile en bleds,
3. cap. 46. & par sa nature, & par ce que ses
De mor. habitans en negligeoient la culture :
Germ. mais elle étoit fertile en bestiaux ; &
cap. 45. la mer leur fournissoit abondamment

es poiſſons, qu'ils ſéchoient & échangeoient contre les marchandiſes qui leur
manquoient, avec les Allemans, &
les autres étrangers; qui abordoient
en grand nombre dans leurs ports. De
plus, le cuivre & la poix qu'elle fournit, lui étoient d'un grand rapport.
A quoi il faut ajoûter aujourd'huy les
huiles de baleine, le ſouffre, & les
fourrures, qui leur viennent de l'Iſ-
lande, & du Groënland.

2. Tous les peuples qui étoient au
devant de l'Allemagne, & une partie
même de l'Allemagne, étoient connus indiſtinctement par les anciens,
ſous le nom de Scythes. Ce nom s'é-
tendoit bien avant dans l'Aſie, près
des extrêmitez de l'Orient. Ces vaſtes
regions ont été peu frequentées par
les Grecs, & par les Romains : & ſi
elles ont eû quelque commerce, ou
entre elles, ou avec leurs voiſins,
cela eſt demeuré inconnu.

3. Les Slaves, & enſuite les Polo-
nois, & les Moſcovites, ont ſuccedé
aux Sarmates & aux Ruſſes. Tout le
commerce de la Pologne, & des Provinces, qui en ont dépendu, ou
qui en dépendent, ne s'eſt fait que

dans les ports qu'elles ont fur la mer
Baltique, pour le debit des marchan
difes de leur cru, cuirs, laines, lin
chanvres, plomb, & ambre; & pour
avoir celles qui leur manquent, le
vins, les ouvrages de foye & de fer
qui fe fabriquent dans le refte de l'Eu
rope. Mais cependant ils ont peu d'u
fage de la mer.

4. Le commerce de la Mofcovie ne
fe borne pas à la mer Baltique; mai
il s'étend à la mer Blanche, à la mer
du Nord, au Pont Euxin, & à la mer
Cafpie, ou la Duïne, le Tanaïs, &
le Volga, qui aboutiffent aux port
d'Archangel, d'Afaf, & d'Aftracan
lui donnent la commodité d'exerce
un grand trafic, par le debit de fes bleds
de fes fourrures, de fes cuirs, de fon
fel, de fon miel, & de fa cire, de fon
fuif, de fon poiffon fec, & de fon
huile de poiffon, de fa poix, de fon
lin, de fon chanvre, & de fon caviar
pour s'attirer les marchandifes de l'Eu
rope, par les mers, du Nord, celles
de Turquie, par le Pont Euxin; &
celles de Perfe & des Indes, par la
mer Cafpienne. Les Mofcovites tire-
roient des profits immenfes de cette

uation, s'ils ne se manquoient à
ux mêmes par leur negligence, &
ar leur grossiereté, qui les empêche
e cultiver les arts; & par l'esprit dé-
ant & soupçonneux de leurs Prin-
es, qui ne leur permettent pas de
ortir de leur pays, & qui leur font
viter le commerce des étrangers. Que
il s'élevoit parmi eux quelque jour
n Prince avisé, qui reconnoissant
s défauts de cette basse & barbare
olitique de son Etat, prit soin d'y
emedier, en façonnant l'esprit fero-
e, & les mœurs âspres & insocia-
les des Moscovites, & qu'il se servît
ussi utilement, qu'il le pourroit faire,
e la multitude infinie de sujets qui
nt dans la vaste étenduë de cette
omination, qui approche des fron-
eres de la Chine, & dont il pour-
oit former des armées nombreuses;
& des richesses qu'il pourroit amasser
ar le commerce, cette nation de-
iendroit formidable à tous ses voisins.

CHAPITRE XLIII.

1. *Commerce du Pont Euxin.* 2. *Traffic des Grecs dans le Pont Euxin.* 3. *& des Egyptiens.* 4. *Pêche du Pont Euxin, du Bosphore de Trace & de l'Archipel.*

1. LE Pont Euxin, dans le temps les plus reculez, a fourni tous les peuples qui habitent sur ses bords, & même à tous ceux qui habitent sur les côtes de la mer Mediterranée, de grandes commoditez pour le commerce. Personne n'ignore les voyages de Phryxus, & des Argonautes, que les Grecs ont crû avoir été les premiers qui ayent tenté cette mer, & qui ne furent entrepris que pour l'or de la Colchide. Le Danube d'un autre côté, le Borysthene, & le Tanaïs étoient des portes ouvertes à tous les peuples de l'Europe, situez à l'Occident & au Nord de cette mer, pour aller trafiquer. Les Scythes qui approchoient de cette mer, l'auroient pi

faire comme les autres, s'ils avoient
voulu s'humaniser, & se dépoüiller de
leur ferocité. Mais ils ne se sont jamais
appliquez à l'art du negoce, & ils se
sont contentez d'un simple échange de
leurs denrées. Du côté du Levant & du
Midi, une infinité de petites rivieres,
sorties du mont Taurus, & des montagnes voisines, qui en sont autant de
branches, apportoient dans cette mer
les marchandises de l'Asie. Outre l'or,
& les autres métaux de la Colchide, le
Pont Euxin fournissoit des bleds, des
cuirs, du lin, du miel, & de la cire, des
troupeaux de brebis, & de chévres,
des fourrures, des plantes medicina-
les, & principalement de la rhubar-
be, & de la reglisse, des pistaches,
des amandes, & des noix; d'où quelques-uns dérivent le nom de Pont,
qui appartient par privilege au Pont
Euxin, des bois de charpente propres
à la fabrique des vaisseaux, du bois
de buis, & même des pierreries. Les
Circasses & les Abassa, qui habitent
au Nord du Pont Euxin, ne se ser-
vent point encore de monnoye : leur
trafic se fait par échange, & les
Abassa en leur particulier sont si peu

humanifez, qu'ils n'ont pas même l'u
fage de l'écriture.

2. Il ne faut pas douter que ce n'a
été en vûë du commerce qui fe faifoi
dans cette mer, que l'on érigea à Mer

Arrian. cure, ce temple & cette ftatuë, qu'Ar
Peripl. rien trouva à Trebizonde fur fon ri
Pont. vage ; & que ce furent fes richeffe
Eux. qui y attirérent tant de colonies Grec
ques, dont elle étoit environnée. L
ville de Nicomedie fituée dans la Bi
thynie, affez près du Bofphore, de
vint fous Antonin un entrepôt for
célébre : on y portoit les marchandi
fes du Pont Euxin, pour être diftri
buées de-là dans tous les ports de l
mer Mediterranée. L'ifle de Délo
étoit alors la Métropole des Cycla
des, & le lieu de l'Empire du plu
grand negoce, comme je l'ai déja mar
qué. C'étoit là principalement que le
Nicomediens portoient les bleds & le
marchandifes du Pont Euxin.

3. Avant les Grecs, les Egyptien
avoient pénétré dans le fond du Pont
Euxin, & jufques dans les Palus Meo
tides ; avoient appris aux habitans
l'ufage de l'agriculture ; s'étoient éta
blis dans ces contrées ; & étoient pe
res

gres & auteurs de la nation des Col-
ques. Sesostris, Roi d'Egypte, suivant
les traces de ses prédécesseurs, ayant
voulu se rendre maître de la Colchide, il y fut battu, & y fit une mal-
heureuse guerre. Les Mythologues attribuent à Osiris la premiere expedition des Egyptiens dans le Pont Euxin. Ce fut alors, selon eux, qu'il remonta le Danube jusqu'à sa source avec
Isis, dont le culte, qui lui étoit rendu par les Sueves, comme je l'ai dit
cy-dessus, avoit tiré de-là son origine. Et c'est à cela même qu'il faut
rapporter celle du nom du port des
Isiaques, mentionné par Arrien; c'est-
à dire, Port des Egyptiens, adora-
teurs de la Déesse Isis.

4. La pêche du Pont Euxin, du
Bosphore de Trace, & de l'Archipel,
étoit d'un grand revenu. La pêche des
esturgeons & des thons, qui se faisoit
dans le Pont Euxin, & dans les Palus Meotides; la thonine, & le caviar que l'on en retiroit, se débitoit
avec beaucoup de profit dans toute la
Grece & l'Italie. Le revenu de la seule
pêche, qui se faisoit devant Constantinople, suffisoit pour l'entretien de la

Q

table du vieil Andronique Paleologue,
& de toute ſa maiſon. Et l'on ſçait enfin, que dans les revenus de l'Empire, la pêche de l'Archipel faiſoit un
article de dix ou douze mille écus d'or.
Mais outre la pêche du Boſphore,
dés le tems de la république Romaine,
la ville de Byzance tiroit un gros pea-
ge des vaiſſeaux qui alloient trafiquer
dans le Pont Euxin.

CHAPITRE XLIV.

1. Commerce des Palus Meotides, &
de la Taurique Cherſoneſe. 2. Colo-
nie des Grecs dans la Taurique Cherſo-
neſe. 3. Marchandiſes de la Taurique
Cherſoneſe. 4. Mœurs des habitans.

1. NOus venons de voir les
Egyptiens dans le Boſphore
Cimmerien, dans les Palus Meotides,
& dans la Taurique Cherſoneſe, qui
bien que connuë du côté du midy
par les marchands qui venoient de la
mer Mediterranée, ne l'étoit pas du cô-

du Nord. Car Pline témoigne que de *Plin. lib. 2. cap. 67.*
non tems l'on ignoroit encore fi les
Palus Meotides n'étoient point un gol-
fe de l'Ocean. Lucien nous apprend *Lucian. Toxar.*
que les Phéniciens y faifoient tous les
ans des courfes pour l'entretien de leur
commerce. Pour les Grecs, on con-
çoit par la fable d'Iphigenie, d'O-
refte, & de Pylade, & par les grandes actions qu'ils y firent, & qui leur
méritérent un Temple, & des Autels,
quelle étoit la correfpondance des
anciens Grecs avec les Scythes, qui
occupoient ces contrées.

2. Toutes les colonies qu'ils y ont
plantées, en font encore une preuve
inconteftable : Theodofia, entre autres, ancienne colonie des Milefiens,
ayant un port capable de contenir
cent vaiffeaux, fort célébre autrefois;
puis défert du tems de l'Empereur
Adrien ; rétablie enfuite, poffedée
long-tems par les Genois, fous le nom
de Cafa, qui y faifoient un grand
commerce fous les Empereurs Grecs,
& occupée enfin par les Turcs : Tanaïs, bâtie par les Grecs, habituez
fur le Bofphore Cimmerien, ville,
autrefois fort marchande, connuë

Q 2

aujourd'huy fous le nom d'Afaf, &
fous ce nom poffedée autrefois par
les Genois , & maintenant par les
Turcs : Olbia bâtie pareillement par
les Milefiens ; & Boryfthenis , autre
ville Grecque , l'une & l'autre fur les
bords du Boryfthéne , affez près de fon
embouchure : Panticapæum fur le Bofphore , ayant un port capable de trente vaiffeaux , autre ouvrage des Mi-
léfiens , ainfi que Capi , Phanagoria ,
& Hermonaffa , fituées fur le Bofphore , font encore des colonies Grecques : & Cherfonefe enfin ville bâ-
Mel. lib. tie par Diane , fi l'on en croit Mela.
1. cap. 2. Je ne parle point de tous les autres
ports de cette contrée , dont les noms
feuls font reconnoître les Grecs pour
Auteurs de la plûpart des peuplades qui
y ont paffé.

3. Les marchandifes de la Taurique confiftent en bled , qui fe tranf-
portoit autrefois dans la Gréce , &
dans l'Afie Mineure , par les ports du
Pont Euxin ; en fourrures , en beurre,
en chevaux , que les Tartares , habitans de la Taurique , échangent aujourd'huy avec les Mofcovites , contre des étoffes pour fe vêtir , & d'au-

tres denrées de peu de prix; en sel,
en poissons salez, en caviar, & autres saumures. Les Tartares ne ven-
dent point ces denrées, mais ils les
échangent avec les Turcs, les Armeniens, & les Moscovites, contre des
étoiles de coton, des draps de laine,
du Marroquin, & des coûteaux. Ces
marchandises que la Taurique fournit
en si grande quantité, s'y débitoient
abondamment dés le tems de Grecs,
& des Romains. Cela paroît par le
grand nombre de ports qui étoient autrefois le long de ces côtes, & dont
Arrien a fait le dénombrement. Les *Arrian.*
grands vaisseaux n'y abordoient pas, *Peripl.*
car la mer des Palus Meotides est basse, *Pont Eux.*
& on ne s'y servoit que de barques
legeres, couvertes de cuir. Les Marchandises des Indes leur viennent d'A-
stracan par les caravanes. Elles y sont
apportées par la mer Caspie, qui les
reçoit des Indes par le fleuve Oxus.
Quoi que les Tartares de la Taurique
ne fassent pas grand usage des épiceries, & des aromates, il s'en faisoit
pourtant un grand débit à Cafa, &
à Tana, avec les Genois, & les Venitiens, avant que les Turcs les en eus-

Q 3

fent chaffez. Les Tartares ne peuvent
pourtant perdre la memoire du profit
qu'ils faifoient avec eux , & ne les
voyant plus venir dans leurs ports , ils
les vont chercher ; & l'on a vû quelquefois à Genes des vaiffeaux de Cafa.

4. Les Anciens nous reprefentent
ce peuple comme fort interreffé , &
avide du gain, & qui fans abandonner la culture de fes terres , étoit fort
adonné à la mer , & y exerçoit de
grandes pilleries. Son trafic s'entretenoit
auffi par terre : mais tout fon commerce eft fort affoibli, depuis que les
Turcs fe font rendus maîtres de ces
mers. Ammien Marcellin décrivant
les mœurs de ces Nations fauvages,
qui habitent au-delà des Palus Meotides, vers le Septentrion & l'Orient,
& des prédécefleurs de ces Tartares,
dont je viens de traiter, des Huns,
des Alains, qui font les anciens Mef-
fagetes , & de tous ces autres peuples
qui s'étendent dans l'Afie, jufqu'à ces
regions défertes, qui font voifines des
Seres, & tous compris fous le nom
général des Scythes, en parle d'une
maniere , qui nous fait entendre
qu'ils ne faifoient aucun trafic avec

*Amm.
Marcell.
lib. 31.
cap. 2.*

les étrangers, foit pour leur debiter leurs marchandifes, foit pour debiter celles du dehors. Prefque tous ces peuples étoient Nomades, errans toûjours, cherchans les meilleurs pâturages, & ne fe fixans jamais en aucun lieu. Comme ils ne fe nourriffoient point de bled, mais de lait, & de chair de cheval, & quelques-uns même de chair humaine, ils ne s'appliquoient point au labourage. Lorfque les Huns, qui étoient les plus proches des Palus Meotides, avoient quelques échanges à faire entre eux, pour leurs petites neceffitez, ils les faifoient fans defcendre de leurs chevaux, fur lefquels ils paffoient la meilleure partie de leur vie. Et cependant quoi qu'ils ignoraffent les délices du monde, ils ne laiffoient pas de faire paroître un grand defir d'amaffer de l'or. Mais cela n'étoit pas général, car la plus grande partie des Scythes ne manioit ni or ni argent, & ne s'appliquoit point à faire des acquifitions & des contracts, qui font des fuites du maniment de l'argent.

Q 4

CHAPITRE XLV.

1. *Commerce ancien d'Italie , & principa-*
lement des Tyrrheniens. 2. *Commerce*
des Tarentins. 3. *Commerce des Spine-*
tes. 4. *Commerce des Liburniens.*

1. LEs anciens peuples d'Italie,
ayoient eû aſſez d'attention
aux affaires du commerce. Les Tyrrheniens, les Tarentins, les Spinetes,
& les Liburniens leurs voiſins, s'étoient
ſignalez ſur la mer. La côte orientale
d'Italie avoit peu de bons ports, &
regardoit avec envie ceux que les Illyriens avoient en grand nombre dans la
côte oppoſée. Les Tyrrheniens, avant
même le regne de Minos , avoient été
maîtres longtems de la plus grande partie de la mer Mediterranée, & avoient
donné leur nom à la mer Tyrrhenien-
ne , ſur laquelle ils ſont ſituez, ayant
mis le ſiege de leur Empire maritime
dans le port de Lune. Ils abuſérent de
leur pouvoir , infeſtant la mer par leurs
pirateries. Mais ils furent enfin repri-

mez, & contrains de ceder aux Carthaginois la fuperiorité de la mer.

2. La veritable caufe de la guerre
que les Tarentins eurent contre les Romains, fut l'interêt de la mer & du
commerce. Ils étoient convenus avec
les Romains par un traité, que ni les
uns ni les autres ne pafferoient point
dans leurs navigations le Cap de Laci-
nie, comme je l'ai marqué ci-deffus.
Cornelius Duumvir de la mer, nommé Valerius par quelques Auteurs, ne
crut pas contrevenir à ce Traité, lorfque s'étant mis en mer avec dix vaiffeaux armez, fans autre deffein que de
reconnoître les côtes de la Grande-
Grece, & s'étant approché de Tarente,
qu'il croyoit une ville amie des Romains, ce peuple fier s'en trouva of-
fenfé, & fondit fur cette efcadre, la
pilla, tua le commandant, & s'attira
les armes Romaines, qui enfin le domp-
térent. Les avantages de la fituation
de Tarente, qui la mettoit à une portée commode des deux mers d'Italie,
de la Superieure, & de l'Inferieure,
entre la Grece, l'Afrique, & la Sicile,
& la beauté de fon port, purent bien
leur donner cette confiance. L'hiftoire

cependant ne fournit pas beaucoup d q
connoiſſance de leur trafic, ni de l'uſa
ge qu'ils ont eu de la mer. Je trouve
ſeulement que quelques-uns leur attri
buent l'invention d'une ſorte de navi
res, qu'on appelloit Ratiaires, parce
qu'ils retenoient quelque choſe de là
forme des Radèaux.

3. L'Italie, qui s'étend ſur trois mers
ſur la mer Inférieure au Sud - oüeſt, ſt
ſur la mer Ionienne au Midi, & ſur la
mer Adriatique au Nord-eſt; qui a
été maîtreſſe de la premiere de ces mers
par les Tyrrheniens, & de la ſeconde
par les Tarentins, le fut auſſi de la
troiſiéme par les Spinetes. Ces derniers
étoient Pelaſges d'origine, que le hazard, plûtôt que le deſſein, avoit conduits dans l'embouchure méridionale
du Po. Ce poſte ſe trouva commode
pour des peuples accoutumez à la mer.
Ils s'y établirent, ils y bâtirent une
ville, & s'y rendirent ſi puiſſans par
leur induſtrie & par leur courage, qu'ils
devinrent maîtres de la mer, & con-
ſervérent longtems cette ſupériorité.
On voyoit à Delphes les magnifiques
offrandes, qu'ils y avoient envoyées
par reconnoiſſance des biens qu'ils re-

cevoient de la faveur des Dieux. Cette ville fut nommée Spina, & selon l'opinion de Denys d'Halicarnasse, elle prit ce nom de l'embouchure du Po, où elle étoit située, qui étoit nommée Spinétique. Cette opinion est contraire à toute sorte d'apparence & d'analogie. Il est bien plus croyable que les habitans de la ville de Spina, ayant été nommez Spinétes, comme ils dûrent l'être, l'embouchure du Po, sur laquelle ils étoient situez, prit d'eux le nom de Spinétique. De même que les embouchures du Nil, le Pelusiaque, le Tanitique, & le Sebennitique, n'ont pas donné les noms aux villes de Peluse, de Tanis, & de Sebennis, mais en ont pris les leurs. Le nom de la ville de Spina, semble être un nom Latin, & il est probable que les Pelasges, en fondant cette ville, le lui donnérent à l'occasion de quelque belle épine qu'ils trouvérent au même lieu, ou que ce lieu l'avoit auparavant. Cette ville ne fut pas si heureuse du côté de la terre, qu'elle l'avoit été du côté de la mer. Elle ne put résister aux attaques de ses voisins, jaloux de sa prosperité, & elle fut enfin abandonnée.

Dionyf. Halic. lib. 1.

Ce n'étoit plus qu'un village du tems
d'Auguste, & les changemens arrivez
aux bras du Po, firent qu'elle se trouvoit alors éloignée de cinq ou six lieuës
de la mer, sur le rivage de laquelle
elle avoit été bâtie.

4. Les Liburniens, voisins de l'Italie, & comme opposez aux Spinétes
par leur situation, furent aussi de grands
navigateurs. Leur côte, & toute celle
de l'Illyrie, & les Isles voisines, étoient
pourvûës de plusieurs bons ports, qui
manquoient à la côte opposée d'Italie.
Ils occupérent plusieurs Isles dans la
mer Adriatique, & s'adonnérent fort
à la piraterie. Ils furent inventeurs
de certains vaisseaux d'une fabrique
particuliere, qui portérent leur nom.
Eustath. Eustathius prétend, qu'un certain Li-
in Dionys. burnus fut inventeur des vaisseaux Li-
Perieg. burniens, qu'il leur donna son nom,
v. 385. & à toute sa nation; quoi que quelques-uns en attribuent l'invention à
d'autres peuples. Ces vaisseaux étoient
de deux sortes; les uns plus grands,
propres pour la guerre, & pour les
voyages de long cours; les autres plus
petits pour la pêche, & les autres usages ordinaires; dont quelques-uns mê-

mé étoient tiſſus d'oſier, & couverts de peaux, les uns & les autres fort commodes pour leur force, & leur grande legereté. Et il eſt remarquable, que ni les Dalmates leurs voiſins, conſiderables ſur cette mer, par le havre de Salone leur capitale, ni les Liburniens eux-mêmes, ſelon les apparences, n'avoient point entr'eux l'uſage de la monnoye. Ce que Strabon dit *Strab.* leur avoir été commun avec pluſieurs *lib.* 7. autres barbares.

CHAPITRE XLVI.

1. *Suite du Commerce des Romains.*
2. *Institution du College des Marchands à Rome.* 3. *Rétablissement de Carthage, & de Corinthe, dans la vûë du Commerce.* 4. *Moyens dont se sont servis les Romains pour l'augmentation du Commerce.* 5. *Commerce des Romains pendant la guerre navale d'Octavius César contre Sextus Pompeïus.* 6. *Bataille d'Actium.* 7. *Utilité des vaisseaux Liburnes pour la guerre.* 8. *Trois flottes dressées & entretenuës par Auguste, l'une à Fréjus, l'autre au Cap de Misene, & la troisiéme à Ravenne.* 9. *Etat du Commerce du tems d'Auguste : & de la Navigation, qui ne se faisoit guere alors, & avant lui, qu'en suivant les côtes.* 10. *Commerce des Romains aux Indes.* 11. *Le cap meridional d'Afrique, connu & doublé longtems avant Auguste.* 12. *Les Romains s'instruisent dans la marine, par l'exemple des autres peuples, & marquent sur leurs Medailles leur application à la Mer : d'où l'on connoit que cette application regardoit bien plus la Guerre, que le Commerce,* 14. *& principalement la subsistance de Rome.*

5. *Les Romains faisoient honneur aux Villes qui se signaloient dans l'étude de la Mer.*

6. *Sous l'Empire d'Auguste, Rome étoit aussi puissante sur la Mer, que sur la Terre.*

SI les livres de Varron touchant la navigation, nous étoient demeurez, ils nous auroient sans doute donné de grandes lumiéres sur le commerce des Romains, & principalement sur celui qu'ils faisoient de son tems. Car encore qu'il soit bien constant que les grands efforts qu'ils faisoient pour se conserver l'empire de la mer, eût la domination de la terre pour fin principale, on ne peut pas croire néanmoins qu'un Senat, & un peuple aussi sage qu'étoit celui de Rome, ne vît pas combien le trafic leur étoit necessaire pour leur subsistance, pour l'accroissement de leurs richesses, & pour l'ornement de leur ville. J'appelle trafic tout l'art, & toute l'industrie qu'on employoit, pour faire venir à Rome les marchandises étrangéres. L'établissement des Prefets de l'annone, qui étoit ancien dans la République, regardoit principalement l'abord des bleds, qu'on faisoit venir premierement de Sicile &

de Sardaigne ; & enſuite d'Afrique
après les victoires Puniques, d'Egypte,
ſous les premiers Empereurs, & enfin
de Marſeille & des Gaules, dans le dé-
clin de l'Empire.

2. Dés l'année 259. de Rome, le
College des Marchands y fut inſtitué.
On le nommoit auſſi le College des
Mercuriaux ; non pas, à mon avis, parce qu'ils s'aſſembloient près du Temple
de Mercure, comme quelques-uns l'ont
crû ; mais parce que les Romains recon-
noiſſoient ce Dieu, pour le diſpenſa-
teur des biens qui s'acquiérent par le
trafic, tel qu'il ſe declare lui-même dans
le Prologue de l'Amphytrion de Plaute.
Mais ce College de Marchands pouvoit
bien ſe rapporter dans ſa premiere in-
ſtitution au commerce qui ſe faiſoit au
dedans de Rome, & s'être étendu enſuite au-dehors, à meſure que la domination des Romains prenoit ſon ac-
croiſſement, premierement ſur la terre, & puis ſur la mer.

3. Il faut de plus ſe ſouvenir que la
ruïne de Carthage & de Corinthe, apporta un grand changement dans les
affaires du commerce, & que pluſieurs
autres villes, & Rome principalement,
en

en profitérent. Mais néanmoins les dispositions ne s'y trouvant pas pareilles, le commerce en reçût une grande décadence. J'ai dit ci-dessus, que le plus jeune des Gracques tenta vainement le rétablissement de Carthage, & que ce dessein fut traversé par les prodiges qui y survinrent, à quoi la superstition des Romains déferoit beaucoup : mais qu'enfin la chose fut consommée par Auguste, sur les memoires de Jules César. J'ai dit aussi, que le même Jules César rétablit Corinthe l'an de Rome 710, qui fut celui de sa mort. Quand on considére le rétablissement de ces deux villes, qui étoiènt les plus marchandes que l'on connût alors, & le soin que prit Auguste d'envoyer de grosses escadres dans l'Ocean, pour reconnoître les côtes de l'Europe, jusqu'au-delà du cap Cimbrique; & celles de l'Afrique vers la Ligne ; & d'un autre côté jusqu'aux Palus Meotides au nord; & dans le golfe Arabique au midi; on ne peut pas douter, que tout cela ne se fît dans la vûë du commerce. La ruïne de Carthage donna lieu à l'établissement d'un commerce reglé

R

des Romains avec les Africains, comme je l'ai déja remarqué. Ce commerce se faisoit à Utique, voisine de Carthage ; & après elle, la première en grandeur, de l'Afrique. Et la ruïne de Corinthe, comme je l'ai dit aussi, fit passer le commerce à l'isle de Délos, qui s'y entretint quelque tems, par le soin des Atheniens, & qui fut ruïné, par les guerres de Mithridate.

4. Je dois parler ici de quelques loix, qui se trouvent dans le Digeste, par lesquelles on connoît l'application qu'eurent les Romains en certains tems aux affaires de la mer, au fort même de la guerre. Ils invitérent les citoyens, par l'exemption des charges municipales, à la fabrique des vaisseaux, dont ils reglérent même la grandeur ; & au négoce des bleds, pour la subsistance de Rome. Cette exemption des charges municipales parut si commode, que plusieurs employérent des moyens frauduleux pour l'acquerir, & se servirent de la fausse apparence de quelque nouvelle construction, ou de quelque commerce simulé : contre quoi l'on fut obligé de fa

précautionner par de nouvelles loix.
Le trafic des bleds si necessaire à Rome, n'excluoit pas celui des autres
marchandises, qui se faisoit seulement
pour le profit : car l'Etat le favorisoit,
& donnoit sa protection à ceux qui
l'exerçoient, n'y ayant point de marchandises qui ne fussent necessaires,
ou du moins utiles, dans une aussi
grande ville que Rome. Mais ce qui
étoit recommandé au peuple, étoit
défendu aux Senateurs ; car une loi ancienne, établie par Claudius, Tribun
du peuple, au tems de la seconde guerre Punique, & renouvellée par la loi
Julienne des Concussions, leur inter-
disoit la fabrique & la possession des
vaisseaux, de crainte que les avantages, qui leur en pouvoient revenir,
ne les fit aspirer à quelque nouvelle
entreprise.

5. Pendant le Triumvirat d'Octavius César, qui fut depuis surnommé
Auguste, d'Antoine, & de Lepidus,
le jeune Pompée se trouvoit au nombre des proscrits ; & tâchant de soûtenir les restes de la fortune de son
pere, qui s'étoit fort accrüe par la mer,
ramassa, & construisit plusieurs vais-

seaux , & quelques - uns entre autres
couverts de cuir , & s'affocia à tout
ce qu'il put trouver de pirates, se rendit maître de la mer, s'empara de la
Sicile, de la Sardaigne , & de l'isle de
Corse, arrêta tous les convois , qui
portoient les provisions necessaires pour
la nourriture de Rome ; ceux du Levant, par la Sicile ; ceux d'Occident,
par la Sardaigne , & l'isle de Corse ;
& ceux d'Afrique , par des escadres
qui tenoient la mer. Par là l'Italie se
trouva bien-tôt affamée. Il insulta même les côtes d'Italie , & y fit quelque
butin. Un mal si pressant demandoit
un prompt remede. On en vint à un
accommodement, entre Pompée d'u-
ne part, & César & Antoine de l'autre. On abandonna à Pompée ces trois
Isles , avec les autres , dont il étoit
en possession. Il abandonna l'Italie de
son côté : il promit de ne plus troubler le commerce ; de permettre le
transport des bleds en Italie , & de
rendre ceux qu'il avoit arrêtez : & il
retint le titre de Prefet des côtes maritimes, suivant l'acte qui le lui avoit
donné. Cet accommodement auroit
été avantageux à toutes les parties ,

s'il avoit été entretenu de bonne foi : mais Pompée ayant pris goût au pillage de la mer, se servit des corsaires qu'il avoit attirez dans son alliance, pour infester les mers, comme ils le confessérent depuis. Rome encore affligée de la faim, ne recevoit pas de lui les secours qu'il avoit promis. Pour reprimer ce désordre, César engagea dans son parti quelques-uns des Lieutenans de Pompée, gens fort experts dans la marine, assembla des vaisseaux, en fit construire de nouveaux, mit les côtes d'Italie en seureté contre les descentes de Pompée, & mena contre lui une puissante flotte en Sicile. Dans toute cette guerre navale, César ne fit pas paroître une grande vigueur ; il fut souvent battu, & dans la guerre, & par la tempête ; & il dût presque tous ses avantages à la valeur, & à la capacité d'Agrippa. Le sentiment secret qu'il avoit de ces dispositions, lui avoit donné une grande aversion pour la marine. De trois cens voiles qu'Antoine amena à son secours, il n'en prit que 120. avec dix petits vaisseaux, plus petits que les galéres, mais plus grands que les vaisseaux de

charge, dont fa sœur Octavie, qu'il
avoit mariée à Antoine, lui fit prefent.
La grandeur & la force de fes vaiffeaux lui donnoient beaucoup de fuperiorité, fur ceux de Pompée, qui
les furpaffoient d'ailleurs en agilité &
en legereté, & qui étoient conduits
par des chefs bien plus experts dans la
guerre de mer. Pompée prenoit tant
de confiance en ces avantages, & en
quelques victoires, que fes vaiffeaux
avoient remportées fur ceux de Céfar, qu'il s'attribuoit le titre de fils de
Neptune, & que dans fon habit de
général, il affectoit la couleur bleuë,
qui eft celle de la mer, préférablement
à la couleur ordinaire de pourpre. Tout
cela cependant ne l'empêcha pas de
recevoir de grands échecs de la flotte
de Céfar, & de voir enfin dans une
derniere bataille & décifive, étant fur
le rivage, la fienne entierement défaite par Agrippa, commandant celle
de Céfar. Chacune de ces flottes étoit
de trois cens vaiffeaux. Elles combattirent fur la côte de Sicile. Il ne s'en
fauva que dix-fept vaiffeaux, fur lefquels Pompée s'étant retiré vers Antoine, dans l'efperance d'en être fe-

couru, il y trouva sa mort. Ce fut à
l'occasion de cette guerre de César &
de Pompée, qu'Agrippa ouvrant ces
petits golfes, qui étoient aux environs
de Baies, en fit des ports très-seurs &
très-commodes. César pour illustrer la
valeur de ce grand homme, & donner
une marque publique de la reconnoissance qu'il conservoit des services importans qu'il en avoit reçûs, l'honora
d'une couronne navale, ce qui n'avoit
point eu d'exemple dans les guerres
précédentes, & qui ne fut point imité
dans les siécles suivans.

6. La bataille d'Actium causa encore une grande révolution dans les
affaires de la mer. Le besoin qu'eut
Antoine du secours des Egyptiens, des
Tyriens, & des autres peuples de l'A-
sie & du Levant, qui étoient puissans
sur la mer, releva les espérances qu'ils
avoient toûjours conservées du rétablissement de leur commerce. Mais la
victoire d'Octavius changea les choses.
Les Historiens ne conviennent pas du
nombre des vaisseaux qui combattirent.
Ceux qui en donnent le moins à César, font sa flotte de deux cens trente navires armez d'éperons, & de

R 4

trente galéres légéres , fans éperons ;
& celle d'Antoine de cent foixante
& dix vaiffeaux, furpaffans de beaucoup ceux de Céfar, en force & en
grandeur. Les autres donnent quatre
cens voiles à Céfar , & deux cens à Antoine. Plutarque va bien plus loin ,
en difant que Céfar fe rendit maître de
trois cens vaiffeaux d'Antoine. Mais
ces differences fe concilient aifément ,
les uns n'ayant compté que les vaiffeaux de guerre, & les autres y ajoûtant les vaiffeaux de charge. Céfar pu-
nit les Tyriens & les Sidoniens de la
fidelité qu'ils avoient gardée à Antoine contre lui : & dés-lors il commença à exercer un pouvoir abfolu dans
l'Afie , que cette victoire lui foumit
entierement.

7. Ce fut principalement cette bataille , qui fit connoître les avantages , que l'on pouvoit tirer des vaiffeaux , que l'on appelloit Liburnes ,
dont j'ai déja parlé. Car encore que
l'on s'en fervît long-temps auparavant dans les flottes Romaines, on
ne l'avoit pourtant jamais fait fi utilement, qu'on le fit alors ; car l'on
éprouva que de tous les vaiffeaux , il

Plutarch.
in Anton.

n'y en avoit point de plus propres
pour la guerre. César inftruit par
cette experience, & les Empereurs,
qui lui fuccédérent, ne compofé-
rent prefque plus leurs flottes, que
de Liburnes. L'on en trouve des de-
fcriptions exactes dans les livres des
Anciens.

8. Cette grande victoire ayant rendu Céfar maître de l'Etat de Rome,
il s'appliqua à le regler. Il fe fervit
premierement de ce grand nombre de
gros vaiffeaux armez d'éperons, qu'il
avoit pris fur Antoine, & que Plutarque fait monter à trois cens, comme j'ai dit, pour tenir dans le refpect
les Gaules nouvellement fubjuguées;
ayant fait paffer des vaiffeaux fur la
côte de Fréjus, après les avoir bien
fournis de chiourmes. Pour s'affurer
la domination de la mer, il la net-
toya des pirates de Malte, de Corfou, & des Liburniens, qui traver-
foient le commerce. Il dreffa deux autres puiffantes flottes, pour être toûjours entretenuës. Il en établit une au
cap de Mifene, dans la mer Tyrrhe-
nienne; & l'autre au port de Ravenne,
dans le golfe Adriatique; ainfi difpo-

fées pour la fureté de Rome & de l'Italie. La premiere avoit fous fon départeent toutes les côtes de l'Occident & du Midy, jufqu'en Egypte : l'autre avoit toutes les côtes du Levant fous le fien jufqu'au Pont Euxin, & aux Palus Meotides. Cet établiffement dura long-tems dans Ravenne. On aprend par les let-

Caffiod. tres de Caffiodore, que Theodoric
lib. 3. Roi des Oftrogoths, peu avant l'Empe-
*Epift.*17. reur Juftinien, fe fervoit de ce port pour
19. 20. la conftruction de fes flottes. Les rives du Po fourniffoient les bois propres à cette fabrique, & le cours de cette riviere donnoit toute la commodité neceffaire pour le tranfport. Mais il eft arrivé à ce port, comme à bien d'autres, que la mer s'en étant éloignée, le fable & le limon l'ont comblé.

9. En ce tems de la naiffance de l'Empire, les Romains fe trouvant maîtres de la plus grande partie du monde connu, le commerce ne s'exerça que fous leur bon plaifir : & il auroit fait de bien plus grands progrez, fi le foin d'affermir & d'étendre leur domination, n'avoit fait leur principal, & prefque leur unique emploi. Il ne paroît pas que les navigations fe fiffent alors

autrement, ni dans la mer Mediterranée, ni dans les mers exterieures,
qu'elle se faisoient auparavant, c'est-à-
dire, ne perdant presque point les côtes de vûë, & se hazardant rarement
à prendre la pleine mer. Eratosthene,
homme d'une vaste érudition, qu'il a
principalement signalée dans les Ma-
thématiques, & dans la Géographie,
a reconnu cette verité, & n'a pas
merité les reproches que Strabon lui a
faits, sans alleguer aucun fait qui y
soit contraire. Car Strabon prouve *Strab.*
très-mal ce qu'il avance, que les An- *lib. 1.*
ciens ont fait de plus grands voyages
que les Modernes, ne raportant que
des voyages fabuleux, de Baccus,
d'Hercule, & d'autres semblables. Mais
quand tous ces voyages seroient veri-
tables, Strabon ne nous fait point voir
que pour les faire, on ait traversé la
pleine mer, ni qu'on se soit beaucoup
éloigné des rivages. Le voyage que la
flotte d'Alexandre fit des Indes vers
l'embouchure de l'Euphrate, en est
encore une preuve. Les Historiens
l'ont décrit exactement sur la foi d'O-
nesicrite, qui étoit dans cette flotte;
& sur celle de Juba. D'où l'on peut in-

férer certainement, que les Phéniciens
qui fréquentoient ces mers par la mer
Rouge , fix ou fept cens ans avant
Alexandre , ne s'éloignoient guére des
côtes dans leurs navigations.

Plin liv.
6. chap.
23.

10. Pline nous apprend que cette
route de la flotte d'Alexandre étoit
fuivi de fon tems par les Romains.
Il ajoûte que les Romains affriandés
aux riches marchandifes des Indes , y
envoyoient des flottes tous les ans
chargées de quelques gens de trait
pour les défendre contre les pirates.
Il dit de plus que l'avidité du gain fit
chercher aux marchands des chemins
plus raccourcis ; c'eft-à-dire , qu'ils
prirent la pleine mer, & s'éloignérent
des côtes, & que ces chemins raccourcis étoient auffi plus fûrs ; fans doute
parce qu'ils évitoient par là les bancs
& les rochers, qui bordent la plûpart
de ces côtes. Il a pris foin de donner
une defcription éxacte de la route que
l'on tenoit de fon tems , pour aller
d'Alexandrie aux Indes , des faifons
propres à cette navigation, tant pour
le départ , que pour le retour , & des
marchandifes que l'on en rapportoit.

11. D'un autre côté, long-tems

uvant Pline, & même avant Auguste, le chemin étoit ouvert pour sortir de la mer Mediterranée, par le détroit de Cadix, & faire le tour de
l'Afrique jufqu'à la mer Rouge. Ce
que Pline a écrit fur ce fujet, merite *Plin. lib.*
une grande attention. Il raporte fur la *2. cap. 67.*
foi de Cœlius Antipater celebre Hifto-
rien, qui vécut du tems de la fédition
des Gracques, que dés lors les vaiffeaux
partis des côtes d'Efpagne, alloient trafiquer en Ethiopie. Ce fut la voye
que tinrent ces vaiffeaux Efpagnols,
dont Pline dit que Caius Céfar, fils
d'Agrippa, adopté par Augufte, vit
les débris dans le golfe Arabique. Il
ajoûte que Hannon Carthaginois, pendant que les affaires de fa nation étoient
florilfantes, navigea depuis le détroit
de Cadix, jufqu'à l'extrêmité de l'A-
rabie; & laiffa une relation exacte de
fon voyage : comme Himilcon fon
compatriote fut envoyé au même
tems, pour reconnoître les côtes de
l'Europe. Pline ajoûte encore, fous
l'autorité de Cornelius Nepos, hiftorien très-eftimable, & très-fidelle,
que de fon tems un certain Eudoxus,
fuyant la pourfuite de Ptolemée, La-

thurus, Roi d'Egypte, s'embarque sur le golfe Arabique, & aborda à Cadix. D'où il paroît clairement, que les Portugais s'en font bien fait accroire, quand ils se font attribué la gloire d'avoir découvert les prémiers le Cap de bonne Esperance.

12. Cette pratique de la mer, dans laquelle les Romains s'entretenoient alors, perfectionna fort leur commerce & leur navigation. Comme ils négocioient souvent avec des peuples bien plus experts qu'eux dans la marine, ils n'avoient pas de honte de s'instruire par leur exemple, & même d'imiter leurs supercheries dans le trafic; ce que Strabon n'a pas dissimulé. Ce fut d'eux qu'ils apprirent à se servir des mêmes hommes, pour le service de la navigation, & pour le service de la guerre. On connoît par le témoignage des anciens, & par les monumens qu'ils ont laissez, & dans les médailles, & dans les inscriptions, que les soldats, qu'ils mettoient sur leurs vaisseaux, faisoient aussi la fonction de rameurs: comme les Tunquinois le pratiquent aujourd'hui, & comme les poëtes disent que le pratiquoient les

anciens Argonautes, fufpendans leurs
boucliers aux côtez du vaiffeau, pendant
que la rame les occupoit. Je ne doute
pas que cette coûtume que prirent les
Romains, felon le témoignage de Ve- *Veget. De*
nete, de donner la couleur de la mer *re mili.*
aux vaiffeaux qu'ils envoyoient à la *lib. 5.*
découverte, aux voiles, aux corda- *cap. 7.*
ges, & aux habits même de leurs mariniers, & de leurs foldats, ne vînt
des peuples de Vannes. Le nom Latin de cette couleur, *Venetus*, qui eft
le nom de ce peuple, marque fon origine. Il eft vrai que quelques Auteurs
Grecs ont rapporté le nom de cette
couleur aux Venetes fituez fur le golfe
Adriatique : mais c'étoit faute de favoir
combien les peuples de Vannes avoient
été de réputation & d'autorité dans les
affaires de la mer. Céfar, qui l'avoit
éprouvé, fe fervit utilement de leurs
flottes, auffi-bien que de leurs foldats,
dans les guerres civiles, qui fuivirent celle des Gaules. Et comme les
Romains s'inftruifoient dans l'art de la
mer & du commerce, par les exemples des Nations qu'ils fubjuguoient,
lorfqu'ils croyoient en pouvoir profiter, ils inftruifoient auffi dans le mê-

me art les peuples groffiers, qu'ils
affujettiffoient à leur Empire, felon le
rapport de Strabon.

Strab.

lib. 1. Les médailles anciennes nous font
auffi connoître, ce que j'ai déja remarqué, que les Romains, prefque
dans tous les tems, ont principalement cultivé la navigation par raport
à la guerre; & que le commerce en
a été le moindre objet. Rien ne l'a
fait mieux voir, que cette ftatuë de
la Victoire que les Romains avoient
dreffée dans le port d'Oftie; & que
ces médailles de Marcius Cenforinus
qui font de l'an 630. de Rome, marquées au revers de deux vaiffeaux
avec une Victoire pofée fur un cippe.
Ce qui montre que les flottes Romaines, qui fortoient du port d'O-
ftie, étoient principalement deftinées
à la guerre. Quand Agrippa, & le
jeune Pompée, prirent le titre de *Pré-
fets de la flotte & de la côte maritime*
que l'on trouve fur leurs medailles,
& que ce dernier prenoit le titre de
fils de Neptune, fe vantant d'avoir
été adopté par ce Dieu, ils n'avoient
affurément que la guerre en veuë; li
non plus que Calpurnius, & qu'Op-
pius

pius, quand ils se sont qualifiez *Prefets de la flotte.*

14. Du tems de la Republique Romaine, on a mis souvent des flottes en mer, pour subvenir à la nourriture de Rome, & y transporter du bled. Les Medailles frappées à ce sujet, marquent la destination de ces flottes par ces mots, *Ad coëmendum frumentum ex sc.* avec la figure de la prouë d'un vaisseau. Les Empereurs qui prirent le même soin, l'exprimoient sur leurs médailles, par la figure d'un vaisseau, avec ces paroles, *Annona Aug.* ou *Ceres Aug.* & l'on en voit plusieurs de cette sorte, frappées sous Neron, & sous Antonin Pie.

15. Les Romains faisoient honneur aux villes, qui s'étoient signalées dans le commerce, ou dans la fabrique des vaisseaux, ou qui étoient célébres par quelque port considerable. Ces villes faisoient marquer leurs médailles d'un vaisseau, ou seulement d'une prouë, ou d'un Neptune avec son trident, ou d'un dauphin, & elles y prenoient le titre de Ναυαρχίδες. Telles étoient les médailles de Tyr, de Sidon, de Byzance, de Leucate, de Chelidoi-

S

ne, de Syracuse, & de plusieurs autres. Mais avant tout cela, les premieres & les plus anciennes médailles de Rome portoient la tête de Janus d'un côté, & une proüe au revers, pour signifier l'arrivée de Saturne en Italie par mer, qui y introduisit l'usage de la monnoye : & les médailles frappées sous les Rois (si toute-fois l'on en trouve quelques-unes de ce tems-là) & marquées de la figure d'un vaisseau, ne signifient autre chose, que l'arrivée de Saturne en Italie. Car on sçait que l'application que les Romains avoient à la mer du tems de leurs Rois, étoit fort legere.

16. Mais quoi qu'il en soit, il est certain qu'après la bataille d'Actium, Rome ne se trouva pas moins puissante sur la mer que sur la terre. C'est *Virgil. E-* de ce tems-là que parle Venus dans *neid lib.* l'Enéide, lorsqu'elle remontre à Jupi-*1. vers.* ter qu'il lui avoit promis que les des-*240.* cendans des Troyens seroient un jour maîtres de la terre & de la mer. Mais lorsque Cassandre, fille de Priam, fait une pareille prédiction dans Lycophron, cela ne se peut entendre que d'un tems beaucoup antérieur à celui

d'Auguste. Et afin que ces prédictions ne soient pas prises pour des exagerations poëtiques, Denys d'Halicarnasse en parlant de son tems, dit clairement que Rome étoit maîtresse de toute la mer, non seulement de celle qui est renfermée dans les Colonnes d'Hercule, mais encore de l'Ocean, par-tout où il étoit navigable.

Dion. Halic. lib. I.

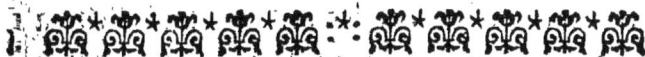

CHAPITRE XLVII.

1. La reduction de l'Egypte en forme de province, avance fort le commerce de l'Empire Romain. 2. Les Romains s'ingeroient depuis long-tems dans les affaires de l'Egypte. 3. Le Royaume de Chypre reduit en province. 4. Le Royaume de Cyrene, & la Cilicie, deviennent provinces Romaines. 5. La liberté de l'Egypte ayant été premierement entamée par Cesar, l'Egypte fut enfin réduite en Province Romaine par Auguste.

MAIS rien n'avança tant le commerce de Rome, que

la reduction de l'Egypte en forme de province, qui fut faite par Auguste, après la bataille d'Actium. Cette conquête enrichit Rome. Elle lui assura une subsistence abondante par les bleds que cette fertile contrée fournissoit; & elle lui ouvrit les Indes par le commerce que Ptolemée Philadelphe, y avoit établi long-tems auparavant. Les deux portes de l'Egypte étoient Pelusium du côté du levant, que l'on a depuis confondu mal à propos avec Damiéte, mentionnée par le Geographe Stephanus, sous le nom de Tamiathis ; & Alexandrie du côté du couchant. Tous les vaisseaux de Syrie & des provinces voisines abordoient à Pelusium : mais toute l'Europe, toute l'Afrique, tout le Nord, & même l'Asie Mineure, alloient au port d'Alexandrie. Les Egyptiens ne laissoient pas de se servir aussi de toutes les embouchures du Nil pour leur commerce, & Hirtius, qui a décrit la guerre que César fit à Alexandrie contre le dernier des Ptolemées, a remarqué qu'ils avoient établi des bureaux & des gardes à toutes ces embouchures, pour lever les peages.

2. Les Romains depuis long-tems ne s'ingeroient dans les affaires d'Egypte, & ne perdoient aucune occasion d'y faire reconnoître leur autorité. Dés le tems de Ptolemée Philadelphe, ils s'étoient associez avec lui par des offices reciproques. Il est vrai que Ptolemée, touché de leur vertu, fit les premiers pas : mais les Romains ne tardérent pas à y répondre par une magnifique ambassade, l'an de Rome 478. Mais ce qui donna le plus d'autorité aux Romains en Egypte, fut le testament de Ptolemée Philopator, par lequel il les établissoit tuteurs de son fils Ptolemée Epiphane, qu'il laissoit âgé seulement de cinq ans. Ils envoyérent M. Lepidus, pour gouverner l'Egypte sous le nom du Pupille, & les médailles Romaines en ont conservé la memoire à la posterité. Ce fut en cette qualité qu'ils déclarérent la guerre à Antiochus le Grand, qui profitant de la minorité du jeune Ptolemée, avoit envahi une partie de son domaine. Ptolemée Philometor, regnant conjointement avec Ptolemée Evergete son frere, & se voyant exposé aux invasions d'Antiochus Epi-

phane, eut recours aux Romains ses
alliez. Ce fût en cette occasion que
Popilius, qu'ils avoient député vers
Antiochus, prévint les artifices dont
il se vouloit servir pour tirer la nego-
ciation en longueur, en l'enfermant
dans un cercle, qu'il forma en terre
du boût de sa baguette, sans lui permettre d'en sortir qu'après une répon-
se positive. Sylla traita les Egyptiens
avec une bien plus grande hauteur,
lorsque l'an de Rome 673. il créa
Roi d'Egypte Alexandre, fils d'un autre Alexandre, frere de Ptolemée La-
thurus Roi d'Egypte. Il est vrai que
le peuple d'Alexandrie se défit prom-
tement de lui. Son frere nommé Alexandre comme lui, prit sa place, &
fut chassé par ses sujets, l'an de Rome

Suet. Jul. 690. & se retira à Tyr. Suetone dit,
cap. 11. que César, qui se trouvoit alors Edi-
le, tâcha de se faire envoyer en Egypte par un Plebiscite, pour rétablir ce
Roi, qui étoit ami & allié du peuple
Romain. Son dessein ne réüssit pas.
Le Roi mourut à Tyr, & institua le
peuple Romain heritier de son Royaume. Ptolemée Auletés, qui lui succeda,
apprehendant l'effet de ce testament,

voulut se maintenir dans sa possession, en se ménageant l'amitié des Romains, chez qui l'or avoit alors un pouvoir souverain. Il répandit parmi eux de grandes sommes, qu'il avoit exigées rigoureusement de ses sujets. Cela produisit un effet tout contraire à ses desseins. Il fut chassé d'Egypte l'an de Rome 697. Il se refugia à Rome. L'affaire de son rétablissement y fut long-tems agitée; & enfin après deux ans d'absence, il fut rétabli par Gabinius Proconsul de Syrie, à la tête d'une armée, suivant les ordres de Pompée, l'an de Rome 699. Ce que les Egyptiens regardérent comme une atteinte, que l'on donnoit à leur liberté.

3. L'année precedente, Ptolemée son frere, Roi de Chypre, fut traité très-indignement par les Romains. Clodius, Tribun du peuple, homme noté & noirci par plusieurs méchantes actions, ayant entrepris la ruine de ce Prince, par qui il ne croyoit pas avoir été traité selon sa dignité & son merite, le peuple Romain eut la foiblesse d'entrer dans ses injustes sentimens, & d'envoyer Caton, pour se saisir de

son Etat, & de ses trésors, qui étoient
grands. Le Roi prévint par sa mort
cette revolution, & l'isle de Chypre
fut reduite en forme de Province Romaine.

4. Le Royaume de Cyrene, qui
étoit une autre dépendance de l'Egypte, depuis l'acquisition qu'en avoit faite le premier des Ptolémées, avoit été
leguée auparavant aux Romains, par
le testament de Ptolemée, surnommé
Apion, bâtard de Ptolemée Evergete
Physcon, Roi d'Egypte. Ce Royaume étoit ainsi devenu une Province
Romaine. La Cilicie avoit eu aussi
une pareille fortune. De sorte que l'E-
gypte étoit obsedée des forces de Rome, & tombant par piéces sous son
pouvoir, elle se voyoit prête à subir le
même sort.

5. Appien remarque, qu'après la
défaite de Mithridate, il ne manquoit
aux Romains que la seule Egypte,
pour être maîtres de tout ce qui envi-
ronne la mer Mediterranée. Ce fut ce
qui obligea Pompée à s'y retirer, après
sa déroute de Pharsale. Et ce fut aussi
la crainte qu'avoient les Egyptiens des
armes, de l'ambition, & de l'avidité

des Romains, qui fit que le voyant
venir chez eux avec quelques troupes,
ils le maffacrérent. Mais rien ne les
allarma davantage, que l'autorité que
Céfar s'attribua dans Alexandrie même,
lorfqu'il voulut fe rendre arbitre en
qualité de Conful, des differens, qui
étoient entre le jeune Ptolemée leur
Roi, & Cléopatre fa fœur, touchant
les droits qu'ils prétendoient à la couronne d'Egypte ; & que l'ordre qu'il
leur donna de congedier leurs armées.
Les Egyptiens, gens avifez, virent
clairement que leur liberté étoit en peril, & que s'ils ne prévenoient le malheur qui les menaçoit, l'Egypte cou-
roit rifque de devenir une Province
Romaine : & ce fut la principale caufe de cette dangereufe guerre, qu'ils
firent à Céfar dans Alexandrie. Il les
mit enfin à la raifon, comme on l'apprend de l'Hiftoire : fans leur impofer
toutefois d'autre loi, que celle qui
avoit été prefcrite par le teftament de
Ptolemée Auletés ; fçavoir, que l'aîné
des deux fils, & l'aînée des deux filles,
qu'il avoit laiffez, regneroient conjointement après lui ; priant les Romains de ne changer point cette dif-

position, comme reconnoiſſant dés lors
la ſupériorité de Rome. L'aîné des fils
périt dans la guerre qu'il fit à Céſar;
& Céſar declara Roi ſon jeune frere,
avec Cléopatre l'aînée des filles. De
toutes les troupes qu'il avoit fait venir
en Egypte, il ne retira que la ſixiéme
legion. Il y laiſſa le reſte, ſous pretexte de maintenir le gouvernement, tel
qu'il l'avoit établi; mais en effet pour
aſſurer aux Romains la poſſeſſion de
l'Egypte.

6. Après la défaite de Brutus & de
Caſſius, Octavius Céſar, & Antoine,
vainqueurs, partagérent entr'eux le
gouvernement des Provinces Romaines,
& renouvellérent ce partage quelque
tems après. Celles d'Orient étant échûës
à Antoine, ce fut alors qu'il s'abîma
dans les amours de Cléopatre : d'où
s'enſuivirent, ſa rupture avec Auguſte,
la bataille d'Actium, ſa mort, & celle
de Cléopatre, & la reduction que fit
Auguſte de l'Egypte en Province, l'an
de Rome 725. Les richeſſes qu'il en
tira furent immenſes, & Rome en fut
enrichie.

CHAPITRE XLVIII.

1. *L'Egypte fertile en bleds.* 2. *Elle en fournit Rome & Conftantinople.* 3. *Invente la biere, quoi qu'elle ne manquât pas de vin.* 4. *Voitures reglées du bled d'Alexandrie à Rome, établies par Augufte, nommées* Sacra embole, *& d'autres Marchandifes portées d'Alexandrie à Rome & à Conftantinople.* 5. *Malverfations commifes dans l'adminiftration du Commerce d'Egypte.* 6. *Heureufe fituation de l'Egypte pour le Commerce.* 7. *Les abords de l'Egypte difficiles, mais la conquête aifée, par la molleffe & l'efprit broüillon de fon peuple.* 8. *Valeur & puiffance des anciens Egyptiens, par mer & par terre.* 9. *Circonfpection d'Alexandre, d'Augufte, & de fes fucceffeurs, dans le gouvernement de l'Egypte.* 10. *Revenus de l'Egypte.* 11. *Antiquité du Commerce d'Egypte.* 12. *Commerce d'Alexandrie.* 13. *Befoins de l'Egypte.*

1. LEs Romains avoient fait d'autres conquêtes, qui contri-

buoient plus solidement à l'établissement de leur domination, que celle
d'Egypte ; mais ils n'en avoient fait
aucune, qui leur promit de plus grandes richesses, plus de commoditez,
& plus d'aisance. Auguste après avoir
reglé les tributs qu'elle payeroit à Rome, en fit une ressource assurée contre la faim. Les bleds n'y manquoient
jamais, non plus que les debordemens
reglez du Nil, qui les produisoient,
sans qu'il fût besoin d'avoir recours à
la culture necessaire aux autres pays.
Quelques médailles de l'Empereur Ha-
drien portent une reconnoissance publique de la fertilité de l'Egypte, où
Alexandrie est representée tenant une
poignée d'épis dans sa main. Et c'est
cette fertilité, qui lui a fait donner
par Tacite le titre de grenier, & de
clef de l'Italie, & de magasin de l'annone. Auguste pour rendre ce secours
plus abondant & plus sûr aux Romains,
eut la prévoyance de faire curer tous
les canaux, où regorge le Nil, & y
porte la fécondité. Et néanmoins,
dans cette abondance des bleds, que
rendoit l'Egypte, il lui étoit aisé de
s'en passer elle-même, par la bon-

Tacit. An-
nal. lib. 2.
& Hist.
lib. 3.

té de son terroir, qui lui fournissoit beaucoup d'autres alimens. Il est arrivé quelquefois, que dans une famine universelle, cette contrée a conservé sa fécondité ordinaire, & a soulagé la disette des étrangers. Les Livres sacrez en fournissent un exemple illustre dans l'histoire de Joseph; & Diodore en rapporte un autre du *Diodor.* secours qu'elle donna à Athenes dans *lib. 1.* une disette publique. Et ç'a été cette fertilité extraordinaire de l'Egypte pour la production des bleds, qui lui a fait attribuer l'invention du labourage.

2. Les bleds d'Egypte commencèrent donc à prendre un cours reglé vers Rome, & ensuite vers Constantinople : ce qui a continué jusques sous les Soudans, & jusqu'au tems present. Car avant Constantin l'Egypte & l'Afrique étoient les nourrices de Rome. Mais après que Constantinople fut bâtie, l'Egypte fut chargée de sa nourriture; & l'Afrique, la Sicile & la Sardaigne, de celle de Rome. La traite des bleds d'Alexandrie pour Constantinople, étoit reglée par un officier, qui dépendoit du Prefet

du Prétoire d'Orient ; & la traite des bleds d'Afrique dépendoit du Prefet du Prétoire d'Italie & d'Afrique. De ces deux Inspecteurs, l'un résidoit à Alexandrie, & l'autre à Carthage. Sous l'Empire de Valentinien, Valens, & Gratien, le Proconsul ayant été contraint, pour subvenir à la necessité publique, de distribuer au peuple le bled destiné pour Rome, il le restitua fidellement après le retour de l'ancienne fertilité. On voit par la loi d'Honorius & de Theodose, qui est rapportée au Titre xxvij. de l'onziéme Livre du Code, quel soin on prenoit des bleds d'Egypte, que l'on faisoit porter à Alexandrie, pour les distribuer ensuite à Constantinople & à Rome ; & l'Histoire n'a pas negligé de marquer la quantité que l'on en portoit à Constantinople, selon la diversité des tems & des besoins.

3. L'on peut juger de l'abondante recolte des bleds qui se faisoit en Egypte, par l'invention de la biere qui lui est duë. Elle remedioit par ce moyen au défaut des vignes, à la production desquelles son terroir étoit moins *Herodot.* propre. C'est ce qu'en dit Herodote ;
2. c. 77.

mais Athenée tient un autre langage, *Athen.*
& nous apprend, que de son tems *lib. 1.*
les Egyptiens s'étoient instruits dans
la culture de la vigne, & avoient pris
grand goût au vin. Il dit que tous les
bords du Nil étoient plantez de vignobles. Il nomme les meilleurs vins
que l'on en tiroit, & principalement
celui de Marea, celebré long-tems
avant lui par Virgile, par Horace, & *Virg.*
par Strabon. La ville de Tænia, dont *Georg.*
il vante aussi le vin, & celle de Plin- *lib. 2.*
thine, à qui Hellanicus en attribuë *Horat.*
l'invention, font lieux voisins de Ma- *Car. lib. 1.*
rea ; & apparement ces vins ont été *od. 37.*
compris sous le nom general de vin *Strab.*
de Marea. Il dit de plus que ce fut *lib. 1.*
la cherté du vin, & non pas la rare-
té, qui produisit en Egypte l'invention de la biere. Et il dit enfin qu'Hellanicus, qui fut contemporain d'Herodote, assure qu'on doit à Plinthine
ville d'Egypte, l'invention du vin ;
& que les anciens Egyptiens étoient
fort sujets à l'yvrognerie. Depuis que
les Mahometans ont été maitres de ce
pays, leur religion, qui défend le vin,
y a fait negliger la culture des vignes.
On y a seulement ménagé dans ces

derniers tems quelques vignobles dans
la province de Fium.

4. Ce fut Auguste, qui établit des
voîtures reglées de bled d'Alexandrie
à Rome. Les Historiens qui sont venus après lui, parlent souvent de la
flotte d'Alexandrie, nourice de Rome. C'est celle que les Romains appellent *Sacra embole*, & *Felix embo-*
le. Il faut distinguer cette *Embole* de
αἰγυπλία ἐμϐολὴ, que Hesychius cite d'Euripide, & qu'il explique, non-seulement des mêmes marchandises, mais
encore de toutes celles que l'on apportoit d'Egypte, dés le tems de ce
poëte, qui étoit contemporain de Xerxés. L'on pourroit même soupçonner
que le mot d'*Embole* a été corrompu par
le tems de celui d'Empole : quoi que
Justinien dans son Edit, semble le ra-
porter au mot ἐμϐαιει, qu'on jettoit
ces marchandises dans les navires, lorsqu'on les embarquoit. Le bled, selon
les apparences, a toûjours fait le principal de cette charge. C'est pourquoi
Justinien rend le mot d'ἐμϐολὴ par
celui de σιτοπόμπεια. Mais outre le bled,
on se servoit de cette occasion pour porter à Rome & à Constantinople plusieurs

Justin.
Ed. 13. de
Alex &
Ægypt.
provinc.
4. & 5,
& 24.
& 29.

fieurs autres marchandifes que fourniffoit l'Egypte ; tant celles de fon
crû, qui étoient précieufes, que celles
qui lui venoient de l'Ethiopie, & celles qu'on lui apportoit des Indes, de
la Perfe, & de l'Arabie, par la mer
Rouge.

5. Entre les Edits de Juftinien, le
plus important, & le plus ample, eft
celui qui concerne le gouvernement
d'Egypte. L'on voit par cet Edit, qu'a-
vant Juftinien on commettoit beaucoup
de malverfations dans l'amas & le debit des bleds, & des autres marchandifes d'Egypte, qui fe faifoit à Alexandrie, pour les tranfporter à Conftantinople ; & que pour remedier aux
abus de cette adminiftration, qui étoit
trés lucrative aux officiers qui en étoient
chargez, & qui pour cela tenoient
une conduite fort myftérieufe & fort
fecrete, l'Empereur jugea à propos de
partager ces emplois, pour faciliter
l'exercice, & même pour avoir en eux
des furveillans, qui s'obferveroient les
uns les autres. Cet Edit nous apprend
de plus, qu'outre le port d'Alexandrie, où fe faifoit le principal embar-
quement des bleds d'Egypte, il s'en

T

faifoit encore dans d'autres ports d'E-
gypte, & dans les embouchures du
Nil : mais ce debit ne fe faifoit que
par une permiffion particuliere de
l'Empereur, & après que la flotte im-
periale d'Alexandrie avoit fa charge,
& étoit en mer.

6. Mais quoi que l'Egypte fût la
plus heureufe contrée du monde alors
connu, par la fertilité de fon terroir,
& par l'abondance de fes marchandifes
précieufes, elle ne l'étoit pas moins par
fa fituation, qui détermina Alexandre
à y bâtir Alexandrie, & en faire le
centre du commerce de tout fon Empire. J'ay déja remarqué ci-deffus, &
la chofe merite bien d'être remarquée
plus d'une fois, que l'Egypte a au
Nord la mer Mediterranée, qui lui
donnoit le trafic de toute l'Afie occidentale, de toute l'Europe, & de tout
le Nord. Elle a au Midi les hautes
montagnes d'Ethiopie, qui forment
les cataractes du Nil, fleuve auquel
elle doit fes principales richeffes. Elle
a l'Afrique au Couchant. Elle a la Syrie au Levant, qui lui fourniffoit par
des voitures de chameaux, & par des
caravanes, les marchandifes de l'Orient:

chemin qui avoit été ouvert longues années auparavant, par les conquêtes de Sésostris, qu'il avoit pouſſées dans l'Arabie, & dans l'Afrique ; dans l'Ethiopie, & dans les Indes, & par la prudence de Pſammitichus, qui reconnoiſſant les avantages de la ſituation de l'Egypte, établit avec les étrangers des correſpondances pour le commerce. Mais il ne fut pas le premier qui fit ce bien à ſa patrie, comme Diodore l'a crû. Long-tems avant lui *Diod.* Danaüs, & d'autres Princes Egyptiens, *lib.* 1. plus anciens que Danaüs, avoient conduit des colonies d'Egypte en Grece. Les Egyptiens ont aſſez marqué les peuplades qu'ils ont autrefois envoyées dans les Indes, en diſant que leur Dieu Oſiris y a regné long-tems, & y a laiſſé pluſieurs marques de ſa domination. La mer Rouge qui joignoit l'Egypte du côté du Levant, lui ouvroit les mers du Midy, de toutes les côtes de l'Arabie, de la Perſe, & des Indes, & de celles de l'Afrique, tant orientales qu'occidentales, celebrées l'une & l'autre dans les Livres ſacrez, pour leurs richeſſes, l'une ſous le nom d'Ophir, & l'autre ſous le

nom de Tharſis, qui s'étendoit juſqu'au de-là du détroit de Gibraltar
vers le Nord, & viſitées l'une & l'autre par les flottes de Salomon, & de
Hiram Roi de Tyr. Seſoſtris, qui vêcut peu de tems après, ne fut donc pas
le prémier, quoi qu'en diſent les Egyptiens, qui s'embarqua ſur la mer Rouge avec de grands vaiſſeaux. Il s'embarqua avec une flotte de quatre cens voiles pour la conquête des Indes, & l'on
peut faire voir, par des preuves évi-
dentes, les traces de cet ancien commerce de l'Egypte avec les Indes. Ce
fut ce même Seſoſtris, qui joignit le
Nil à la mer Rouge, par un canal qu'on
croit avoir été creuſé avant lui, & enſuite negligé & abandonné, & rouvert
ſeulement, & approfondi par lui. C'a
dont été pour faire honneur à la Gre-

Strab. lib. 1. ce, que Strabon a écrit, que Ptolemée Philadelphe a été le premier qui
a dreſſé un chemin, pour mener une
armée des environs de Copte, ville

Diod. lib. 1. d'Egypte, vers la mer Rouge. Diodore aſſûre, qu'avant ce même Roi, les
Grecs n'avoient eu aucune entrée en
Egypte. Quand il refuſeroit de mettre
au nombre des Grecs, ces Cariens, &

ces Ioniens, que Pſammitichus prit à
ſon ſervice, il convient lui-même qu'il
reçût des marchands Grecs dans ſes
ports, pour y trafiquer.

7. La difficulté des entrées de l'E-
gypte, en rendoit encore la conquête
importante. Elle avoit peu de bons
ports, la côte en étoit orageuſe & dan-
gereuſe, déſerts ſablonneux au couchant, & même dans l'Iſthme, qui la
joint à la Syrie; montagnes au Midi;
& le rempart de la mer Rouge au Levant, où l'on n'avoit point à craindre des invaſions de ces grandes &
belliqueuſes nations, qui environnoient
la mer Mediterranée. Lorſque Neron
apprit le ſoulevement, preſque general de l'Empire, contre lui, & conçut d'abord le deſſein de ſe refugier
en Egypte, il eſt croyable qu'il eſpe-
ra de s'y pouvoir maintenir contre
tant d'ennemis, par la défenſe naturelle du Pays; & d'y trouver cependant les délices de la vie, dont il ne ſe
pouvoit paſſer. Cette penſée, de ſe
retirer en Egypte, étoit venuë à Caligula, avant lui. Si ce Pays d'un ſi
facheux accès, avoit été défendu par
une nation courageuſe, il auroit mé-

T 3

prifé les forces étrangéres. Mais ce peuple, plein d'ailleurs d'efprit & d'adreffe, amolli par les délices & l'abondance, étoit tombé dans une fi grande lâcheté, que fon pays fembloit être expofé au premier occupant. Ajoûtez à cela leur efprit féditieux, remuant, indocile, broüillon, tel que *Tacit. Hift.* Tacite nous le reprefente du tems de *lib. 1. c. 11.* Vefpafien. Ainfi quand on auroit tant fait, que de furmonter les défenfes naturelles de la region, qui confiftoient dans ces barrieres de Pelufium, de Paraetonium, & d'Alexandrie, que quelques-uns appellent fes cornes, la *Hayth.* conquête en étoit affurée. Haython, *cap. 54.* Armenien dit, que de fon tems, lorfque l'Egypte étoit occupée, par les Mammelus, une feule victoire fuffifoit pour la fubjuguer. Et Selim en fit l'épreuve, lorfqu'il la conquit. Mais je ne fçais à quel tems il faut rapporter *Philoftr.* un paffage remarquable de Philoftra-*Vit. Apoll.* te, où il parle d'un ancien Traité, *lib. 3. c. 2.* qui avoit été conclu entre les Egyp-*& lib. 6.* tiens & un Roi, qui étoit maître de *cap. 8.* la mer Rouge, par lequel les Egyptiens avoient été obligez de renoncer à entrer dans cette Mer avec aucun vaisseau de guerre; mais seulement avec un unique vaisseau de charge, pour entretenir leur commerce avec les Indes. Lequel assujettissement ils tâchérent d'éluder par la fabrique d'un vaisseau de telle grandeur, & construit avec un tel artifice, qu'il pût tenir lieu de plusieurs autres. Je soupçonne que ce Roi, maître de la mer Rouge, pourroit avoir été celui de Tyr, qui ayant un bon port à la tête du golfe Arabique, & le parcourant souvent par ses navigations, s'étoit acquis l'Empire de cette Mer.

8. Ce n'est pas, qu'on eût oublié leur ancienne valeur, & ces prodigieuses conquêtes de Sesostris, & de son fils Rhamsés. On se souvenoit de la vigueur qu'ils firent paroître pour le service de Cyrus, dans cette fameuse bataille, qu'il donna contre Crœsus; & dans la résistance qu'ils firent à l'invasion de son fils Cambyse; & dans la bataille, que la flotte de Xerxés, dont ils avoient pris le parti, donna contre les Grecs, auprès d'Artemisium; & de la fermeté qu'ils témoignérent pour les Perses contre les Ethiopiens, dans la déroute de leur

T 4

Heliod.
Æthiop.
lib. 9.

armée, où Heliodore dit, que par
leur intrepidité, & le mépris qu'ils faisoient de la mort. Tout cela faiso
penser, qu'ils pourroient revenir à leur
naturel vigoureux, & se corriger de
leur mollesse. On se souvenoit de plus
qu'encore que la nature ne les eût
pas favorisez d'une mer facile, & d'entrées commodes, ils n'avoient pa
laissé d'obtenir l'empire de la mer, sou
les Rois Bocchoris & Psammis, avan
le tems des Olympiades; & que le
Grecs mêmes les reconnoissoient pour
leurs maîtres, dans la science de la

Euripid
Troad.

mer, comme le confesse Euripide.
On se souvenoit encore de cette flotte de quatre cens vaisseaux, bâtie par
Sesostris dans la mer Rouge. Ce qu'i
ne faut pas expliquer de quelques petits bateaux, de peu d'importance,
puis qu'on peut juger de la grandeur
des navires de ce même Sesostris, par
ce superbe vaisseau, long de deux cen
quatre-vingt coudées, qu'il avoit fai
construire, & qui merita d'être con
sacré au Dieu Osiris; & par cet au

Lucian.
Vot.

tre vaisseau Egyptien, que Lucien v
dans le port de Pirée, long de six-vin
coudées, large de plus de trente,

profond de vingt-neuf. Enfin on étoit encore bien instruit de ces forces redoutables de l'Egypte, tant de mer que de terre, qu'Appien a pris plaisir de décrire avec pompe, & qu'il a principalement attribuées au tems de Ptolemée, fils de Lagus : deux-cens-mille hommes de pied, quarante mille chevaux, trois cens éléphans, deux mille chariots armez de faux, quinze cens galéres, deux mille vaisseaux légers, & huit cens de ces grands navires, qu'ils nommoient Thalamegues, faits seulement pour le plaisir, & l'ostentation. Du tems même de César, peu avant la conquête d'Auguste, l'Egypte étant décheuë de son ancienne splendeur, & réduite à une grande foiblesse, le port d'Alexandrie n'étoit pas dégarni de vaisseaux. Mais je ne sçai, s'il faut attribuer à l'industrie des Egyptiens, ou à celle des Romains, la construction de ce prodigieux navire, surpassant en grandeur tous ceux que l'on avoit vûs jusqu'alors, mené par trois cens rameurs, qui fut fabriqué à Alexandrie, du tems de Constantin, pour transporter à Rome un vaste obelisque du Soleil.

Appian.
Præf.

9. Ces confiderations obligérent Alexandre à changer la conftitution de l'ancien gouvernement d'Egypte, qui, felon le rapport que nous en fait *Strab. lib. 7.* Strabon, étoit digne de la fageffe de cette Nation, laquelle dans tous les befoins de la vie, faifoit un fi bon ufage de fa raifon. *Quint. Curt. lib. 4. cap. 7.* Quinte Curce a donc été mal informé, lorfqu'il a écrit qu'Alexandre ne changea rien dans les affaires d'Egypte. Il fongea premierement à fe faire une porte toûjours ouverte, & toûjours fûre, pour entrer en Egypte, en bâtiffant Alexandrie. Il ne jugea pas à propos de donner l'adminiftration de l'Egypte à une feule perfonne. Il y mit plufieurs gouverneurs ; & ce fut fur ce modele qu'Augufte en régla le gouvernement d'une maniere qui fut exactement obfervée par fes fucceffeurs, non pas en le partageant entre plufieurs chefs, mais en ne le confiant qu'à des Chevaliers Romains, fans y admettre les Senateurs, & ceux qui étoient dans les grand emplois, & même fans leur en permettre l'entrée, autrement que par une grace fpeciale : & de plus, ne recevant aucun Egyptien dans le

ſenat de Rome ; honneur qui ne fut accordé aux Alexandrins , que ſous l'Empereur Severe , & Antonin ſon fils. Joſephe aſſûre même , que de ſon tems *Joſeph.* les Egyptiens étoient le ſeul peuple , *contr.* à qui les Romains ne permettoient *Appion,* pas d'acquerir en aucune ville le droit *lib. 2.* de bourgeoiſie ; & qu'aucun autre Souverain ne leur accordoit cette gra- ce. Dans le partage des Provinces de l'Empire , qu'Auguſte fit avec le Se- nat , il ne manqua pas de ſe reſerver l'Egypte ; & il reforma en beaucoup de choſes la politique ſuivie par les Ptolemées. Tacite remarque que ce *Tacit. An.* Prince fit un des ſecrets de l'Empire , *lib. 2.* de cette conduite myſterieuſe , qu'il *cap. 59.* établit dans le gouvernement de l'E- gypte. Tibére pouſſa plus loin enco- re ſa défiance , & fit un de ſes affran- chis gouverneur d'Egypte. Germani- cus ſon neveu éprouva cette défiance, lorſqu'ayant pris la liberté de s'aller promener en Egypte , pour connoî- tre les ſingularitez de cette fameuſe contrée , ſans lui en avoir demandé la permiſſion , il en fut vivement re- primandé. Mais autant que la poſſeſ- ſion de l'Egypte parut importante à

Rome autant les Egyptiens y parurent méprisables. A quoi la vanité, & les superstitions de leur religion, contribuérent peut-être autant que leur légereté & leur lâcheté. Les Turcs observent encore aujourd'hui la même politique en Egypte. De tous les Bachas de l'Empire Othoman, celui d'Egypte, qui sembleroit avoir plus de pouvoir qu'aucun autre, est celui qui en a le moins. Les autres ont une aurorité presque absoluë dans leurs gouvernemens. Celle du Bacha d'Egypte est balancée par les corps de milice qui y sont établis, avec un pouvoir presqu'égal au sien.

10. L'on peut juger de l'importance de ce gourvernement, par les revenus que l'on en tiroit; sans ramasser tout ce que les anciens en ont dit. Elmacin, Auteur de l'Histoire des Sarrasins, dit qu'en l'an de Jesus-Christ 898. le Calife tiroit des revenus d'Egypte trois cens millions deux cens mille écus d'or. Et neanmoins cette somme, toute immense qu'elle est, n'égaloit pas celle qu'en tiroient les Romains.

Elmac. Hist. Sarac. lib. cap. 2. 16. & 17.

11. Je crois pouvoir assurer que l'ap-

plication des Egyptiens au commerce, est auſſi ancienne que le culte de Mercure, qu'ils adoroient ſous le nom de Thoth; comme il étoit adoré ſous le nom de Taautus par les Phéniciens, gens uniquement adonnez au trafic: les uns & les autres le conſiderant comme celui de tous les Dieux, qui avoit la principale inſpection ſur les affaires de la marchandiſe. Cependant Strabon & Diodore diſent en termes exprès, que les anciens Rois d'Égypte, contens de leurs propres biens, ne recherchoient point ceux des étrangers, à qui ils défendoient l'entrée de leur pays, ſe muniſſans contre leurs invaſions, & principalement contre celles des Grecs. Cela ne ſe peut entendre d'aucun autre commerce que de celui, qui ſe faiſoit par la mer Mediterranée, où les Grecs exerçoient leurs pirateries, le long des côtes d'Egypte, comme Strabon s'en explique aſſez clairement. Les Grecs ſe voyant par là exclus de l'Egypte, ſe plaignirent de ce traitement, comme d'une grande injuſtice, & d'un attentat contre le droit des gens; & parlérent des Egyptiens, comme d'une

Strab.
lib. 17.
Diodor.
lib. 1.

nation barbare, & qui avoit renoncé
à l'humanité, & à l'hospitalité ; & c'est
de - là qu'est venuë la fable de Busi-
ris. Les naufrages frequens de cette
côte, & la difficulté de l'abord, contribuérent encore à décrier l'Egypte
parmi eux. Mais des Histories plus
sûres que celles des Grecs, justifient
les Egyptiens. L'Histoire sainte nous
apprend qu'Abraham & ses descendans furent reçûs en Egypte ; non-
seulement pour y negocier, mais encore pour s'y établir. Dans cette famine générale, prédite par Joseph, les
étrangers étoient reçûs en Egypte,
pour y acheter des bleds. Avant cela
même les marchands Ismaëlites & Madianites, à qui Joseph fut vendu, alloient de Galaad en Egypte, pour y
exercer leur trafic. D'ailleurs, peut-
on douter que les Chananéens, gens
occupez uniquement du négoce & qui
le pratiquoient par tout le monde,
negligeassent celui d'Egypte, dont
ils étoient si proches, & dont les entrées lui étoient ouvertes par mer & par
terre ? Salomon, qui s'associa aux Tyriens pour le commerce, n'achetoit-il
pas en Egypte à beaux deniers comp-

trans, ce grand nombre de chevaux, dont il rempliſſoit ſes écuries. Cette ancienne correſpondance des Egyptiens & des Indiens, ne ſe pouvoit guére entretenir commodément, que par la mer Rouge, qui étoit ouverte aux Perſes & aux Arabes, dont les marchandiſes étoient utiles & neceſſaires aux Egyptiens. Cette puiſſante ville de Thebes à cent portes, ancienne capitale d'Egypte, placée ſur la frontiere des Ethiopiens, & des Troglodytes, avoit beſoin des marchandiſes de ce voiſinage, pour ſubſiſter commodément. Et enfin cet ancien trafic, qui ſe faiſoit dans la ville de Naucratis, ſelon le témoignage d'Herodote, s'entretenoit vrai-ſemblablement avec les Libyens, qui en étoient voiſins. Mais les invaſions des Rois d'Aſſyrie & de Babylonie en Egypte, l'accoûtumérent bien à voir & recevoir chez eux les étrangers. Pſammitichus, Apriés, & Amaſis, qui y regnérent enſuite, changérent de politique. Ils établirent chez eux les Cariens, les Ioniens, & les Grecs, & ſe confiérent à leur garde contre leurs propres ſujets. Amaſis marqua Nau-

Herodot. lib. cap. 7 &

cratis pour demeure aux Grecs, qui
viendroient s'établir en Egypte. C'é-
toit le seul endroit d'Egypte destiné
pour le commerce, &, comme je l'ai
dit, il s'y pratiquoit depuis longtems.
On y remontoit par l'embouchure du
Nil, voisine de Canope. Quoi que
la nature qui avoit été d'ailleurs si li-
berale de ses biens envers l'Egypte,
ne l'eût pas favorisée des entrées commodes, qui lui étoient necessaires du
côté de la mer Mediterranée, elle n'é-
toit pas toutefois entierement dépour-
vuë de ports : car outre les sept grandes bouches du Nil, elle en avoit
plusieurs autres, qu'on appelloit, les
Fausses bouches, & plusieurs petits
ports, dont Strabon a fait un dénombrement exact, où les vaisseaux de
moyenne grandeur pouvoient entrer.
Si un vaisseau entroit dans quelque
autre bouche du Nil, que celle qui
conduisoit à Naucratis, on l'y faisoit retourner, après avoir juré, que
ç'avoit été malgré lui qu'il avoit pris
une autre route. Mais aux Grecs qui
ne venoient en Egypte que pour le negoce, sans aucun dessein de s'y établir, Amasis permit de bâtir des Temples

...ples en certains lieux, pour l'exercice de leur Religion. Après tout ce que
je viens de dire, il est surprenant que
Marsham, qui a creusé les antiquitez
d'Egypte plus qu'aucun autre, ait pû
avancer que les Egyptiens ne commencérent à s'adonner à la marchandise, que sous les Ptolemées; & que
les expeditions & les voyages qu'ils
ont faits auparavant, n'eurent point
d'autre but que l'augmentation de leur
Empire. Il est vrai que Ptolemée Philadelphe ne negligea rien, pour faire
fleurir en Egypte le commerce d'O-
rient, & celui d'Ethiopie, & de la
Troglodytique : mais on ne voit point
qu'il ait pris un soin particulier du
commerce, qui se faisoit au Nord, &
au Couchant. Il semble que son application se soit bornée aux commoditez que l'Egypte tiroit de ces marchandises d'Orient, & au profit qui
lui en revenoit, quand il les avoit fait
conduire à Alexandrie, pour être dis-
tribuées de-là dans la mer Mediterranée, sans qu'il paroisse qu'il se soit
appliqué au détail de ce debit; sa
complexion delicate lui interdisant les
entreprises qui demandoient beaucoup
V

d'action, & lui permettant feulement,
les exercices tranquiles de l'efprit,
dans lefquels il s'étoit renfermé. Il ai-
moit les lettres, & étoit poffedé d'u-
ne grande paffion d'apprendre, & il
eft affez probable, que fa curiofité eût
la meilleure part à cette correfpondance qu'il voulut lier avec les peuples de l'Orient & du Midi, qui étoient
alors fort peu connus. Mais néanmoins ils n'étoient pas tout-à-fait inconnus, & il ne faut pas dérober aux
anciens Rois d'Egypte, la gloire de
s'être ouvert le chemin de ces contrées, dont le feul canal que Sefoftris
creufa, pour lier le Nil à la mer Rouge, peut fervir de preuve. Ce commerce de l'ancienne Egypte, fi bien
établi, commença à decliner, avec
l'Empire Romain, & principalement
après l'érection de Conftantinople, &
les conquêtes des Sarrafins. Les Mammelus, qui s'élevérent enfuite, l'entretinrent foiblement; & les Turçs,
qui fubjuguérent les Mammellus, le
ruinérent prefque entierement, felon
le génie de leur nation, & les maxi-
mes de leur politique, portée à la deftruction, & éloignée de la culture des

arts, qui contribuent aux douceurs, & aux ornemens de la vie. Les navigations des Portugais, & leurs établissemens aux Indes, achevérent l'anéantissement du commerce d'Egypte. Le Caire se sent encore aujourd'hui de cette décadence. Il avoit été bâti en l'an de nôtre-Seigneur 795, sur la rive occidentale du Nil, des ruïnes de l'ancienne Memphis, située sur la rive opposée par les ordres du Calife de Cairoan en Afrique, après que l'Egypte lui fut soumise, & il y établit le siége de son Califat, pour avoir un passage assuré sur le Nil, & s'approcher des Sarrasins d'Asie, & des Califes de Damas & de Bagdad, & être à portée entre eux de se pouvoir secourir mutuellement. Ces mêmes considerations purent bien contribuer à l'agrandissement de ces deux clefs de l'Egypte, Tanis, ville illustre autrefois ; & Damiete, qui s'accrut de la ruïne de Pelusium, située un peu au-dessus, sur la rive du Nil. Une partie de leur ancien commerce s'y est conservé, dans le trafic des toiles de lin, si abondant autrefois en Egypte. Je ne mets point en compte cette grande & fameuse

V 2

ville de Thebes, furnommée Heca-
tompyle, c'eft-à-dire, *à cent portes*,
dont je viens de parler, fi vantée par
les Anciens. Depuis l'irruption de
Cambyfe en Egypte; & la défolation
qu'il apporta à cette Ville, en la dé-
poüillant de fes ornemens, & de fes
richeffes, elle demeura prefque enfe-
velie dans fes ruïnes. Strabon dit qu'elle étoit déferte de fon tems, quoi que
l'on y apperçût encore les traces de
fon ancienne fplendeur. La ville de
Gergé, que l'on croit être la même,
entretient encore quelque trafic, mais
qui ne peut donner, qu'une foible
idée de fa magnificence paffée, qu'elle devoit fans doute au voifinage du
golfe Arabique, & à la fertilité de
l'Egypte, que le cours du Nil, fur
lequel elle étoit fituée, lui communiquoit.

Strab.
lib. 17.

12. Mais pour donner une idée plus
exacte de l'étenduë du trafic d'Egypte, il faut obferver, que depuis qu'A-
lexandrie fut bâtie, il fe répandit dans
tous les ports, & dans toutes les côtes de la mer Mediterranée. L'Egypte devint comme l'entrepôt general
entre l'Orient & l'Occident : & Ale-

...xandrie fut l'entrepôt entre l'Egypte
& l'Europe. Lorsque cette Ville tomba en la puissance d'Auguste, elle
étoit le lieu du monde du plus grand
commerce. C'est ainsi qu'en parle Strabon, qui étoit contemporain. Josephe, qui vint quelque-tems après, décrit avec exageration sa grandeur, &
sa puissance. Il dit qu'elle rapportoit
plus de richesses au trésor de Rome en
un mois, que toute l'Egypte en un an,
& qu'elle ne cédoit qu'à Rome en
grandeur : tant s'en faut qu'aucune
autre ville d'Egypte pût prétendre sur
elle la préférence. Sous l'Empereur Julien, Ammien Marcellin lui donna le
titre de chef des citez. Le voisinage
de la mer, du lac Mareotide, & du
Nil, suppléoient à la stérilité du terroir,
où elle étoit située, à la difficulté de
son port, & aux marais bourbeux qui
l'environnent : & Rome avec toute sa
grandeur, & l'Italie avec toutes ses
richesses, ne lui fournissoient pas tant
de marchandises qu'elle en recevoit
d'elle.

Strab.
lib 17.
Jos. Bell.
Jud. lib.
2. *cap.* 16.
& *lib* 5.
cap. 32.

Am. Mar.
lib. 22.
cap. 16.

13. Car l'Egypte, toute abondante
qu'elle étoit, avoit pourtant aussi ses
besoins. Son terroir gras & pesant,

V 3

ne produifoit aucuns metaux, & c'é-
toit l'Europe qui lui en fourniffoit.
Elle manquoit de bois, de poix réfi-
ne & de goudron. Elle manquoit auffi de la plûpart de ces fruits agréables qui font communs dans les regions
plus temperées, & qui font les délices des bonnes tables. Mais la quantité des marchandifes qui venoient d'A-
lexandrie, étoit fi grande à Rome, que
l'on en tenoit des boutiques & des magafins. Les principales étoient les épiceries de toutes fortes, les toiles, le pa-
pier, le verre, le lin, les étoupes, &
les robes magnifiques. Ce grand négoce d'Alexandrie commença à s'affoiblir
fous l'empire d'Heraclius, lorfque les
Sarrafins fe rendirent maîtres de l'Egypte. Les peuples d'Europe y abordoient
plus rarement, ne s'accommodant pas
de la ferocité des Mahometans, qui de
leur côté étoient bien plus appliquez à
la guerre, qu'au commerce. Ils s'éloi-
gnerent donc des Villes maritimes, &
du Couchant, pour fe rapprocher de
l'Arabie, de la Syrie, & des autres
Provinces, où ils avoient déja établi
une puiffante domination. Et c'eft là
la caufe de l'agrandiffement du Caire,

& de l'affoiblissement d'Alexandrie. Les Européens trouvèrent mieux leur compte à retourner negocier à la côte de Syrie, & aux villes de Tyr, de Tripoli, & de Scanderon. Mais les Chrétiens & les Mahometans s'apperçurent dans la suite du besoin qu'ils avoient du commerce d'Alexandrie, qui s'y rétablit insensiblement : & le Juif Benjamin Navarrois, dans le recit qu'il a laissé du voyage qu'il fit en ces lieux-là vers le milieu du douzième siécle, dit qu'on y voyoit alors un grand abord de marchands, de toutes les parties du monde. Les denrées des Indes, qui avoient pris la route du Nord, pour venir en Europe, & que les Venitiens & les Genois alloient querir à Astracan, par la mer Caspie; & à Cafa, par la mer Noire, reprirent le chemin d'Egypte, sous les Soudans. Les Vénitiens demandérent au Pape la permission de trafiquer avec les infideles, après avoir obtenu du Calife la liberté du commerce sur les côtes d'Egypte, & de Syrie, & principalement à Alexandrie. Il entretinrent soigneusement ce

V 4

trafic, jusques au tems que les Portugais doublérent le cap de Bonne Esperance, & s'établirent aux Indes. Voyant la perte qui les menaçoit, ils se joignirent aux Soudans, pour les en chasser, mais inutilement. Nos Marseillois, & les autres peuples de la France meridionale, faisoient tous les ans des navigations reglées à Alexandrie, & tiroient de là, & d'Alep, les épiceries, & les autres marchandises d'Orient, & en fournissoient le reste du Royaume.

CHAPITRE XLIX.

1. *Commerce d'Ethiopie, & de la Tro-*
glodytique. 2. *Different entre les Ethio-*
piens, & les Egyptiens, sur la pri-
mauté & l'antiquité. 3. *Ptolemée Phi-*
ladelphe établit le commerce entre
l'Egypte, & l'Ethiopie. Coptos ville
celebre, entrepôt de commerce. 4. *Fauf-*
fe origine du nom d'Egypte. 5. *Le*
commerce d'Ethiopie devient avec le
tems fort lucratif. 6. *Les Ethiopiens*
peuvent affamer & ruiner l'Egypte,
en détournant le cours du Nil.

I. L'Egypte tiroit d'autres sortes de
marchandises du côté du Midi.
Quoique les Ethiopiens menassent une
vie pauvre, habitans un terroir ingrat,
respirans un air mal-sain, & étant éloignez des autres nations, leur pays
néanmoins ne laissoit pas de fournir
plusieurs riches marchandises, & à l'E-
gypte, qui en étoit proche; & aux
Arabes, & autres peuples, qui abordoient par mer à leurs côtes. Il pro-

duifoit de l'or, du cuivre, du fer, & d'autres métaux, qui manquoient à l'Egypte : mais de l'or, en plus grande abondance : car Héliodore at-

Heliod. Æthiop. lib. 9. & 10.

tefte qu'ils fe fervoient d'or à plu- fieurs ufages, où d'ordinaire on em- ploye le fer. Les navires de Salomon, qui raportoient tant d'or d'Ophir, c'eft-à-dire de Sophala ; & celui que rend encore aujourd'hui le Monomo- tapa, font la preuve des richeffes de l'Ethiopie ; car je comprens fous le nom d'Ethiopie, tous ces vaftes pays qui s'étendent au-deffus de l'Egypte, vers le Midi. Avant même le tems de Salo- mon, l'or d'Ophir étoit connu dans la Paleftine : car on lit dans les Para-

1. Paral. 29. 4.

lipoménes, que David avoit amaffé, pour la conftruction du Temple de Je- rufalem, trois mille talens d'or d'O- phir. Ce qui lui étoit venu aparem- ment par les Tyriens. Par là l'on con- noît l'antiquité du commerce d'Ethio- pie. Il en venoit auffi plufieurs fortes de pierres précieufes. Les mines d'é- meraudes, qui étoient fur leurs frontié- res, & que l'on n'y trouve plus main- tenant, firent naître entre eux & les Egyptiens, cette guerre que décrit

Heliodore. Aucune autre region ne *Heliod.*
rendoit tant d'yvoire que l'Ethiopie. *Æthiop-*
lib. 9.
Elle rendoit du cinnamome , de la mir-
rhe , & plusieurs autres précieux aromates. Sous le nom d'Ethiopie , il faut
entendre aussi la Troglodytique , si
celebrée par les Anciens. Les Portugais n'ont pourtant pas trouvé dans
ces regions-là tous ces aromates , qui
y étoient autrefois en abondance. Phi-
lostrate raporte que de son tems , il
y avoit un commerce reglé entre les
Egyptiens & les Ethiopiens , & que
ce commerce se faisoit par terre , &
par échange.

2. Ces deux Nations se sont long-
tems disputé la primauté & l'antiquité. Les Ethiopiens prétendoient
être la plus ancienne Nation du monde , & avoir peuplé les premiers
l'Egypte par leurs Colonies , sous la
conduite d'Osiris. Les Egyptiens soûtenoient au contraire , que les Ethiopiens sont sortis d'eux : & cela semble confirmé par le témoignage de
Moyse. Ces differens ont produit en- *Gen.* 10.
tre eux plusieurs guerres , qui ont eu
divers succez , & avant même la guerre de Troye. Les Rois d'Egypte ,

Sefoftris, & Rhamfés, dont le
mier regna peu d'années après S
mon; & le fecond, environ cinq
te ans après le premier, fe rendi
maltres de l'Ethiopie; qui fecoüa
joug bien-tôt après, & fe fépara
tierement de l'Egypte, fans y e
tretenir aucune correfpondance.

3. Ptolemée Philadelphe ne nég
gea pas les avantages que l'Egyp
pouvoit retirer de l'Ethiopie; il
entra avec une armée, & fit mieu
cónnoître ce pays, qu'il n'avoit é
connu jufqu'alors. Il y fit refleur
le commerce. La ville de Coptos f
le Nil étoit l'entrepôt, & comme
magafin de toutes les marchandifes
tant de celles qui venoient de l'O
cident par Alexandrie, pour paff
au Levant, que de celles qui venoie
de l'Ethiopie par le Nil. Et par
que les navigations de la mer Ro
ge étoient plus difficiles & dangere
fes vers le fond du golfe Arabique
que vers fon embouchure, Philad
phe fit bâtir la ville de Berenice,
nom de fa mere, fur le bord de
golfe, plus bas vers fon entrée, dans
pays des Troglodytes, pour y faire p

er les marchandiſes de Coptos. Stra- *Strab.*
on dit, que cette ville de Berenice *lib. 17.*
n'avoit point de port : Pline aſſure le *Plin. lib.*
contraire ; mais il entend parler du *6. cap. 23.*
port de Myoshormos, c'eſt-à-dire,
du port de la Souris, qui en étoit proche, & dont Berenice ſe ſervoit comme de ſon propre. Les marchandiſes
ſe portoient de Coptos à Berenice,
ſur des chameaux, par des caravannes :
le chemin étoit de ſix ou ſept journées, & ce Prince dreſſa cette route
avec ſoin, & y fit creuſer des puits &
des ciſternes, pour la commodité des
voyageurs. La ville de Coptos a pris
le nom de Cana, où il ſe fait encore
aujourd'hui de grands amas de bleds,
qui ſe portent à Caſir, ſur le bord du
golfe, qui eſt le nom moderne du Port
de la Souris, & de Caſir à la Meque,
& à Medine.

4. La celebrité de cette ancienne
ville de Coptos, a fait croire qu'elle
avoit donné le nom à l'Egypte, & que
le nom d'Egypte avoit été formé de
celui de Coptos, & de la diphton-
gue Grecque, miſe en tête, & abre-
gée du mot d'αια, *terre.* A quoi je ne
vois guére d'apparence : car le nom

d'Egypte eſt très-ancien, & ſe trouve
dans Homére, pour ſignifier & la région, & le Nil, qui la parcouré d'un
bout à l'autre. Car encore qu'Homére fût peu inſtruit des affaires d'Ethiopie; ce que Strabon ne déſavouë pas:
il l'étoit pourtant aſſez, pour ſavoir
de quelle region le Nil venoit immediatement, & quel nom on lui donnoit. Au lieu que le nom de Coptos
ne paroît pas ſi ancien. Il eſt ridicule
de penſer, que les Egyptiens ayent
été chercher un mot dans la langue
Grecque, qui leur étoit étrangére,
pour en former le nom de leur patrie.
Je ne m'arrête point à l'opinion fa-
buleuſe des Arabes, qui font venir les
noms de Coptos & d'Egypte, d'un
Roi imaginaire d'Egypte, nommé Copt,
fils de Meſraim, & petit fils de Cham.
Ce qui n'a aucun fondement dans
l'hiſtoire. Je croirois plûtôt que le mot
d'*Egypte* a ſignifié premiérement le Nil,
que le Nil avoit apporté ce nom de
l'Ethiopie, où eſt ſa ſource; & que
le nom du fleuve a été donné à cette
belle region qu'il arroſe. Peut-être
auſſi le nom de Coptos en eſt-il venu,
ville celebre d'un grand abord, ſituée

Strab. lib. 7.

par les rives de ce fleuve : de sorte que
les marchands étrangers venans trafiquer en Egypte, & allans au lieu du
plus grand commerce, il fût aisé à
des gens d'une autre langue, d'errer
sur le nom, attribuant le nom general du Pays au lieu particulier où ils
devoient negocier, & de corrom-
pre le nom general d'αἴγυπτος en celui
d'ἡ κόπτος.

5. Il est vrai que du tems de Me-
nelas le trafic qui se faisoit chez les
Ethiopiens, & les Troglodytes, n'é-
toit pas fort lucratif, comme Stra- *Strab.*
bon l'a remarqué : mais les choses chan- *lib. 1.*
gérent bien dans la suite, & ce Pays
rendoit de très-riches marchandises,
comme je l'ai fait voir. Cela paroît
par le port d'Aduli, qui appartenoit
aux Troglodytes, & aux Ethiopiens,
& qui étoit, selon Pline, un lieu d'un *Plin. lib.*
très-grand commerce. Cela paroît en- *6. c. 29.*
core par ces grandes flottes que l'on
envoyoit du tems de Strabon, de la *Strab.*
mer Rouge aux extrêmitez d'Ethio- *lib. 17.*
pie ; d'où l'on rapportoit en Egypte
de très-précieuses denrées ; & par ce
que dit le même Auteur, que les revenus, tirez auparavant de l'Egypte

par les Romains, avoient été fort
crus par le negoce de la Trogl
que, & des Indes. Comme les
chandifes d'Ethiopie, pour aller à
me, paffoient par Coptos, foit qu
les vinffent par la mer Rouge,
par le Nil, ayant côtoyé Elephan
ne & Syene, qui étoient les bor
de l'Empire Romain de ce côté
& que de-là elles étoient portée
Alexandrie; elles paffoient en Itali
pour marchandifes d'Egypte. Souve
même à Rome les Ethiopiens étoie
confondus avec les Egyptiens,
étoient nommez Egyptiens, com
au contraire le nom d'Ethiopiens éto
donné aux Egyptiens, au tems mê
des Mammelus.

6. Augufte n'ignorant pas quel pr
fit pouvoit revenir à l'Egypte, de
proximité de l'Ethiopie, fit quelq
tentative pour s'en rendre maître. D
les pouvoirs qu'il donna à Ælius G
lus, lors qu'il l'envoya en Arabie,
les étendit fur l'Ethiopie, & la Tr
glodytique. Dans ce deffein, il
confideroit pas feulement les rich
fes de ces peuples, mais il prévoy
encore le mal qu'ils pouvoient faire
l'Egypt

Egypte, en détournant le cours du
Nil, & la mettant à sec. On lit dans
l'Histoire Saracenique d'Elmacin, que *Elmac.*
du temps de Mustancer, Calife d'E- *Hist. Sar.*
gypte, l'an 482. de l'Hegire, c'est- *lib. 3.*
à-dire, l'an 1104. de Jesus-Christ, les *cap. 8.*
eaux du Nil étant fort basses, & l'E-
gypte par consequent menacée d'une
grande disette, ce Prince envoya en
Ethiopie Michel Patriarche des Jacobites, avec de grands présens, pour
obtenir du Roi, qu'il lachât les éclu-
ses du Nil, en faveur de l'Egypte;
que cela lui ayant été accordé, le Nil
haussa de trois coudées en une nuit.
Jean Cantacuzene, qui quitta l'Em- *S. Cantac.*
pire de Constantinople, pour se faire *lib. 4. cap.*
Moine, l'an 1360. de l'Ere Chrétien- *15.*
ne, raporte dans l'Histoire de son regne, que le Soudan d'Egypte tachoit
par ses bons offices de se concilier les
Jacobites, qui étoient établis vers le
Midi, sur les rives du Nil, craignant
qu'il ne leur prît envie de faire prendre un autre cours aux eaux de ce
fleuve. On dit même qu'Alfonse d'Al-
buquerque, Portugais, l'un des Premiers Argonautes des Indes, à qui sa
vertu a fait donner le surnom de Grand,

X

conçût le même dessein , de détou-
le Nil à l'Egypte, en le faisant to-
ber dans la mer Rouge ; pour se va-
ger du Soudan d'Egypte, qui traver-
soit le trafic des Portugais dans les Indes. Je rapporte ces exemples , afi
qu'on ne traite pas de fable , ce que
l'on a dit des précautions que les Turc
ont prises quelquefois , pour garantir
l'Egypte de ce malheur. Un Prince
aussi prudent qu'étoit Auguste , & qui
faisoit de la conservation d'Egypte ,
un des plus importans secrets de son
gouvernement , pût bien mettre en
consideration tout le mal, & tout le
bien , que cette Province pouvoit attendre de l'Ethiopie , d'autant plus
que Candace , Reine de cette contrée , venoit d'entrer avec une armée sur les terres d'Egypte , les ra-
vageant jusqu'à la ville d'Elephanti-
ne , se rendant maitresse des trois co-
hortes Romaines, qui étoient en garnison dans cette ville, dans Syene ,
& dans Philes , & renversant les sta-
tuës, qui y avoient été érigées à l'honneur d'Auguste. Petronius qui gouvernoit l'Egypte sous ce même Empereur , repoussa l'insulte de cette Reine,

ntra bien avant dans son pays, y éta-
lit des garnisons Romaines, & la mit
la raison.

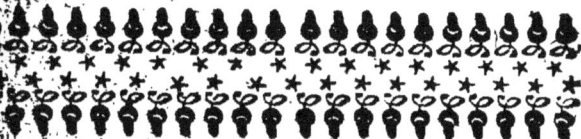

CHAPITRE L.

1. *Commerce de l'Arabie.* 2. *Marchan-*
dises de l'Arabie. 3. *Arabes, grands*
voleurs. 4. *Arabes autrefois fort belli-*
queux. 5. *Leur courage s'amollit ensui-*
te, puis se réveilla, quand ils eurent re-
çû le Mahometisme. 6. *Grandes liai-*
sons entre les Arabes & les Egyptiens.
7. *Canal tiré du Nil à la Mer Rouge.*
8. *Ports d'Arabie du côté de l'Egypte.*
9. *L'Arabie assujettie aux Romains.*
10. *Aden Port celebre d'Arabie. Oman*
Ville marchande d'Arabie.

1. J'Ai parlé ci-dessus de l'ancien commerce des Arabes, & j'ai fait voir
que l'Arabie a fourni aussi une partie
considerable du commerce d'Egypte.
Ce pays & ses richesses, étoient peu

connuës du tems d'Homére , & ſes
habitans ne les connoiſſoient pas eux-
mêmes. Mais la ſuite du tems leur
apprit leur puiſſance & leur bonheur,
qui étoit tel , qu'Alexandre choiſit
leur Pays , pour y établir le ſiege de
ſon Empire , après ſon retour des Indes. Auſſi voyons - nous tous les ſie-
cles ſuivans conſpirer à vanter ſes richeſſes. Une partie de l'Arabie en a
pris le ſurnom d'Heureuſe ; & les Sa-
béens , un de ſes peuples , étoient
eſtimez ſurpaſſer en opulence toutes
les Nations du monde. Les revenus
de leurs terres, dont ils vivoient abondamment , leur fourniſſoient encore
de quoi acquerir , ſans bourſe délier,
les pierreries , l'or & l'argent , des
autres Nations , & ce qu'elles avoient
de plus précieux. Le trafic ample &
continuel , qu'ils faiſoient de leurs
denrées , fut la ſource de leur abondance. De ſorte que ſans être obligez de faire les frais des grands embarquemens , & des longues navigations , ils voyoient leurs ports rem-
plis de vaiſſeaux étrangers : & la ville
Geog. Nub. Clim. 1. Part. 6. d'Aden , ſelon le rapport du Géographe de Nubie , voyoit ſouvent

border, dans fon port, les vaiſſeaux
des Indes & de la Chine. Ils exerçoient auſſi leur commerce par terre
avec les Syriens, & les autres peuples du voiſinage. Nous connoiſſons
par le voyage d'Iambule, rapporté *Diod. lib.*
par Diodore, l'antiquité du trafic, *7.*
que les Arabes faiſoient par terre de
leurs aromates. Les Gerrhéens & les
Minéens, peuples d'Arabie, voituroient leurs aromates vers la frontiere de la Paleſtine. Et le Géographe
Mela dit, que la ville d'Azotus étoit *Mel. lib. 1.*
le port des Arabes, pour le trafic de *cap. 10.*
la Mediterranée. Pendant un long tems
ce negoce ne ſe faiſoit point autrement que par échange. Ils établirent
chez eux une foire, où les peuples
circonvoiſins portoient leurs marchandiſes.

2. Ces marchandiſes conſiſtoient
principalement en aromates, en pierreries, en or du cru de leur terre,
où l'on trouvoit auſſi quelques mines
de cuivre & de fer, quoiqu'en petite quantité, en yvoire, en poivre,
en cire, & en miel. Mais peut-on alleguer un meilleur témoin des mar- *Gen. 2.*
chandiſes de l'Arabie, que Moyſe qui *11. 12.*

X 3

l'a habitée, & parcouruë pendant ta[nt]
d'années ? Il vante ses pierreries,
la bonté de son or. La prophetie d[e]
Pf.71.15. Pseaume lxxi. le vante auffi. Les pr[e]-
fens que la Reine de Saba fit à Sal[o]-
mon, & ceux que les Mages firent [à]
Nôtre-Seigneur, marquent encore l'[a]-
bondance de cet or, & de fes arom[a]-
Ezech.27. tes. Et Ezechiel enfin parle du traf[ic]
21, 22. que faifoient les Arabes avec les Ty[-]
riens, de leurs aromates, de leurs pier[-]
reries, & de leur or.

3. Cependant le profit qui leur re[-]
venoit du trafic, ne les contentoi[t]
pas : ils cherchérent à en faire enco[-]
re d'autres par le brigandage. Un[e]
partie d'entr'eux s'appliquoit au tra[-]
fic, & une autre partie, égale à l[a]
premiere, battoit la campagne, vo[-]
loit les caravanes, & détrouffoit l[es]
voyageurs & les marchands; & ils pri[-]
rent fi bien l'habitude de cet infam[e]
métier, qu'ils ont continué de le pra[-]
tiquer jufqu'au tems prefent. Et de[-]
puis que les Ptolemées, Rois d'Egyp[-]
te, eurent facilité la navigation, &[]
le commerce fur la mer Rouge, le[s]
Arabes, qui en occupoient les deu[x]
bords, y exerçoient auffi leurs p[i]

ries , & il fallut enfin employer
les efcadres de galeres , pour les re-
rimer.

4. Ce peuple étoit autrefois belliqueux. Les Mythologues , qui fous
l'écorce de leurs fables , cachent beaucoup de veritez , difent , que lorfque
Cadmus paffa en Grece , il avoit des
Arabes dans fes troupes , qui s'établirent dans l'ifle d'Eubée. Les Rois Pafteurs , qui envahirent l'Egypte avec
de puiffantes armées , & la fubjuguérent vers le tems , que Jofeph y appella Jacob fon pere , & fa famille ,
& y regnérent plus de cinq cens ans,
étoient venus d'Arabie. Quelques Hif-
toriens veulent , qu'ils ayent regné
dans la Babylonie avant Ninus. Le fecours qu'ils donnérent à Ninus , pour
fubjuguer les Babyloniens, femble avoir
donné lieu à cette opinion. Les Lacedemoniens, ni les Perfes avant eux,
ne les purent dompter. Ils envoyérent au Roi de Perfe mille talens d'encens , mais volontairement , & par
forme de prefent , pour entretenir avec
lui un bon voifinage , & le traité d'hof-
pitalité qu'ils entretenoient avec Cyrus & Cambyfe , fut tout ce que ces

X 4

Princes en pûrent tirer, par les avantages qu'ils avoient remportez fur eux.
Les troupes d'Antigonus, l'un de
fuccesseurs d'Alexandre, & de Démetrius son fils, éprouvérent à leur dommage, qu'elle étoit la valeur des Arabes. Ils la mettoient principalement
en usage, quand leur liberté, qu'ils
avoient toûjours conservée, étoit en
péril. Et quand on les en a privez,
ils ont fait de tems en tems quelques
efforts inutiles pour la recouvrer ; comme il arriva du tems de Trajan, qui
sçut bien néanmoins les contenir dans
l'obéïssance.

5. Ces heureux succez, la situation de leur pays, écarté des grandes
routes, la sécheresse de leur terroir,
qui le rendoit presque inaccessible à
leurs ennemis, leur application au trafic, & les profits qu'ils en retiroient,
joints à ceux, que leur produisoient
leurs brigandages, amollirent leur courage, qui se réveilla néanmoins depuis qu'ils eurent reçû la loi de Mahomet : car alors ils étendirent leurs
conquêtes, depuis les Indes, jusques
dans les Gaules, & firent craindre une
revolution entiere, & l'établissement

une Monarchie univerfelle dans les
rois parties du Monde.

6. Les Egyptiens étoient trop clair-
voyans fur leurs interêts, pour negliger les profits, qui leur pouvoient revenir de l'Arabie. Ces Pafteurs Rois,
qui en étoient originaires, & en con-
noiffoient les richeffes, durent travailler à les rendre communes entre
les deux Nations, qui fembloient n'ê-
tre devenuës qu'une : d'autant plus
que l'Arabie ne fe bornoit pas au golfe Arabique, mais en occupoit l'une
& l'autre rive ; & les peuples, qui en
habitoient la côte occidentale, étoient
nommez *Arabegyptiens*, & Ptolemée *Ptol. lib. 4.*
les a marquez fous ce nom, dans fa *cap. 5.*
Geographie. Pline même rapporte fur *Plin. lib.*
le témoignage de Juba, que les peu- *6. c. 29.*
ples qui habitoient les bords du Nil,
depuis Syene jufqu'à Meroé, étoient
Arabes. Et l'ancien Scholiafte d'Ef- *Æfch. Pro-*
chyle dit, que Belus établit fon fils *meth. v.*
Ægyptus dans l'Arabie, à laquelle il *852.*
fit prendre fon nom. Comme les Rois
Pafteurs avoient paffé d'Arabie en
Egypte, Gnephachthus Roi d'Egypte,
pere de Bocchoris, mena à fon tour
une armée contre les Arabes. Et Se-

foftris, malgré la difette d'eau &
vivres, qui s'oppofoit à l'expeditiô
qu'il entreprit en Arabie, foûmit ce
te fiere Nation, qui jufqu'alors avo
paru indomptable.

7. Ce fut pour lier un commerce
utile entre les deux Nations, qu'il joi
gnit le Nil à la mer Rouge, en con
duifant de l'une à l'autre une tranchée
qu'il fit creufer par les Egyptiens,
gens laborieux, comme le montre l
ftructure des Pyramides; & propres à
remuer la terre, comme il paroît par
tous ces canaux, qui ont partagé les
eaux du Nil. Il n'eft pas certain que
Sefoftris ait été auteur de cette entreprife; quelques-uns l'attribuënt à Pfam-
mitichus fon fils, d'autres à Necos,
fon petit fils. Mais quoiqu'il en foit,
ce deffein n'a pû être conçû, que dans
la vûë du commerce. S'il ne fut pas
entierement executé par ces Princes,
ni même par Darius, comme le pré-
Herod. lib. tend Herodote, il fut mis à fa per-
4. f. 42. fection par Ptolemée Philadelphe, qui
y joignit beaucoup d'autres ouvrages,
& qui peut être confideré finon comme le premier Auteur, au moins comme le reftaurateur du commerce de

Egypte, avec tous les peuples, chez
qui la navigation de la mer Rouge,
pouvoit donner accez; savoir, toute
la côte orientale de l'Afrique, com-
prise dans l'Ecriture sous le nom d'O-
phir, les Perses, & les Indiens. Philadelphe, pour mieux assurer ses desseins, voulut prendre une connoissance plus particuliere des côtes du golfe
Arabique, & les fit visiter exactement
par Ariston.

8. La ville de Coptos fut choisie
pour le lieu de l'abord, des magasins,
& des marchandises d'Arabie; & Stra- *Strab. lib.*
bon remarque, que la tranchée, qui *16. & 17.*
conduisoit au Nil, avoit son ouver-
ture dans cette ville. Elle répondoit
au Bourg-blanc. C'est le nom d'un
port celebre, sur la côte occidentale du
golfe Arabique, où des navires de me-
diocre grandeur, apportoient les marchandises d'Arabie, d'où elles étoient
transportées à Coptos. Les Arabes
portoient encore leurs denrées au port
de la Souris, dont j'ai parlé, qui étoit
plus vers le Nord, sur la côte de ce
golfe, d'où elles étoient voiturées par
des chameaux à la même ville de Coptos. Les Egyptiens de leur côté voi-

turoient par terre en ces deux mêmes
ports les marchandises de leur pays,
qu'ils vouloient faire passer en Arabie :
& de ces deux mêmes ports, en remontant le golfe on portoit les denrées dans de petits vaisseaux vers la
Palestine. Le transport des marchandises de Coptos à Alexandrie, étoit facile, & communément pratiqué, sur
les canaux du Nil.

9. Auguste après avoir soumis l'E-
gypte, voulut se rendre maître des
peuples, dont le voisinage enrichissoit
cette contrée. Il donna ordre à Ælius
Gallus, à qui il avoit confié le gouvernement d'Egypte, de passer en Arabie, avec une partie des troupes qu'il
commandoit, & de la soûmettre de
gré ou de force. Gallus les ayant at-
taquez par mer & par terre, reconnut
bien-tôt la foiblesse, & la lacheté de
ce peuple ; il entra plus avant dans leur
pays, qu'aucune armée étrangére n'a-
voit fait, & fit connoître plusieurs
singularitez de ce Pays, qui jusqu'alors
avoient été ignorées. Il auroit poussé
les choses bien plus loin qu'elles n'allérent, s'il n'avoit pas été trompé par
les artifices de Syllæus, Intendant des

Nabathéens, qui s'étoit chargé de le conduire, & de lui fournir les provisions necessaires pour son armée. Il lui fit prendre des chemins difficiles & perilleux, dans un pays mal-sain, & fort contraire au temperament des Romains. Il l'engagea à un grand appareil de mer, bien au-delà de celui dont il pouvoit avoir besoin dans le golfe Arabique : & il auroit pû aller par terre sans peril, & sans toute cette dépense, aux lieux où il mena cette flotte. Gallus y perdit beaucoup d'hommes & de vaisseaux. Mais nonobstant toutes ses pertes, aucun des capitaines Romains ne pénétra depuis dans l'Arabie, si avant que lui. Quoiqu'il en soit, la domination des Romains fut assez bien affermie dans l'Arabie, pour pouvoir établir dans le Bourg-blanc un receveur qui prenoit le quart des marchandises qui y abordoient, avec une garnison qui leur en assuroit la possession.

10. Ce fut alors, selon ma conjecture, que la ville, nommée *l'Arabie Heureuse*, & depuis *Aden*, noms de signification assez approchante, devint un des ports les plus celebres de tou-

tes les mers de l'Orient. Elle est située
hors du golfe Arabique, sur la côte meridionale d'Arabie. Avant que le
commerce, entre les Egyptiens, & les
Indiens, fut établi, ces deux Nations
apportoient leurs marchandises en ce
Port, & en trafiquoient. Caïus César
petit-fils d'Auguste, qui fit paroître
une si grande passion pour les affaires
d'Arabie, ruïna cette Ville dans la suite, comme Gallus en avoit ruiné beaucoup d'autres, ne les trouvant pas assez soumises aux ordres des Romains,
& voulant ôter aux Arabes les occa-
sions de revolte. Mais Aden fut si bien
rétablie, & si frequentée par les flottes Romaines, qu'on lui donna le nom
de *Port Romain.* La ville d'Oman, qui
a donné le nom au pays des Omani-
tes, située dans l'Arabie Heureuse,
quoiqu'assez éloignée de la mer, attiroit pourtant autrefois de la côte la
plus proche, quoiqu'elle fut assez pé-
rilleuse, beaucoup de navires marchands.

CHAPITRE LI.

Commerce des Indes en Egypte, & en Europe. 2. Strabon n'est pas croyable, quand il dit que les Indes étoient inconnuës à Homere. 3. Commerce des Indes avec les peuples voisins, & en particulier avec les Chinois. 4. Commerce des Indiens dans la côte orientale d'Afrique, & dans le golfe Persique.

MAis nulle autre region n'a tant contribué à l'accroisse-ment du commerce de l'Egypte : & par celui de l'Egypte, à celui de l'Europe, & de toutes les autres regions où celui de l'Egypte s'étendoit, que celui des Indes. C'est l'opinion commune, que Ptolemée Philadelphe fut le premier qui ouvrit la porte à ce tra-fic. Mais il m'est aisé de faire voir bien nettement, que dés le tems de Salo-mon, & de la guerre de Troye, les flottes des Egyptiens, des Phéniciens, & peut-être même des Ebreux, visité-rent les Indes, & y trafiquérent. Car

que signifie autre chose cette exp[li]-
tion d'Osiris contre les Indiens? c[e]
de Sesostris par mer & par terre? ce[tte]
fuite des Egyptiens aux Indes, co[m]
me dans une region connuë & ami[e]
lorsque Cambyse envahit l'Egypte?

Strab. lib.
1. & 2. 2. Quand Strabon a avancé que l[es]
Indes étoient inconnuës à Homére,
seule raison sur laquelle il s'est fondé
est qu'il n'en a rien dit dans ses ou[-]
vrages. Comme si Homére avoit en[-]
trepris de dire dans ses ouvrages tou[t]
ce qu'il savoit. Est-il croyable que le[s]
Phéniciens, qui navigeoient jusqu'au[x]
extrêmitez de l'Occident, même avan[t]
Salomon, qui trafiquoient par terr[e]
dans la Syrie, dans la Mesopotamie
& dans l'Assyrie, & jusqu'à la fron[-]
tiere des Indes; & par mer, dans le[s]
côtes orientales de l'Arabie, comm[e]
Ezech.
27. 15. &
seq. le marque le Prophete Ezechiel, qu[i]
avoient établi des colonies dans le[s]
isles du golfe Persique, & leur avoien[t]
fait porter les noms de Tyrus, [&]
d'Aradus, isles de leur pays, se fus[-]
sent arrêtez en si beau chemin, san[s]
pousser jusqu'aux Indes, où ils ne pou[-]
voient pas ignorer que l'on trouvo[it]
tant de richesses? La Taprobane m[ê]
me

me, dont la fituation, quoique dou-
teufe, étoit conftamment dans les Indes, portoit des marques de la venuë
des Phéniciens, & des Egyptiens,
dans le culte qu'on y rendoit à Hercule, Dieu des Phéniciens; & à Bacchus, qui eft Ofiris. Peut-on donc fe
perfuader qu'Homére, qui connoiffoit fi bien les Phéniciens, & qui les
voyoit fi fouvent fur les côtes, &
dans les ifles de l'Archipel, ne les eût
jamais oüi parler des Indes ?

3. Ce commerce des Indes a fort
varié dans la fuite des tems. Les Indiens
de leur part n'ont pas beaucoup contribué à l'entretenir. Les anciens Auteurs ont écrit que les Indiens font
autochtonés, originaires des Indes,
qui n'ont jamais receu chez eux, ni
envoyé au dehors, aucunes colonies.
Ce qui ne peut être abfolument vrai,
ni pour tous les tems, ni pour tous
les lieux. Pline en expofant les divers *Plin. lib.*
emplois des Indiens, dit que quelques- *6. cap. 19.*
uns d'entre eux portoient vendre au
dehors leurs marchandifes. Peut-être
que dans les premiers tems leur fimpli-
cité leur ôtoit la connoiffance des avantages du trafic, telle qu'on nous la re-

Y

préfente dans le fiécle d'or. Mais le
tems les inftruifit. L'auteur du Periple
de la mer Erythrée parle des voyages
que les Sefates faifoient de la Chine,
avec leurs femmes, & leurs enfans, &
leurs marchandifes. Il eft vrai que la
maniere dont Mela, Pline, & Capella,
difent que le trafic fe faifoit chez les
Seres, qui font les Chinois, marque
des ames fort fauvages, & une grande
averfion des étrangers. Ils ne fouf-
froient chez eux leur abord que pour
le negoce, qu'ils faifoient de bonne
foi, & fans aucune fraude, fans fe
parler, fans fe voir, & même fans
paroître, comme j'ai déja remarqué
ci-deffus. Ces Chinois devinrent plus
fociables dans la fuite, & l'on fçait
dans les Indes qu'ils ont été autrefois
grands navigateurs, & qu'ils ont parcouru l'Orient, jufqu'au cap de Bon-
ne-Efperance.

4. Enfin le commerce fut fi bien
établi entre les Indes, & la côte orientale d'Afrique, que lorfque les Portugais eurent doublé ce cap, ils trouvérent à la Mozambique, & à Melinde, des pilotes favans dans la navigation, fe fervans d'inftrumens aftro-

nomiques, pour prendre la hauteur du Pôle, ufans de cartes géograpiques, & de bouffoles, & fort inftruits de la route des Indes; dont ils fe fervirent pour faire ce grand trajet. Arrien dit dans fon Periple de la mer Erythrée, qu'avant que les Egyptiens euffent pénétré dans les Indes, & les Indiens en Egypte, la ville qui portoit le nom d'Arabie Heureufe, & qu'on nomme aujourd'hui Aden, étoit l'entrepôt où les marchands de ces deux regions fe rendoient pour leur trafic. Ce qu'il faut entendre, non pas de ces premiers tems dont j'ai parlé, où l'étude de la mer fleuriffoit parmi ces peuples; mais de quelque intervalle de relâchement, caufé par les guerres, ou par quelque pefte violente, ou par l'humeur changeante des peuples, ou peut-être pour épargner le tems, le travail, & la dépenfe, en fe rencontrant ainfi à moitié chemin. L'auteur de ce même Periple décrivant le golfe Perfique, parle de deux ports célébres qui s'y trouvoient, Apologue, & Ommana, où les grands navires apportoient des Indes du cuivre, des cornes, & des bois pré-

cieux; & d'où ils emportoient dans
les Indes , & dans l'Arabie, des Perles , des étofes de pourpre , des robes , du vin, des dattes , de l'or ,
& des esclaves.

CHAPITRE LII.

1. *Les Indes peu connuës dans l'Occi-*
dent avant Alexandre. 2. *Relations*
de Nearque & d'Oneficrite , de l'é-
tat des Indes , du tems d'Alexandre.
3. *Commerce des Indes après Ale-*
xandre 4. *Commerce des Indes floris-*
fant fous Augufte. 5. *Les Indiens font*
groffiers dans la fcience de la mer. Leur
commerce fe fait par échange. 6. *Ifle*
imaginaire de Panchaïa. 7. *Indiens*
jettez par la tempête fur les côtes
de Germanie. 8. *Trafic des Romains*
aux Indes , fous Antonin Conftan-
tius, Arcadius, & Honorius, Aure-
lien, & Probus.

1. ON ne peut pas difconvenir
qu'avant Alexandre , tout ce

qu'on racontoit des Indes parmi les Grecs, étoit fort incertain. Les conquêtes de ce Prince firent mieux connoître les Indes à l'occident, mais néanmoins fort imparfaitement. Le voyage d'Iambule aux Indes, que Diodore a rapporté, sans en marquer le tems, parut une fable aux Grecs, & le livre que ce voyageur en écrivit ; ne merita pas parmi eux beaucoup de créance. L'esprit fabuleux des Grecs les suivoit par tout. Alexandre défireux de gloire, enfloit la grandeur de ses conquêtes, exageroit la force & la taille des Indiens, les merveilles & les richesses de leurs pays ; & par un semblable artifice, indigne d'une grande ame comme la sienne, il travailloit même à tromper la postérité, par les monumens d'une grandeur énorme, qu'il faisoit dresser en divers lieux. Les Grecs de son armée, animez du même esprit, s'évaporoient en fictions, qui surprenoient les simples, mais qui ont perdu toute leur créance, lorsqu'on a été désabusé par une plus grande lumière des lettres, & par tant de voyages faits aux Indes. L'on sçait d'ail-

Diodor. lib. 2.

Y 3

leurs que de vastes regions des Indes,
& même voisines de la mer, où Alexandre conduisit son armée, stériles
d'elles-mêmes, & habitées par des
peuples peu nombreux, ne s'asso-
cioient, ni avec leurs voisins, ni avec
aucune autre nation, ni par aucun
commerce, & menoient une vie brutale, & éloignée de toute humanité.
Les nations plus avancées dans les
terres vers le Nord, habitans un terroir plus aspre encore & plus stérile,
étoient aussi plus feroces, & ne s'hu-
manisoient par aucun trafic avec leurs
voisins, avec qui ils avoient si peu
de societé, qu'ils n'en étoient pas
même connus. Arrien cependant décrivant les six sortes d'états, qui par-
tageoient les Indiens, met au quatriè-
me rang les ouvriers & les marchands,
entre lesquels on comptoit ceux qui
étoient employez à la fabrique des
vaisseaux, & à les conduire sur leurs
rivieres. Et cette observation d'Arrien fait assez connoître qu'ils ne pratiquoient point la navigation de la
mer.

2. Les relations de Nearque &
d'Onesicrite nous instruisent de l'é-

où étoit alors la mer des Indes. Ils furent envoyez par Alexandre pour connoître, depuis le fleuve Indus, jusques dans l'Euphrate. Néarque avoit le commandement de la flotte ; & Onesicrite l'intendance générale de la marine. Ils laissérent l'un & l'autre des relations de l'état où Alexandre trouva les Indes par mer & par terre. Mais Strabon, homme de bon esprit, traite ces ouvrages de fictions, quoi qu'il *Strab. lib.* *2. & 15.* ne nie pas qu'elles soient mêlées de plusieurs veritez, dont la connoissance peut être utile, & que les plus incredules ne jugent pas méprisables. Onesicrite avoit composé une espece d'itineraire, sur le voyage qu'il fit depuis l'Indus jusqu'à l'Euphrate. Pline nous a laissé un abregé de cette *Plin. lib.* *6. cap. 23.* navigation, après Juba, & il dit que cette route avoit été retrouvée depuis peu, & qu'on la suivoit de son tems. Il ajoûte qu'après cette navigation d'Onesicrite, la route la plus ordinaire étoit du promontoire Syagros, que l'on croit être le cap Fartak, à Patale dans l'embouchure de l'Indus. L'on trouva depuis que le chemin du même cap Syagros, à Zigerus,

Y 4

port des Indes , étoit plus court & plus sûr. Mais enfin le profit immense que l'on faisoit au trafic des In-
des, qui se montoit du tems de Pline
à cinq cens millions de livres de nôtre monnoye, y fit établir des convois
reglez, qui alloient tous les ans de l'E-
gypte aux Indes. Les flottes partoient
au mois de Juillet : ce qui est confirmé par l'Auteur du Periple de la mer
Erythrée, & elles revenoient vers le
mois de Decembre. Pline a décrit
cet itineraire en détail, & assure que
cette route avoit été peu connuë auparavant.

3. Mais pour revenir au siécle
d'Alexandre, la connoissance des Indes qu'il avoit donnée à l'Occident,
ne fut pas negligée par ses successeurs.
Ptolemée Philadelphe , Roi d'Egypte, Prince amateur des belles con-
noissances, & de la splendeur de son
royaume, fut le premier qui rouvrit
à ses sujets le chemin des Indes. Je
dis qu'il le rouvrit , pour ne pas tomber dans l'erreur de ceux qui ont crû
qu'avant lui cette route avoit été entierement inconnuë. Ils ont été trom-
pez par les paroles de Strabon , qui

Strab.
lib. 17.

lifent bien que ce Prince fut le premier qui dreſſa un chemin pour une armée depuis Coptos, juſqu'à la ville de Berenice, ſur la mer Rouge : mais elles ne diſent pas qu'il fut le premier qui ouvrit la route des Indes. Il envoya Dionyſius, ſavant Mathematicien, pour reconnoître l'état des Indes, & les meilleures routes qu'il falloit prendre pour y aller. Il dreſſa, comme j'ai dit, un chemin pour conduire des troupes, & des caravanes, de Coptos à Berenice, qu'il avoit fait bâtir ſur le bord de la mer Rouge. Quoique que l'Hiſtoire ne nous diſe rien des avantages que ce commerce apporta à l'Egypte dans la ſuite du tems, on ne peut pas douter neanmoins qu'elle n'en retirât les épiceries, leſquelles, ſi elles ne ſont pas abſolument neceſſaires à la vie, il faut au moins avoüer qu'elles contribuent fort à ſon agrément. Strabon rapporte ſur la foi de Poſidonius, que ſous Ptolemée Evergete, ſecond du nom, Roi d'Egypte, on trouva dans le golfe Arabique un Indien demi-mort, dans un vaiſſeau abandonné, qu'il fut mené au Roi, qu'on

Strab. lib. 2.

fçut de lui que venant des Indes , &
ayant fait une fauſſe route , tous ſes
compagnons étoient morts de faim,
qu'il ſervit de guide à ceux que le
Roi envoya aux Indes avec des pre-
ſens , & qui en rapportérent des aromates & des pierreries. Ce recit nous
apprend que la route des Indes étoit
alors fort peu connuë des Indiens ;
ſoit qu'elle ne l'eût pas été aſſez
par les ſoins de Philadelphe , ſoit que
depuis ſon tems juſqu'à celui du ſecond Evergete , c'eſt-à-dire , dans
l'intervalle de cent quarante ans , les
Ptolemées occupez des affaires de leurs
pays , euſſent negligé celle des Indes,
juſqu'à tel point , que cet Evergete
n'en eût aucune connoiſſance , non
plus que des navigations , que l'on
y avoit faites auparavant , comme l'aſſure le même Strabon.

Strab.
lib. 2.

4. Il nous apprend auſſi que de ſon

Strab.
lib. 17.

tems , c'eſt-à-dire , du tems d'Auguſte , on étoit bien mieux informé des
affaires des Indes que ſous les Ptolemées ; que pendant qu'Ælius Gaulus
gouverna l'Egypte ſous Auguſte , une
flotte de marchands d'Alexandrie vint
à la mer Rouge par le Nil , & paſſa

x Indes ; qu'il vit partir six vingt
vires du port de la Souris pour les
des , & pour les côtes les plus
oignées de l'Ethiopie ; que l'on raportoit de ces contrées de très riches
archandiſes , que les Egyptiens debi-
oient de tous côtez ; d'où il revenoit
e trés grands profits , par les peages
entrée & de ſortie que l'on en ti-
oit : au lieu que ſous le Ptolemées , à
eine vingt navires oſoient-ils ſe pro-
uire dans le golfe Arabique , & ſor-
ir de ſon embouchure. On ne peut
ttribuer ce bon effet qu'à la vigilan-
e des Romains , aprés qu'ils eurent
onquis l'Egypte , & à la ſageſſe d'Au-
uſte. Car le même auteur parlant de
Ptolemée Auletés , qui regnoit en
gypte un peu avant Auguſte , mar-
ue qu'il tiroit ces peages de la ſeule
gypte , ſans qu'il y entrât rien de ceux
es Indes , & de l'Ethiopie. Ce fut
lors que la navigation d'Egypte aux
ndes commença à être reglée. Les
Romains attentifs à leurs interêts , flat-
ez par le profit immenſe qu'ils en
etiroient , & affriandez à ces belles
& agréables marchandiſes qui leur en
revenoient , & qui contribuoient ſi

senfiblement aux douceurs de la vie, ils s'appliquérent affiduëment à ce com- merce. Horace leur reproche cette avidité dans fes Epitres. Leurs flottes n'alloient pourtant guéres au-delà des embouchures de l'Indus : & comme les gens de mer qu'ils y envoyoient, étoient gens groffiers, qui ne por- toient pas leurs veuës au-delà de leur negoce , les Romains n'en étoient gué- res mieux informez de l'état des Indes. Mais les Indiens connurent par-là la puiffance de Rome , & ils envoyérent à Auguſte des ambaffadeurs avec des pre- fens. Le Port de la Souris fur la côte occidentale du golfe Arabique, étoit le grand abord des marchandifes des Indes , de l'Arabie , & de l'Ethiopie, qui venoient par ce golfe. La ville de Berenice , batie par Philadelphe, fervoit encore au même ufage ; & la ville de Coptos fur le Nil en étoit l'entrepôt general , d'où par les canaux du Nil elles paffoient à Ale- xandrie.

5. Les Indiens dans leurs naviga- tions fe fervoient de vaiffeaux faits de rofeaux, qui croiffoient dans leurs marais , jufqu'à une fi prodigieufe

Horat.
Ep. lib. 1.
Epiſt. 1.

grosseur, qu'un homme à peine les pouvoit embrasser. Ces roseaux n'é-toient point sujets à la pourriture. Leurs vaisseaux étoient à double proüe, parce qu'ils ne se pouvoient tourner dans leurs canaux. Quoique leur pays fut abondant en or, & en argent, Pausanias néanmoins, qui vécut du *Pausan.* tems de l'Empereur Marc Auréle, écrit *Lacon.* qu'ils ne se servoient point de mon-noye dans leur trafic, mais qu'en paye-ment des denrées, que les Grecs leur apportoient, ils donnoient d'autres denrées de leur pays. Par ce nom de Grecs, Pausanias entend sans doute, en cet endroit, ceux qui habitoient l'Egypte sous les Ptolemées. Ce com-merce par échange, ne se faisoit pas toûjours par la grossiereté des peu-ples, ignorans l'usage de la monnoye; mais souvent, pour abreger les con-testations, & épargner le tems; n'y ayant qu'un seul marché à faire dans l'échange, & deux prix à fixer, quand on employoit la monnoye. Observa-tion à faire dans tout cet ouvrage. Mais pour revenir à la navigation des Indiens, les habitans de la Taproba-ne étoient si ignorans dans cet art,

qu'ils ne fe conduifoient point par
l'infpection du Ciel, mais feulement
par le vol des oifeaux, qu'ils portoient
pour cet ufage, & qu'ils lachoient
pour reconnoître de quel côté étoient
les terres les plus proches. Pline a crû
que la situation de leur Ifle, les pri-
vant de la vûë des conftellations du
Nord, ils n'avoient eu aucun égard
aux étoiles, dans leurs navigations.
Mais en cela il s'eft trompé double-
ment : car cette Ifle étant fituée au
deça de la Ligne, ils avoient la vûë
du Nord ; au défaut de laquelle ils auroient pû avoir recours à célle du Canope, qui eft vers le Midi. Il nous
enfeigne, que cette Ifle ne fût bien
connuë que fous l'Empereur Claude,
par le voyage qu'une tempête y fit
faire à un affranchi d'Annius Ploca-
mus, qui avoit traité avec le fifque
de Rome, des revenus de la mer Rouge ; & que fur la connoiffance, que
cet affranchi donna à ces infulaires, de
la puiffance de l'Empire Romain, ils
envoyérent des Ambaffadeurs à l'Empereur Claude, pour lui demander fon
amitié. Ces Ambaffadeurs donnérent
à Rome des lumieres plus particulie-

Plin. lib.
6. cap. 22.

res des affaires de l'Orient, & du commerce qu'ils avoient avec les Seres, qui étoient les plus éloignez vers l'Orient des hommes que l'on connoissoit alors ; gens doux, & paisibles, mais insociables, & ennemis de toute hospitalité, comme je l'ai dit ci-dessus.

6. Je ne parle point de cette Isle imaginaire de Panchaia, située dans l'Ocean, au-delà de l'Arabie, si fertile en encens, & si riche par le debit qu'elle en faisoit de tous côtez, & par le grand abord des Indiens, des Cretois, & des Scythes. Diodore, qui *Diod.* a vanté les merveilles de cette Isle, *lib. 5.* a été trompé par Euhemerus, dont Plutarque a reconnu & publié l'im- *Plut. de* posture. *Isid. &* *Osir.*

7. Mais je ne puis passer sous silence ces marchands Indiens, jettez par la tempête sur les côtes de Germanie, conduits au Roi de Sueves, & presentez par lui à Metellus Celer, alors Proconsul des Gaules, & qui avoit été Consul l'an de Rome 694. Cet évenement a donné lieu à diverses conjectures, sur le chemin, par où ces Indiens purent venir sur les côtes

de Germanie. Ils purent remonter le fleuve Oxus, entrer dans la mer Caspie, remonter le Volga, paſſer dans la Dwina, qui en eſt proche, & qui va tomber dans la mer Baltique : ou bien ils purent venir de la mer Septentrionale de Tartarie, qui eſt au-deſſus de la Chine, traverſer le détroit de Waigats, & venir dans la mer d'Allemagne. Cela eſt poſſible, mais il n'eſt guére croyable. Pour moi j'ai ſur cela une autre penſée. On donnoit le nom d'Indiens aux étrangers venus des regions éloignées & inconnuës. Sur une pareille erreur, on a donné à l'Amerique le nom d'Inde occidentale. Comment peut-on connoître le pays de ces gens, dont on n'entendoit point la langue? Il me paroit aſſez vrai-ſemblable que c'étoient des Norvegiens, ou des Scritfinniens occidentaux, que nous appellons aujourd'hui Lappons, qui voiſins de la mer, & pêchans dans les petits bateaux, dont ils ont coûtume de ſe ſervir, furent ſurpris de ces vens violens, à quoi leur côte eſt ſujette, & emportez vers le Midi, & jettez ſur la côte d'Allemagne. Leur couleur baſanée,

basanée, la grossiereté des Allemans, chez qui ils abordérent, & l'extrême ignorance où l'on étoit alors de la géographie, & particulierement de celle du Nord, & du Levant, purent bien les faire passer pour Indiens. Ce ne fut que sous les auspices d'Auguste, que l'on poussa la navigation vers le Nord, jusqu'à la Cimbrique Chersonese, qui est le Jutland. L'on se figuroit que les mers, qui s'approchoient davantage du Nord, n'étoient point navigables, soit pour les glaces, soit pour la pesanteur des eaux destituées de chaleur. On peut conjecturer la même chose de ces autres prétendus Indiens, qu'on dit qui abordérent vers la côte de Lubec, du tems de l'Empereur Frederic Barberousse. Il est aisé de comprendre, que des Lappons, navigeans sur le golfe Botnique, pour la pêche, ou pour le trafic, furent poussez par le vent dans la mer Balthique, vers la côte meridionale.

8. Sous l'Empire d'Antonin, le trafic des Romains étoit tel, non-seulement dans la mer Mediterranée, mais encore au-delà du Détroit, dans l'Ocean occidental, que l'on ne peut pas croi-

re qu'ils negligeassent celui des Indes,
qui étoit établi parmi eux depuis long-
tems. Ammien Marcellin rend un me-
morable témoignage du grand trafic
qui se faisoit sous l'Empire de Constantius, à Batné, ville de la Mesopotamie, bâtie par les anciens Macédo-
niens. Il dit que cette ville étoit rem-
plie de riches marchands ; qu'il s'y tenoit tous les ans au commencement
de Septembre, une grande foire, où
une infinité de peuple avoit coûtume
de se rendre, pour y acheter des marchandises des Indes , & du pays des
Seres, & de divers autres lieux, que
l'on y avoit apportées par mer & par
terre. Ces marchandises, venuës par
terre, des Indes & des Seres, avoient
sans doute traversé la Perse par des caravanes ; & celles qui étoient venuës
par le golfe Persique, avoient remonté l'Euphrate , d'où la ville de Batné
n'étoit pas éloignée. Du nombre de
ces flottes, qui étoient sous la disposition du Prefet du Pretoire d'Orient,
du tems d'Arcadius & d'Honorius, l'u-
ne étoit destinée pour la mer Rouge,
& l'autre pour Alexandrie. C'étoit
cette premiere, qui faisoit les voyages

Amm.
Marcell.
lib. 14.
cap. 3.

& le trafic des Indes ; & celle d'Alexandrie alloit prendre dans cette Ville, les denrées qui y étoient apportées par le Nil, venant de la mer Rouge. Ce même Marcellin parle d'un vaiffeau d'une grandeur extraordinaire, conduit par trois cens rameurs, qui avoit été préparé auparavant par Conftantin, pour tranfporter à Rome un Obelifque d'Egypte, dont fe fervit depuis Conftantius pour le même ufage. L'Hiftoire Romaine nous prefente un bel exemple du trafic que les Romains faifoient aux Indes, par l'Egypte, fous les Empereurs. Firmus s'étant emparé d'Alexandrie fous l'Empereur Aurelien, fe fervit de cette occafion, pour envoyer des vaiffeaux marchands aux Indes. Il eft croyable que ce negoce ne contribua pas peu à ces grandes richeffes, que lui attribuë l'hiftorien Vopifcus. Ce même Auteur met la navigation au rang des arts & des emplois les plus ordinaires des Romains fous Probus, qui parvint à l'Empire peu après Aurelien.

CHAPITRE LIII.

1. *Villes, lieux, & peuples des Indes, où se faisoit le Commerce.* 2. *Censure de la relation du voyage de Benjamin le Navarrois. Isle imaginaire de Nicrokis.* 3. *Malabar. Cambaya.* 4. *Samarcande.* 5. *Bogar.* 6. *Hera. Candahar. Cabul.* 7. *Seilan.* 8. *Geographie ancienne de l'Orient.* 9. *Cathay. Caracathay. Gog, & Magog.* 10. *Tebeth. Seres. Sina, ou Thina, ou Chinois meridionaux. Siam. Asphetira.*

1. LE grand nombre de Villes de commerce, qui se trouvoient autrefois dans les Indes, étoit une preuve bien seure du trafic qui s'y faisoit. Je parle des villes de commerce; car si l'on recherchoit le nombre de toutes leurs Villes en général, & que l'on s'en raportât à Strabon,

Strab. lib. 15.

à Pline, & à Plutarque, l'on y en *Plin. lib.*
trouveroit cinq mille dans la partie *6. c. 17.*
feule des Indes, conquife par Alexan- *Plutarch.*
dre ; & même de la premiere gran- *vit. Alex.*
deur, felon Solin ; & Arrien dit, que *Solin. cap.*
le nombre en étoit fi grand, qu'on *32.*
ne le pouvoit exprimer. Ptolemée a *Arrian.*
marqué plufieurs de ces Villes de com- *Indic.*
merce dans le feptiéme livre de fa Géographie, & on les voit dans fes dernieres cartes de l'Afie. Alfragan, cé- *Alfrag.*
lébre Aftronome, qui a vêcu vers l'an *Elem.*
800. de Nôtre-Seigneur ; & le Che- *Aftron.*
rif Edriffi, qui a été rendu public, *cap. 9.*
fous le titre de Geographe de Nubie,
pofterieur à Alfragan de 350. ans,
ont fait dans leurs ouvrages le dénombrement des villes d'Orient, les plus
frequentées & les plus riches. Si on
les confulte, on trouvera qu'il égale,
& peut-être qu'il furpaffe celui des
villes marchandes de l'Occident. Et
l'Auteur du Periple de la mer Erythrée
a diftingué & marqué les peuples Indiens, qui étoient le plus adonnez au
trafic, & les lieux des Indes où fe faifoit le plus grand negoce, & ceux
qui avoient le plus de commerce avec
l'Egypte. Il marque auffi en quelque

Z 3

endroit l'abord des navires Grecs : ce
que je crois qu'il faut entendre des
vaisseaux qui venoient de l'Asie, où les
Grecs ont si longtems dominé après
Alexandre. Il pousse sa recherche jusqu'à l'isle Oceanienne, voisine du Gange, qu'il dit être la derniere des regions connuës vers l'Orient. De plus,
il nous fait entendre que le commerce étoit si florissant chez les Indiens,
qu'ils l'exerçoient même entre eux par
terre, employans des chariots à cet
usage.

2. Benjamin le Navarrois, Juif de
religion, a écrit une relation des voyages qu'il a faits au dixiéme siécle,
vers le Midi, & le Levant, jusques
dans les Indes. Quoi qu'on ne puisse pas
nier que l'ouvrage ne soit curieux, &
digne d'être lû, pour les diverses par-
ticularitez des lieux & des tems, qui
y sont raportées, il faut avoüer néanmoins que la bonne foi ne s'y trouve
pas toûjours, & que le desir immo-
deré de donner de grandes idées de la
puissance des Juifs, lui a fait controu-
ver plusieurs fables, dont son recit
est defiguré. L'on en peut juger par
la description qu'il fait d'une Isle si-

tuée vers l'embouchure du Tigre, qu'il nomme Nicrokis, longue de fix journées de chemin, où les peuples de la Mesopotamie, & de la Perse apportent en abondance des foyes, du lin, du chanvre, & de toutes fortes de grains propres à la nouriture de l'homme; & où les Indiens apportent leurs aromates; & dont les habitans font les entremetteurs du trafic. Ce feul recit fuffit pour faire voir le peu d'affurance qu'il faut prendre aux relations de ce Juif : car dans tout le golfe Perque, où tombe le Tigre joint à l'Euphrate, cette Ifle ne paroît point. La conjecture du commentateur, qui foupçonne que le mot *Nicrokis*, eft corrompu de celui de *Nanigeris*, que l'on croit être l'Ifle de Seilan, ne me paroît avoir aucune vrai-femblance.

3. Marc Paul attefte, que de fon tems, c'eft-à-dire, vers la fin du treiziéme fiécle, le trafic étoit fort modique vers la côte de Malabar, qu'on y portoit peu de marchandifes, & que peu de marchands s'empreffoient pour y en aller chercher : mais que le commerce des épiceries étoit grand

Marc Paul. de reb. orient. lib. 3. *cap.* 27. *& 10.*

Z 4

au contraire dans l'isle de Java. Dans

Sanut. lib.
1. part. 1.
cap. 1.

le siécle suivant, Mario Sanudo, Venitien, comme Marc Paul, fort zelé
pour le recouvrement de la Terre-
Sainte, & pour la ruïne du Soudan
d'Egypte, dans le Livre qu'il a écrit
sur cette matiére, dit, que le plus
grand revenu de ce Prince consistoit
dans le trafic des épiceries, & des autres marchandises d'Orient. Il marque
deux ports principaux dans les Indes,
Malabar & Cambaya, où se faisoit le
plus considerable negoce, lorsque les
Soudans regnoient en Egypte; qu'on
portoit les marchandises à Aden, d'où
elles étoient transportées à la mer Rouge, sur des chameaux, en neuf journées, & de-là à Babylone d'Egypte,
c'est-à-dire, au Caire, & du Caire à
Alexandrie : & que les péages, qui
en revenoient au Soudan, égaloient
le tiers de la valeur de ces marchandises. Et cela le rendoit si jaloux de
ce commerce, qu'il ne permettoit à
aucun Chrétien le passage par ses terres pour aller aux Indes. Il ne dissi-
mule pas cependant que les épiceries,
qui venoient par la route de la terre
ferme, étoient bien meilleures, que

celles qui étoient portées par mer en Egypte ; & l'on fit la même épreuve, depuis que les Portugais entreprirent ce trafic. On lit fur ce fujet dans l'Hiftoire des Moluques, une chofe digne de remarque, que dans ces derniers tems l'on a vû un galion Venitien dans ces mers d'Orient, chargé de marchandifes de fon pays, allant de Manille à la Chine, & qui felon les apparences, avoit traverfé la mer du Sud. Ce même Marc Paul, que j'ai cité, & les autres Auteurs, qui ont écrit des affaires des Indes, font des rapports furprenans de la quantité de vaiffeaux Indiens, qu'ils ont vûs dans ces ports.

Hift. des Moluques, tom. 1. liv. 2.

4. Dans la ville de Samarcande, qui étoit la capitale de la Tranfoxiane, qui étoit Maracanda des Anciens, fituée au-delà de l'Oxus, contre la défignation de Ptolemée, qui paroît défectueux en cet endroit ; & qui étoit autrefois la capitale de l'Empire de Tamerlan, l'on voit un grand abord d'Indiens, de Perfans, de Tartares, & de Chinois, qui y trafiquent de marchandifes précieufes. Mais les conquêtes des Turcs, & la venuë des Por-

tugais ont fort affoibli ce comm
quoi qu'il s'entretienne encore au
d'hui en quelque splendeur. On
peut pas nier néanmoins que la be
de sa structure, & les agrémens d
situation, n'y ayent bien plus att
de Princes & de grands Seigneu
que de marchands.

5. Samarcande avoit effacé la glo
re de Bogar, ou Bokara, qui en
peu éloignée, située au nord de la
viere d'Oxus, à trente-neuf degr
d'élevation septentrionale, capitale a
trefois de toute cette contrée, & a
jourd'hui possedée par les Usbeque
Mais rien ne marque mieux sa magn
ficence, que d'avoir donné son no
à ces vastes regions, qui separent
Moscovie de la Chine. La relatio
du voyage d'Antoine Jenkinson, A
glois, qui se trouve dans la comp
lation de Hacluyt, & dont M. Tev
not a donné la traduction dans le p
mier Tome de son Recuëil, en
crivant le voyage qu'il fit d'Astrach
à Bogar, l'an 1558. nous fait co
noître assez exactement cette Vil
Son nom étoit aussi le nom d'un
tit Etat separé, sujet à un Prince T

...re. Le trafic, qui s'y faifoit, n'étoit ...as grand, quoiqu'il s'y rendit tous ...s ans des marchands de la Perfe, de ...l Mofcovie, & de tous les Ports des ...ndes & du Cathay. Ce n'eft pas une ...etite gloire pour cette Ville, d'avoir ...onné la naiffance à Avicenne; & non ...as cette autre Bochara, fituée fur ...Euphrate, près de fon embouchure, ...omme l'ont cru ces deux favans Ma-...onites, Gabriel Sionita, & Jean Hef-...onita.

Gab. Sion. Job Hef-ronit. c. 3.

6. Comme la ville de Bochara a ...té honorée par la naiffance d'Avicen-...e, celle de Hera ne l'a pas été moins ...ar celle de Mircond, qui a écrit ...Hiftoire d'Orient en langue Perfane, ...vec tant d'approbation. Cette Ville ...ft une des principales de la Province ...e Chorafan, eftimée pour l'efprit & ...induftrie de fes habitans, pour le ...rand abord des marchands, & pour ...e debit de fes manufactures. Son nom ...e Hera, & fa fituation fur le fleuve ...eri, nous doivent perfuader que ...Hera n'eft autre que la ville d'Aria, ...apitale de la province des Ariens, ...ation populeufe, & addonnée au ...rafic.

Candahar, ancienne & grande ville, qui a donné son nom à la Province où elle est située, étoit autrefois
un entrepôt fort frequenté entre la
Perse & les Indes, & s'attiroit le commerce de ces contrées. Elle joüit encore d'une partie de ces avantages,
mais fort affoiblis, depuis que les peuples d'Occident ont fait ce commerce par mer.

Au-delà de Candahar, vers l'Orient,
est la ville de Cabul, capitale de la
Province du même nom. Les habitans
de ce pays sont manifestement dési-
Ptol. Asia gnez dans Ptolemée, par le nom de
cap. 18. *Cabolita*, & occupent une partie de
Tab. 9. la region Paropanise. Il se fait dans
Cabul un grand trafic d'aromates ;
elle fut autrefois ennoblie, pour avoir
été le siége de quelques Rois Indiens.

7. Mais nulle autre region n'égale
l'opulence de l'isle de Seilan, tant vantée par les relations des voyageurs, par
les descriptions des Geographes, &
par le commerce des marchands. De
son nom de Seilan s'est formé celui
Geogr. de *Sarandib*, que lui donne le Geo-
Nub.Clim graphe de Nubie ; & de *Selandives*
1. part. 8. que l'on trouve dans Teixeira, & ce-

xendini, selon Ammien Marcellin; qui signifie *Isle de Seilan*. Les gens doctes ne doutent pas que ce ne soit la fameuse Taprobane des Anciens. Ses richesses consistent en or, & en ar- *Amm. Marcell. lib. 22.* gent, & autres métaux, en perles, & en pierreries, en aromates, & principalement en canelle, en musc, en civette, en sucre, en soye, & en ivoire.

8. Les dernieres extrêmitez de l'Orient, qui ont été si frequentées dans les derniers siécles par les peuples de l'Occident, & qui fournissent aujourd'hui la plus ample matiere au trafic, étoient peu connuës des Anciens. Quoique je me sois borné dans cet ouvrage à traitter de leur commerce, sans descendre jusqu'au tems present, & que l'on n'ait pas exigé autre chose de moi, néanmoins la liaison des matieres me mene quelquefois plus loin que je ne voudrois. Voici en peu de mots quelle a été la Géographie ancienne de ces extrêmitez du Levant. On y plaçoit trois peuples differens, les Scythes orientaux, les Seres, les Sinois ou anciens Chinois. Ce qui n'a pas été distingué assez exactement par

les Modernes. Le Scythes orienta[ux]
font les Tartares, situez au nord d[e]
la Chine. Les Seres font ceux qui o[c]
cupent aujourd'hui la partie septe[n]
trionale de la Chine. Et les ancie[ns]
Chinois font les Chinois meridionau[x]
d'aujourd'hui.

9. Cette region, qui a été con[n]
nuë dans la suite du tems, sous le no[m]
de Cathay, comprenoit une grand[e]
partie du pays des Seres, & s'éten[d]
doit au nord dans le pays des Scythe[s]
Cette partie septentrionale du Cathay
étoit celle que l'on nommoit Carac[a]
thay, c'est-à-dire, le *Cathay noir*; n[on]
pas à cause des forêts & des nuag[es]
qui la couvrent, comme quelque[s]
uns l'ont crû, mais parce que les A[n]
ciens étoient persuadez, que le sep[-]
tentrion étoit couvert d'épaisses téné[-]
bres, jusqu'à avoir fait donner le no[m]
de Noir au vent du nord; car le mo[t]
d'*Aquilon* ne signifie autre chose; [&]
à avoir fait nommer *Mer ténébreuse*
& *Mer de poix*, dans les Livres de[s]
Arabes, la mer qui est sous le septen[-]
trion oriental. L'on sçait, que tout[e]
ce que Marc Paul a dit du Cathay,
& de Cambalu sa capitale, se doit en[-]

bondre de la partie septentrionale de
la Chine , & de Pekin , aujourd'hui
capitale de toute la Chine. On ne
peut pas douter que le Cathay n'ait
pris son nom de la région Cathéenne,
& de ces peuples Cathéens , dont parle
Strabon , appellez Scythes Chætéens *Strab. lib.*
par Ptolemée. *15. Ptol.*

Ce même pays de Cathay , ou de *lib. 6. cap.*
Scythie orientale , est celui auquel les *15. Tab. 7.*
Géographes Arabes ont attribué des *Asia.*
noms de Gog & de Magog , marquez
dans l'Ecriture sainte , mais pour signifier la Scythie occidentale : de même
que le nom d'Hyperboréens étoit un
terme general , qui se donnoit à tous
les peuples , tant orientaux qu'occidentaux , situez près du Nord.

10. Pour le pays de Tebeth , il se
approche un peu de l'occident ; & à la
Chine à l'orient , le Chorasan à l'occident , & les Indes au midi. C'est de-là
que vient le musc de Tibet, tant vanté,
& préferé même à celui de la Chine ;
peut-être , parce qu'il est plus frais , venant par terre , & d'un pays moins
éloigné. Il en est de même de plusieurs
autres marchandises de la Chine , qui
passent par le Tibet , pour se répandre

dans l'Occident. Quelqu'un plus har-
di que moi pourroit conjecturer que la
montagne de Tabin, située sur la mer
Orientale, à l'extrêmité de cette Scythie, dont nous parlons, mentionnée
dans les anciens Géographes; ou que
le promontoire de Tabin, situé sur la
mer Glaciale, près du détroit de Waigats, non loin de l'embouchure du fleuve Oby, auroient communiqué leur
nom au pays de Tebeth; mais son grand
éloignement de l'un & de l'autre s'op-
pose à cette conjecture.

11. Presque tous ces peuples orientaux ont été generalement compris
par les anciens sous le nom de Seres,
parce que les Seres étant situez au milieu de l'Orient, & aux environs de
l'Equinoctial, ils communiquoient aisément leur nom aux Scythes leurs
voisins du côté du Nord, & aux Chinois du côté du Sud. Le Géographe
Mela a exactement distingué la situation de ces trois Peuples, en désignant
les Sinois, ou Chinois anciens, sous le
nom d'Indiens méridionaux. Les Seres étoient loüez pour leur humanité, pour leur humeur pacifique, pour
leur frugalité, & pour leur équité.
On

On en donne pour preuve la maniere singuliere dont ils trafiquoient :
car comme ils ne vouloient avoir aucune societé avec les étrangers , ne
les recevant point chez eux , & ne
sortant point pour les aller chercher,
ils exposoient leurs denrées sur le rivage , marquant le prix sur chacune.
Après quoi s'étant retirez , les étrangers venoient examiner ces marchandises , & laissoient le prix qu'ils en
vouloient donner ; puis se mettoient
à l'écart. Les Seres survenant prénoient
ce prix , s'ils s'en contentoient , ou
remportoient leurs marchandises. Eu- *Eustath.*
stathius, qui rapporte ces choses, ajoû- *in Dion.*
te sur la foy d'Herodote , que les *Perieg.*
Carthaginois trafiquoient à peu près *v. 752.*
de la même maniere ; avec de certains peuples , situez au dehors des
Colonnes d'Hercule ; qu'ils venoient
déposer leurs marchandises sur le rivage , & se retiroient aprés les en avoir
advertis par des fumées ; que les habitans s'en approchoient, en faisoient
l'estimation , & mettoient auprès le
prix qu'ils en vouloient donner , puis
s'en éloignoient ; & que les Carthaginois revenoient , ou pour prendre ce

prix, s'il leur suffisoit, ou pour rem-
porter leurs marchandises : & que les
marchez se concluoient ainsi, ou se

Solin.
cap 52.
rompoient sans se parler. Peut-être
est-ce des Seres en particulier qu'il
faut entendre, ce que Solin a dit
en general des Indiens ; qu'ils sont les
seuls peuples, qui n'ont jamais sorti
de leurs pays. Il est vrai que l'histoire ancienne ne nous apprend point
que les orientaux ayent paru dans l'Occident : mais il est bien certain qu'ils
ont fait de grandes & de longues
courses dans les parties de la mer des
Indes & de la mer Erythrée. La marchandise dont les Seres faisoient le
plus grand débit, étoient des soyes,
qui viennent en abondance dans leur
pays , & qu'ils savoient mettre en
œuvre avec beaucoup d'adresse, pour
en faire ce fil délié, & ces précieuses
étoffes, si estimées autrefois, & si re-
cherchées. Quelques-uns leur attribuënt une si grande moderation, qu'en
vendant des marchandises de leur crû,
ils ne prenoient point celles des étran-

Amm.
Marc libr.
23. cap. 6.
gers. Ammien Marcellin étend la region des Seres jusqu'au Gange. Mais
ce Palladius , & cet Ambrosius , qui

ont écrit des Brachmanes, & dont les
ouvrages ont été rendus publics en
Angleterre depuis peu d'années, étendent cette region jufqu'au deçà du
Gange. Mais ces auteurs font fi frivo-
les, qu'ils méritent peu de créance.

12. Sous le nom de *Sina*, ou *Thi-*
na, les anciens comprenoient, non
feulement les Chinois méridionaux,
mais encore le Tunquin, la Cochinchine, le Pegu, & Siam. Ce nom
de *Siam* femble être dérivé de celui
de leur Métropole, qui s'appelloit
Thin ou *Thina*; car c'eft ainfi que
fon nom eft marqué dans le Periple
de la mer Erythrée d'Arrien. Ptole- *Ptol. lib.*
mée, & Marcien d'Heraclée, la nom- *7 cap. 3.*
ment *Theina*, & Stephanus *Sina* : la *Tab. 11. A-*
prémiere lettre de ce nom fe pronon- *fia Marc.*
çant, d'un ton métoyen entre le T, *Heracl.*
& l'S. Arrien dit que cette ville étoit *Perilp.*
méditerranée, & qu'elle étoit fituée *Arrian.*
fous la petite Ourfe : en quoi il s'eft *Peripl.*
montré mauvais geographe, & mau- *Mar. Ery-*
vais aftronome; car ces Chinois mé- *thr.*
ridionaux étoient bien éloignez du
Nord; & Ptolemée, beaucoup plus
intelligent que lui, les place à trois
degrez au delà de l'Equateur, vers le

Aa 2

Midi , & assez près de la mer d'O-
rient. Je ne m'éloignerois pas de l'o-
pinion de Vossius, qui a crû que la
ville de Siam , étoit cette ancienne
métropole, mentionnée par Ptolemée :
car il est bien certain que le pays de
l'ancienne Chine , & sa situation approche de l'Equateur. Je croirois même volontiers que la ville d'Asphetira , capitale du pays des Sinois, placée sur la mer, & presentant un bon
port aux marchands , étoit la même
que la ville de Siam. Je ne doute pas
que cette Asphetira ne soit l'Aspitra de
Ptolemée , placée , à l'embouchure
d'un fleuve de son nom; & l'Aspara-
ta d'Ammien Marcellin. Mais je ne
suis pas de l'avis du même Vossius,
lors qu'il nous veut persuader que ces
anciens Chinois , qui étoient nommez Sinois ou Thinois, n'étoient pas
les mêmes que les Chinois d'aujour-
d'hui. Il est vrai que ces Sinois ne
renfermoient pas les Seres , qui faisoient la plus considerable partie des
Chinois d'aujourd'hui; mais ils mar-
quoient les Chinois méridionaux ,
avec le Tunquin, la Cochinchine, le
Pegu , & Siam, comme je l'ay dit.

Voss. in Mel. lib. 1. cap. 2.

Ptol. lib. 6. cap. 3. Tab. XI. Asia. Amm. Marc. lib. 23. cap. 6.

Ces Sinois ou Chinois anciens n'é-
toient pas si sauvages, & si insociables que les Seres : ils étoient au contraire grands navigateurs, & fort ad-
donnez au trafic. On trouve dans toutes les côtes, qui environnent la mer
des Indes, des traces de leurs courses : on en trouve dans le continent
de l'Afrique, dans l'Arabie, & dans
les Indes, marquées par le Geographe *Geogr.*
de Nubie. Ces peuples reconnois- *Nub.*
soient les Indiens pour leurs maîtres *Clim.* 1.
dans les sciences, & dans les beaux *Part.* 6.
arts; & Confutius n'avoit pas de hon- *& 8 &*
te d'avoüer qu'il avoit appris la philo- *10. &*
sophie des Brachmanes ; & il me seroit *Clim.* 2.
aisé de faire voir, qu'il faut chercher *Part.* 6.
dans l'Egypte la source de l'érudition
Indienne & Chinoise. Comme ces pays
ont été bien plus frequentez dans ces
derniers tems par les occidentaux,
qu'ils ne l'étoient alors, on en tire les
mêmes marchandises, que l'on en tiroit, & beaucoup d'autres encore.
Arrien dans son Periple de la mer
Erythrée, & d'autres auteurs, ont
marqué les principales marchandises,
qui venoient des Indes de leur tems.
Mais les navigations modernes, les

Portugais, les Hólandois, & les A
glois, plus induftrieux, plus hard
& peut-être plus avides, ont pe
tré plus avant par le fecours de
bouffole, ont fait de nouvelles déco
vertes, & des régions, & de ma
chandifes; & ont acquis de bien plu
grandes richeffes.

CHAPITRE LIV.

1. *Routes principales de l'Occident aux Indes.* 2. *Anciens voyages fait aux Indes par Bacchus, Hercule, Semiramis, Cyrus, Sesostris, Hippalus, Ctesias.* 3. *Etenduë donnée aux Indes par les Anciens.* 4. *Indes peu connuës des Anciens, même long-tems aprè. Alexandre :* 5. *peu connuës même de Megasthene.* 6. *Les relations des Grecs sur les affaires des Indes ont été peu sinceres. Megasthene, Daimachus, Onesicrite, Patroclés.* 7. *Ptolemée Philadelphe, mieux instruit des affaires des Indes, que ses pédécesseurs.*

1. APrès avoir parlé des lieux principaux, où se faisoit autrefois le trafic des Indes, l'ordre veut que nous indiquions, sinon dans un détail exact, au moins par une déscription sommaire, les grandes & principales routes, par où les marchandises de ces pays-là, venoient

Aa 4

dans l'Occident. Il ne faut pas espe-
rer de parvenir à les connoître par
celles qui ont été ouvertes & suivies
de nos jours. Tavernier dans les relations de ses voyages des Indes, en a
décrit six toutes differentes, qu'il a
pratiquées ; & il a apporté assez
d'exactitude dans son recit, & même
assez de bonne foy ; ce qui est assez
rare dans les voyageurs. On en peut
trouver quelques autres encore ; mais
il s'agit ici des routes qu'ont tenuës
les anciens ; & les histoires qu'ils nous
ont laissées, ne nous donnent pas
beaucoup de secours pour cette recherche.

2. Les plus anciens voyages qui se
soient faits des parties occidentales aux
Indes, ont été ceux des Egyptiens ; &
ces voyages se font faits par le golfe
Arabique, & par la mer Rouge. La
conquête que Bacchus fit des Indes,
toute fabuleuse qu'elle est, marque ces
expeditions des Egyptiens : car on sçait
que le Bacchus des Grecs est l'Osiris
des Egyptiens. Et comme les Tyriens
ont aussi navigé par le golfe Arabique
dans la mer Rouge, il y a apparence
que de-là est venuë la fable de l'ex-

pedition d'Hercule aux Indes ; car
on fçait auffi que les Tyriens avoient
leur Hercule. Je n'appelle point voyages les expeditions de Semiramis, &
de Cyrus, contre les Indiens leurs
voifins, fur les fontieres de leurs états.
Outre que ce que l'on raporte de cette entreprife de Semiramis, a paru fort
incertain ; & que celle de Cyrus ne
l'eft guere moins. Ces conquêtes que
Sefoftris poussa jufqu'aux Indes, furent maritimes, & pour les faire il
s'embarqua dans le golfe Arabique,
fur une flotte de quatre cens navires.
On lui attribuë même l'invention des
vaiffeaux longs. Le Periple de la mer
Rouge, qui porte le nom d'Arrien,
fait mention d'un ancien pilote, nommé Hippalus, qui partant d'Arabie
pour aller aux Indes, fans s'amufer à
fuivre les côtes, comme on faifoit
auparavant, poussé d'un vent de Sud-
oüeft, prit la pleine mer, & fit heu-
reufement le trajet, par un chemin
bien plus court. Son exemple fut fuivi avec tant de fuccez que ce vent
de Sud-oüeft, qui étoit fi commode
pour le voyage des Indes, prit fon
nom, & fut appellé Hippalus. Les

Grecs auroient pû savoir quelque chose de l'Etat des Indes avant Alexandre, par les relations de Ctesias, qui pût s'en instruire dans le long séjour qu'il fit en Perse, en qualité de Medecin, si l'on avoit pû ajoûter foi à ce qu'il en a écrit. Mais sentant le peu de vrai-semblance, qui paroissoit dans la plûpart de ses récits, il a crû les avoir suffisamment établis en disant qu'il parle sur la foi de ses propres yeux, ou de témoins dignes de foi : mais en cela même il a bien pû déguiser la verité, s'il l'a déguisée dans le reste ; & cette protestation n'a pas rendu les lecteurs plus crédules. Les Perses, de qui il avoit appris ces choses, purent bien le tromper, & lui faire de faux rapports. Il a donc été traité *Aristot.* de menteur, & d'auteur fabuleux, par *Animal.* Aristote, & par Photius.
lib. 8. *cap.*
28. *Phot.* 2. Il faut remarquer cependant,
Tmem. 22 que par l'étenduë qu'il a donnée aux Indes, en disant qu'elles étoient égales au reste de l'Asie, ce qui se confirme par les Tables de Ptolemée, il paroît que dés ce tems-là, on ne les bornoit pas au Gange, & qu'on les étendoit bien plus loin vers l'Orient,

& qu'il n'a pas mérité en cela d'être repris par Arrien, qui lui préfere le *Arrian* *Indic.* sentiment d'Oneficrite, prétendant que les Indes ne font que le tiers de l'Afie; ce qui n'étoit vrai que des Indes, qui avoient été parcourruës de fon tems par Alexandre. Mais en parlant abfolument des Indes, & de toute leur étenduë, le fentiment de Ctefias eft très-véritable.

4. Après la conquête d'Alexandre, qui fe termina au fleuve Hypanis, ou, comme d'autres l'appellent, Hyphafis, entre l'Indus & le Gange, & la navigation que firent par fes ordres Nearque & Oneficrite, depuis l'embouchure de l'Indus jufqu'à l'Euphrate, l'hiftoire ne nous apprend point quel ufage l'on fit de tant de nouvelles découvertes, ni de quelles autres elles furent immediatement fuivies. Arrien ne diffimule point dans le traité qu'il a fait des affaires des Indes, qu'il ne connoiffoit rien au-delà de l'Hyphafis, & que peu d'autres ont parlé des peuples fituez fur le Gange, & de fon embouchure.

5. Les rapports des foldats d'Alexandre furent peu fidéles, & ils s'apli-

quérent bien plus à dire des choses sur-
prenantes, que des choses véritables :
& ceux qui vinrent après eux, n'ont
pas été de meilleure foi. Arrien même,
qui a écrit l'expedition d'Alexandre,
traite de fables la plûpart de ces
merveilles des Indes, qui sont tant
vantées : & il ne croit pas que Megasthene, qui vécût à peu-près du tems
d'Alexandre, & qui passa au service
de quelques Rois des Indes, ait beaucoup parcouru cette région; quoi qu'il
l'ait toutefois plus visité que les soldats
d'Alexandre. Rien ne fait mieux voir
leur vanité outrée, & le peu de fidelité de leurs récits, que la lettre de Cra-
terus, qui fut un des généraux d'Alexandre, par la quelle il mandoit à sa
mere qu'Alexandre avoit été jusqu'au
Gange, & qu'il l'y avoit accompagné;
à quoi il ajoûtoit une description de
ce fleuve faite à plaisir, & fort éloignée de la verité; quoi qu'il soit très-
constant qu'Alexandre ne vit point le
Gange, & ne passa point l'Hypanis.
Or ce Megasthene accuse de fausseté
toutes les relations des Indes, qui
avoient paru avant lui; parce que, dit-
il, aucune armée étrangere n'avoit pé-

Arrian.
Expd.
lib. 5.
& Indic.

netré dans leur pays avant Alexandre ;
& qu'aucune n'étoit sortie de chez eux
pour envahir les étrangers. Il ne convient pas que Sesostris, ni Nabuchodo-
nosor, ni Tearcon, ni Indathyrsus, ni
Semiramis ayent porté leurs armes jusques dans les Indes. Il ne desavouë pas
tout-à-fait l'expedition de Bacchus ;
quoi qu'il s'appuye sur de fort légeres
conjectures : & quant à ce qui se dit
d'Hercule, il supçonne qu'il le faut entendre de quelque Prince voisin des Indes : & les Indiens même veulent qu'il
ait été leur compatriote. Mais Eratho-
sthene traite tout cela de pures fictions,
controuvées par les Grecs, suivant le génie de leur nation ; en quoi il a été
suivi par Strabon.

6. Mais ce Megasthene qui a si peu *Strab.*
de foi aux autres, n'en mérite pas beau- *lib. 5.*
coup lui-même, au jugement de Stra-
bon, qui dit nettement que tous ceux *Strab. lib.*
qui ont écrit des affaires des Indes, *2. & 15.*
n'ont pas été sinceres. Il met à leur
tête Daimachus ; il le fait suivre de près
par Megasthene ; & il met Onesicrite
au troisiéme rang ; quoi qu'il ne nie pas
qu'il ne se trouve quelque vrai-semblance dans ses récits. Mais il vante fort la

fidelité de Patroclés, qui commanda
cette flotte de Seleucus, & d'Antiochus, qui parcourut la mer Caspienne; & qui avoit écrit sur les memoires mêmes qu'Alexandre avoit vûs.

7. Ptolemée Philadelphe, Roi d'E-
gypte, pour l'interêt de son Etat, &
pour la satisfaction de son esprit curieux, en établissant des navigations
réglées aux Indes, & y joignant des
gens capables, tels que ce savant Mathematicien Dionysius, qui en laissa
des memoires, pût bien s'instruire
plus particulierement des Indes, que
ceux qui l'avoient precedé : & Era-
thosthene, qui fleurissoit dans Alexandrie environ cent ans après Alexandre, profita sans doute de ces navigations, pour connoître exactement
l'étenduë des Indes, & pour en com-
poser un traité, qui mérita la créance
du public. Il s'en falloit beaucoup qu'il
ne fut aussi intelligent dans la geographie de l'Occident, où il a fait plusieurs fautes, que Strabon a relevées,
mais pour celle de l'Orient, dont la connoissance se pouvoit acquerir par les
navigations d'Egypte, personne ne l'a
surpassé.

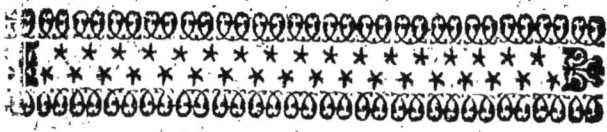

CHAPITRE LV.

Avant le tems d'Auguste, on ne con-
noissoit presque point d'autre route pour
aller aux Indes, que par la mer Rouge.
2. Description plus particuliere de cet-
te route des Indes par la mer Rouge.

CE font là les traces qui nous
reftent du commerce que l'Occident eût avec l'Orient avant le tems
d'Auguste, & des routes qui conduifoient de l'un à l'autre, & qui fe ré-
duifoient à la navigation qui fe faifoit de l'Egypte aux Indes par la mer
Rouge. Et afin que l'on ne croye
pas que la perte des monumens anti-
ques nous en ait ôté la connoiffance,
il faut entendre ce qu'en dit Strabon, *Strab.*
qui vêcut fous Auguste, & écrivit *lib. 15.*
vers le commencement de l'Empire
de Tibere, l'excellent ouvrage qu'il
nous a laiffé. Il prépare le lecteur à
fa defcription des Indes, en difant

que de son tems peu de gens les
avoient vûës, à cause de leur éloignement ; que ceux qui les avoient
vûës, n'en avoient vû qu'une partie,
& seulement en passant assez legé-
rement, & n'avoient connu le reste
que sur la parole d'autruy ; & qu'ils
faisoient même souvent des rapports
differens d'une même chose, comme
il étoit arrivé aux soldats d'Alexandre ; & que tous cependant, quoique contraires les uns aux autres, pro-
testent de n'avoir rien avancé qu'ils ne
connussent avec certitude. Il dit ailleurs, que du nombre des marchands qui
alloient de l'Egypte aux Indes, fort
peu pénétroient jusques au Gange ;
& que ceux-là même étoient gens
grossiers & ignorans, fort peu capables de prendre une connoissance juste des choses qu'ils voyoient, que
ces ambassadeurs qui furent envoyez
à Auguste avec des presens par des
Rois Indiens, ne venant que d'un
seul canton des Indiens qui sont si
vastes, ne pouvoient pas en donner
une parfaite & entiere connoissance.
Strab. Il dit en un autre endroit, que tout
lib. 7. cet espace qui étoit depuis l'Elbe,
jusqu'à

jufqu'à l'Ocean oriental ; & que toute la côte de cet Ocean, jufqu'à l'embouchure de la mer Cafpie, étoient
entierement inconnus de fon tems ;
& que, ni par mer, ni par terre, aucun des Romains n'avoit été au-delà
de l'Elbe. Cette opinion que les Anciens avoient de la mer Cafpie, comme d'un golfe de l'Ocean, eft une
marque bien expreffe de l'extrême
ignorance où ils étoient de l'Ocean
Scythique. Et cette ignorance a paffé
jufqu'au tems de Pline. Et lui cepen- *Plin. lib.*
dant, & Mela, nous reprefentent les *6. c. 17.*
contrées voifines de cet Ocean, com- *Mel. lib.* 3.
me impenetrables & impraticables ; *cap. 7.*
ou pour la barbarie des habitans, qui
mangent les hommes, ou pour la ferocité des bêtes qui les dévorent, ou
pour les néges dont elles font couvertes, ou pour les affreufes folitu-
des, ou pour les difficultez infurmon-
tables des chemins. Comment donc
les Anciens ayant une telle opinion de
la difpofition de ces lieux, auroient-
ils crû que des marchands euffent pû
traverfer de telles régions, & y établir
des retraites certaines, & des entrepôts affurez ?

B b

2. Cette route par la mer Rouge, est celle de toutes les anciennes, dont la certitude peut être la moins contestée. Nearque, & Onesicrite, en avoient parcouru, par ordre d'Alexandre, la partie la plus orientale, allant de l'Indus à l'Euphrate. Pline l'a décrite, & en a marqué les principales stations. Arrien dans ses Indiques s'est étendu davantage, en raportant ce voyage, & n'a rien obmis des lieux où abordérent ces Generaux, & de leur situation. Quand Pline a donc dit, que la description qu'ils ont faite de cette navigation, ne marque point les lieux, ni les distances, il a sans doute parlé des extraits que Juba en avoit faits, & qu'il paroît avoir eûs devant les yeux, en composant son récit. Cette navigation dura sept mois. Pline ajoûte que la route, que l'on tint depuis, pour aller de l'Egypte aux Indes, commençoit à ce Cap d'Arabie, nommé autrefois Syagrus, & maintenant Cap Fartak, pour aborder à Patale, située sur une des embouchures de l'Indus. Ce Cap étoit vrai-semblablement le rendez-vous des vaisseaux, qui venoient du golfe Arabique, &

Plin. lib. 6. cap.23.

du golfe Perfique ; c'eft-à-dire, des
pays occupez par les fucceffeurs d'A-
lexandre , & dans l'Egypte , & dans
l'Afie. Quoique ce trajet fût affez court,
on l'abregea encore, felon Pline, en *Plin. lib.*
partant du Cap de Syagrus, pour abor- *6. cap. 2 ﾃ*
der au port de Zigerus, fitué dans les
Indes, & plus occidental que Patale.
Suivons toûjours Pline , qui dit, que
cette route fut long-tems pratiquée,
jufqu'à ce que les marchands avides
d'un plus grand gain , cherchérent
d'autres voyes , pour s'attirer les richeffes des Indes. Ptolemée Philadelphe commença à s'y appliquer : &
les Romains s'étant rendus maîtres de
l'Egypte, fe rendirent auffi maîtres de
tout le commerce qu'elle faifoit aux
Indes, & y envoyérent reglément des
flottes tous les ans. Pline décrit exactement la route que tenoient les marchands Romains , allans d'Alexandrie
jufqu'au port de Berenice fur le golfe
Arabique. Ils partoient de-là vers le
milieu de l'été , & alloient toucher à
Ocelis, port d'Arabie, à l'extrêmité
du même golfe ; ou à celui de Cana,
un peu plus oriental , dans la même
contrée. Il parle auffi du port de Muza,

situé au-deſſus d'Ocelis, & ſur la même côte ; mais dont le commerce ne
conſiſtoit que dans le débit de l'encens,
& des autres aromates de l'Arabie, &
n'alloit point aux Indes. Mais pour
ceux qui y alloient, le mieux étoit de
partir d'Ocelis, & d'aller ſurgir au port
de Muziris dans les Indes ; ou au port
de Barace, qui n'en eſt pas fort éloigné. Et lorſque Pline ajoûte, que les
noms de ces lieux étoient inconnus
avant ſon tems, il donne aſſez à entendre que ces routes étoient nouvelles, & avoient été découvertes par les
Romains. Et il conclut enfin ce diſ-
cours, en diſant que les flottes revenoient des Indes vers le ſoltice d'hyver
de la même année du départ. Ce que
je vois de plus remarquable dans tout
ce traité de Pline, c'eſt ce qu'il dit,
qu'il n'y avoit point d'année que les
Romains ne portaſſent aux Indes du
moins pour cinq millions de marchandiſes, & qu'on ne gagnât le centuple
ſur celles qu'on en raportoit.

CHAPITRE LVI.

1. *Route par le détroit de Waigats, in-*
connuë aux Anciens. 2. *Opinion des*
Anciens sur la jonction de la mer Sep-
tentrionale de l'Asie avec la mer Cas-
pienne. 3. *Route de la Moscovie à la*
Chine. 4. *Route des Indes par Sa-*
marcande. 5. *Route des Indes par Bo-*
gar. 6. *Route des Indes par le pays*
des Ariens. 7. *Route des Indes par le*
pays des Saces. 8. *Route des Indes*
par Cabul. 9. *Route des Indes par*
Candahar. 10. *Itineraire des Indes*
de Solin. 11. *Route des Sesates, al-*
lans à la ville de Thina. 12. *Signi-*
fication du nom du mont Taurus, &
son étenduë.

1. APrès cette route si commune,
& si frequentée, la seule qui
se presente est celle que l'on pourroit croire avoir été faite par la mer

Bb 3

Septentrionale, entre l'Orient & l'Occident. Mais il ne paroît point par les Livres des anciens Geographes, qu'ils ayent eu le moindre soupçon de ces routes, que l'on a tentées dans ces derniers tems, par le détroit de Waigats, & la nouvelle Zemble, pour passer des mers d'Occident dans celles d'Orient. Car de s'imaginer que ces marchands Indiens, qui furent jettez par la tempête sur la côte de Germanie, & presentez par le Roi des Sueves, au Proconsul Metellus Celer, seroient venus par cette Mer, & par ce passage, ce seroit s'exposer à l'illusion, comme je l'ai fait voir ci-dessus.

2. Il est certain, que les Anciens avoient d'étranges opinions sur la disposition de cette partie septentrionale de l'Asie. Ils croyoient que la mer Caspienne étoit un golfe de l'Ocean Scythique, c'est-à-dire, de la mer septentrionale de l'Asie, & que ces deux mers se joignoient par un canal assez étroit, mais assez large pour donner passage aux vaisseaux qui alloient de la mer Caspienne aux Indes. J'ai fait voir cependant dans mes Animad-

versions sur le Poëte Manile, qu'il y *Animadv.*
a sujet de s'étonner, que ces Auteurs *in Manil.*
ayent pû se coëffer d'une si folle créan- *lib. 4. v.*
ce, après le témoignage d'Herodote, *644.*
qui assure formellement le contraire.
Pline en parle, après Strabon, com- *Plin.lib.6.*
me d'une opinion reçûë communé- *cap. 17.*
ment de son tems ; & donne à enten- *Strab. lib.*
dre que Seleucus & Antiochus, qui *2. 7. &11.*
succedérent à Alexandre, firent ce
trajet sous la conduite de Patroclés.
Les Anciens, suivant cette opinion,
n'ont pas eu de peine à croire, que
tout le commerce de la partie septentrionale & maritime des Indes, & de
la mer Caspienne, où de si grandes
routes, & de si grands fleuves abou-
tissent, a pû passer dans l'Occident
par l'Ocean Scythique, raisonnans sur
la fausse supposition de la jonction de
de ces deux mers.

3. Si des routes de mer nous pas-
sons maintenant à celles de terre, en
commençant par celles du Nord, on
pourra soupçonner sans temerité que
les Anciens ont entretenu quelque commerce entre la partie septentrionale
de l'Asie, avec celle de l'Europe : comme nous avons sçû dans ces derniers

Bb 4

tems, que les frontiéres des Etats de l'Empire de Moscovie approchent des frontiéres de l'Empire de la Chine, & que les Ambassadeurs du Czar, faisant ce trajet en l'année 1659. avoient passé au nord du Royaume de Boutan, au travers de la grande Tartarie ; & que dés l'année 1619. un autre Moscovite avoit fait le même voyage, dont on voit une relation fort détaillée : route qui vrai-semblablement n'étoit pas nouvelle aux Moscovites, & qu'ils pratiquoient depuis long-tems. Ce soupçon pût encore être fortifié par la connoissance que nous avons, que les marchands de Russie entretenoient encore un commerce reglé avec la Chine, par Astracan, & la mer Caspie, & par Bogar au-dessus de l'Oxus, comme je le dirai en son lieu. Je ne descendrai point jusqu'aux voyages, qui se sont faits depuis aux Indes, à la Chine, & en Tartarie, par Benjamin le Navarrois, Marc Paul, Rubruquis, Plancarpin, Haython, & autres ; car je ne parle que des voyages anciens ; & je n'ai parlé de ceux des Moscovites à la Chine, que parce qu'ils nous découvrent

une route, qui a vrai-semblablement
été pratiquée par les Anciens. Je ne
descendrai point non plus dans ces
voyages, qu'on dit être assez ordinaires aux Turcs, partans de Constantinople, & traversans la Perse, &
les Indes, pour arriver à la Chine ; ni
dans ceux qui se font faits des Indes
à Ormus, & par le golfe Persique à
Bassora sur l'Euphrate, d'où les marchandises des Indes étoient transportées, par caravanes, dans le reste de
l'Asie, & par Alep, par le Caire, &
par Alexandrie, dans toute l'Europe ; ni dans ceux encore qui se faisoient auparavant, des Indes au travers de la Perse, jusqu'à Antioche,
dont les Palmyreniens faisoient les voitures, & entretenoient le negoce,
pendant que leur Etat étoit florissant ;
d'où elles venoient dans la mer Mediterranée ; ni enfin dans ceux qui se
faisoient par mer à Aden dans l'Arabie, & de-là dans l'Egypte. Si cette
route de la Moscovie à la Chine a été
frequentée par les Anciens, comme
il est assez probable, c'est la plus septentrionale de toutes celles qui se font
pratiquées reglément par terre. Je

dis reglément , car il seroit inutile
& même impossible , de rapporter
toutes les routes particulieres , qui ont
été suivies par des avanturiers que le
hazard , ou la curiosité , ont écartez
des grands chemins ; ou par des voyageurs plus hardis , & mieux instruits
de l'état des Pays qu'ils vouloient traverser.

4. La route , qui du côté du Midi
approchoit davantage de celle qui alloit de la Moscovie à la Chine , étoit
celle de Samarcande , capitale de la
Transoxiane , située au-delà de l'Oxus.
C'étoit par cette riviere que la ville
de Samarcande , qui n'en étoit pas
fort éloignée , faisoit son commerce
vers l'Occident , & suivant le cours
de l'Oxus , par la mer Caspie , & de
là dans le Volga , & ensuite dans tout
le Nord occidental. Si l'on conside-
re cette route , & celles dont je parlerai dans la suite , qui peuvent se
servir de la mer Caspie , & du Volga,
on verra que par cette voye , sans
entrer dans l'Ocean , on pourroit aller de la Chine en Espagne , & lier
l'Orient avec l'Occident , partant de
l'extrêmité orientale , pour gagner

l'Oxus, & enfuite le Volga, que l'on pourroit joindre au Tanaïs, là où ils s'approchent davantage, par une tranchée de fix lieües d'Allemagne ; & par le Tanaïs, gagnant le Pont Euxin, on pourroit aller par la mer Mediterranée, jufqu'à Gibraltar. Strabon *Strab. lib.* nous indique une autre route par la *11.* mer Cafpie, plus courte que celle du Volga, pour rencôntrer le Pont Euxin, en tirant vers l'Albanie, qui eft au couchant de cette Mer, entrant dans le fleuve Cyrus, & remontant vers fa fource. Et Pline fur le témoi- *Plin. lib. 6.* gnage de Varron, nous apprend que *cap. 17.* Pompée voulant s'affurer de cette route, connut que venant des Indes par l'Oxus dans la mer Cafpie, on pouvoit entrer dans l'embouchure du Cyrus, & en le remontant, s'approcher du Phafe, à cinq journées près, & y tranfporter par terre les marchandifes, qui feroient venuës par le Cyrus. Je dis les marchandifes, & non pas, comme dit Solin, les bateaux *Solin. cap.* même dont on fe feroit fervi. La *19.* voye que Seleucus Nicator avoit imaginée, au rapport de Pline, qui alle- *Plin. lib. 6.* gue l'Empereur Claude pour fon ga- *cap. 11.*

rant, pour joindre l'Afie à l'Europe
& la mer Cafpienne au Pont Euxin,
en tirant un canal du Bofphore Cimmerien à la mer Cafpie , auroit encore abregé de grands détours, fi elle
avoit été praticable dans une fi grande
diftance , & au travers de tant d'ob-
ftacles.

5. Bogar approchoit encore davantage de l'Oxus, & s'en fervoit utilé-
ment pour fon trafic. Samarcande,
qui s'étoit agrandie & enrichie dans
fon voifinage , & avoit affoibli fon
commerce , ne l'avoit pourtant pas entierement détruit ; & elle voyoit aborder d'un côté des marchands du Cathay, de la Chine, & des Indes, tant
au-delà qu'au-deçà du Gange , & de
la Perfe ; & d'un autre côté les Mofcovites allans à la Chine, & y entre-
tenans un commerce reglé. Le temps
a apporté de grands changemens à la
difpofition de ces lieux. Car fuivant
la Relation du voyage de Jenkinfon,
on a fi fort affoibli le cours de l'Oxus,
par les diverfes coupures, & par tous
les canaux qu'on en a tirez, pour ab-
breuver ces terres alterées , que la force lui manquant, pour fe rendre dans

mer, il a perdu son nom, en tombant dans une autre riviere : semblable en cela au Rhin, d'où l'on a tiré tant de canaux dans sa course, qu'à peine connoît-on son ancienne & veritable embouchure. La même chose est aussi arrivée à la riviere de Sogde, voisine de l'Oxus.

6. Ammien Marcellin designe assez *Amm.* confusément une autre route, qui al- *Marcell.* loit du pays des Ariens, situez à l'é- *lib. 23.* gard des Seres entre le Septentrion & *cap. 6.* l'Occident, jusqu'à la mer Caspienne. Il marque le fleuve Arias, traversant cette region, & portant bateaux. Puis il ajoûte, que de ce Pays on parvient à la mer Caspienne, par une navigation de près de cent lieuës. Je ne vois point cependant d'autre fleuve sur lequel on ait pû faire cette navigation que l'Oxus, dans lequel se déchargeoit quelque fleuve des Ariens, comme le Zariaspe, suivant le témoignage de Strabon. *Strab. lib. 11.*

7. Ce même Marcellin nous trace encore un autre chemin, peu éloigné *Amm.* du precedent, venant du pays des Se- *Marc. lib.* res, & traversant dans une grande *23. cap.6.* longueur le pays des Saces, nation

farouche, & fans aucunes villes. L'A-
raxate & le Dymas, deux fleuves navigables, fe prefentent dans cette route, fous les monts Sogdiens; & après
avoir formé le grand marais Oxien
vont fe décharger dans l'Oxus, felon
la delineation de Ptolemée.

8. La route de Cabul tendoit au Midi, par une riviere voifine, qui tom-
boit dans l'Indus, & par là dans la mer
Indique. L'on y portoit les aromates
& les autres marchandifes des Indes
qui étoient deftinées pour le Midi. Il
s'y faifoit un grand debit de troupeaux
entre les Scythes, qui en étoient voifins; & les Perfes; & encore aujour-
d'hui c'eft là que les Usbeques, habitans de l'ancienne Bactriane, & de
l'ancienne Parthie, viennent trafiquer
de leurs chevaux en très-grand nombre, comme il eft aifé de l'imaginer
par le voifinage des Tartares, & des
Perfes, peuples adonnez dans tous les
tems, & de paix, & de guerre, à l'entretien des chevaux.

9. En defcendant vers le Midi, on
tombe dans la grande route de Candahar, par où s'entretient le commerce entre la Perfe & les Indes. Cette

ville, qui eſt aujourd'hui ſous l'Empi-
b des Perſes, ſe trouvant ſituée où
Ptolemée place Alexandrie, l'une de *Ptol. Aſ.*
des villes qu'Alexandre bâtit dans le *Tab. 7.*
cours de ſes conquêtes, pour en être
des monumens certains dans l'avenir.
Le nom même de Candahar pourroit
appuyer cette conjecture, en le déri-
vant de celui d'Alexandre, que les
Orientaux, plus recens, ont défiguré
en celui d'Iſcander. Mais il y a bien
plus d'aparence qu'il vient du nom des
Candariens, peuple ſitué ſur l'Oxus,
près du lieu où eſt placée la ville de Candahar. Cette route a beaucoup perdu
de ſes pratiques, depuis que les peuples
d'Occident ont fait le commerce entre
la Perſe & les Indes, par la voye de la
mer. Elle retient pourtant encore une
partie de ſon luſtre; les caravanes d'Iſ-
pahan & d'Agra, ne trouvant point
de chemin plus commode que par Candahar. Celles qui viennent des parties
ſeptentrionales de la Perſe, auxquelles
ſe joignent ſouvent des marchands,
chargez de denrées, venuës par la mer
Noire, & par la mer Caſpienne, & de
celles de Mengrelie, c'eſt-à-dire, de
l'ancienne Colchide, qui conſiſtoient

principalement en fer & en acier, dont
se fournit encore aujourd'hui toute la
Turquie : sans parler de l'argent & de
l'or qui y attira les anciens Argonautes;
des fruits de la terre & des bleds, de la
cire & du miel, du chanvre & du lin,
de la poix, & des bois necessaires pour
la navigation; ces caravanes, dis-je,
vont tomber dans cette route de Candahar, sans s'avancer jusqu'à Ispahan,
& aux parties méridionales de la Perse.
Il est croyable, que les caravanes de
Tauris, qui alloient au Levant, prenoient la même route, & se joignoient
à celles-là. Cette Ville étoit fort marchande en pierreries, en draps d'or & de
soye, & autres marchandises de prix, &
le commerce y attiroit des négocians de
l'Europe, de toute l'Asie, & des Indes.

10. Solin promet dans le titre de
son cinquante-quatriéme chapitre un
itineraire des Indes. Mais outre qu'il
s'y trompe souvent, comme Saumaise
l'a remarqué, il n'a pas entrepris de
désigner une route reglée & exacte,
qui conduisit des Indes vers l'Occident,
mais de faire un dénombrement géo-
graphique des Provinces, situées entre
les Indes & l'Arabie; comme il paroît
claire-

clairement par la même defcription, qui eft dans Pline, & qu'il a compilée peu fidelement.

Plin. lib. 6. cap. 23.

11. Il ne faut pas non plus s'arrêter à ce qu'a écrit Arrien dans fon Periple, de la fituation de cette grande ville de Thina, capitale de la Chine, & du chemin que prennent les marchands qui en reviennent : car on voit clairement, qu'il a très-mal entendu cette géographie orientale ; & que cet autre Arrien, qui a écrit des affaires des Indes, a eu grande raifon de dire qu'il ne connoiffoit rien au-delà du Gange. L'auteur du Periple place cette ville de Thina fous la petite Ourfe, c'eft-à-dire près du Pole; ce qui marque, comme je l'ay dit, une extrême ignorance, & eft d'une intolerable abfurdité. Il ajoûte que l'on porte par terre les marchandifes de cette ville, qui font de la laine, du fil, & des draps de foye, par la ville de Bactres à Barygaze; & qu'on les reporte de-là à Limyrica par le Gange. Cela eft très-different de la fituation que Ptolemée a donnée à tous ces lieux, car il met une diftance de 23 dégrez de latitude en-

C c

tre Baétres & Barygace ; & 25. dégrez de longitude entre Limyrica &
le Gange. Ce qu'on peut recüeillir
de plus certain de ce récit, c'eſt que
les Seſates alloient tous les ans par caravanes aux confins de la ville de Thina, pour y porter leurs marchandiſes;
& que ſi ces Seſates ſont les mêmes
que les Baſades, marquez par Ptolemée; comme Stuckius l'a conjecturé
avec beaucoup de vrai-ſemblance, la
route qu'ils tenoient pour aller à la
ville de Thina, n'étoit pas d'une grande longueur, puiſqu'ils étoient ſituez
à l'orient du Gange.

Ptol. lib.
7. cap. 2.
Tab. xi.
Aſia.

12. Et parce que dans cette déſcrip-
tion des Indes, & des provinces de
l'Aſie, l'on trouve par tout le mont
Taurus , & ſouvent confondu avec
d'autres montagnes, il eſt bon d'aver-
tir le lecteur , que le nom du mont
Taurus , vient du mot general טור
qui dans la langue Chaldaïque ſignifie
Montagnes, & ſe peut donner à toutes les montagnes du monde. Les
Grecs même ont reconnu cette ſigni-
fication, & Diodore de Sicile ſemble
donner pour ſynonimes, *Taurus*, &
λόφος qui ſignifie *Colline*. Il ne faut

donc pas s'étonner , fi on trouve le mot de *Taurus* appliqué à toutes les parties de cette grande chaîne de montagnes qui s'étendent depuis la mer orientale de l'Afie , jufqu'à la mer de Pamphylie. Cela donne lieu à l'intelligence d'un paffage de Mela, qui eft corrompu , & par là mal entendu. *Mela lib. cap. 15,*

Il dit que cette montagne ayant commencé à la mer d'Orient de s'élever, & s'étant étenduë à droite & à gauche vers l'Occident , vient enfin aboutir à l'autre mer. Puis il adjoûte ces paroles, *Idem autem & totus , ut dictus eft , dicitur, etiamque fpectat orientem; deindè Emodes , & Caucafus , & Paropamifus.* Les Interpretes fe tourmentent fort là-deffus. Leur peine cefferoit , & ils verroient clair dans l'obfcurité de ce paffage , fi au lieu du mot *totus*, ils avoient lû *Torus.* Mela veut dire que cette montagne en s'approchant de l'Orient , retient le nom de *Torus*, qu'elle avoit dés la côte de Pamphylie ; & qu'elle porte cependant dans fa courfe les autres noms d'Emode , de Caucafe, & de Paropamife. Le nom de *Torus* eft le même que celui de *Taurus*. Car le mot original de

שׁוֹר se peut exprimer en grec par *To-rus*, & par *Taurus*, & les Grecs ont choisi le dernier, parce qu'il est plus commun dans leur langue. Cela est justifié nettement par le témoignage de Polybe, qui en parlant d'une colline de Sicile, dit qu'on l'appelloit *Torus*. De même que Diodore dit que la colline de Sicile sur laquelle étoit bâtie la ville de Taurominium, s'appelloit *Taurus*.

Polyb. lib. 1.

Diodor. lib. 14.

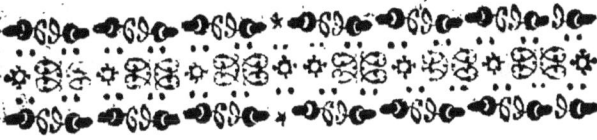

CHAPITRE LVII.

1. *Suite du commerce des Romains après Auguste ; 2. sous Tibere & Caligula, & par les soins de Drusus, pere de l'Empereur Claude ; 3. sous Claude ; 4. sous Neron ; 5. sous Galba, Othon, & Vitellius ; sous Vespasien ; 6. sous Tite, Domitien, & Nerva ; sous Trajan ; 7. sous Adrien ; sous Antonin le Débonnaire ; 8. sous Antonin le Philosophe ; 9. sous Pertinax ; 10. sous Severe ; 11. sous Caracalla ; 12. sous Alexandre Severe ; 13. sous Maximin ; 14. sous Aurelien ; 15. sous Claude ; 16. sous Firmus & Saturninus ; 17. sous Probus ; 18. sous Diocletien : Saxons : Rivage Saxonique : 19. & sous Constantin.*

1. AYANT exposé ci-dessus l'histoire du commerce des Romains jusqu'au tems d'Auguste, je

Cc 3

dois rendre raison de celui qu'ils entretinrent dans la suite sous leurs Empereurs, jusqu'à la décadence de l'Empire. J'ai représenté l'état florissant où il fut porté sous la longue & heureuse domination d'Auguste. J'ay fait voir *Strab.* par le témoignage de Strabon, qu'il *lib. 17.* partoit de son tems de très-grandes flottes, de la mer Rouge, pour le commerce des Indes, & de l'Ethiopie; qui en rapportoient de très-riches denrées, que l'on transportoit *Plin. lib.* ensuite à Alexandrie. Pline ajoûte que *6. cap. 13.* dans son siecle cette navigation se faisoit tous les ans par les Romains, en tenant la même route qu'avoient tenuë les vaisseaux d'Alexandre.

2. L'histoire ne nous apprend point en détail que le commerce ait pris aucun accroissement sous Tibere. Elle nous apprend seulement, que ce Prince ayant porté les armes Romaines au travers de l'Allemagne, jusques sur les bords de l'Elbe; tandis que sa flotte, après avoir parcouru l'ocean septentrional, inconnu jusqu'alors aux Romains, remonta ce fleuve, & se joignit à son armée. Caligula, Prince extravagant & écervelé, fit sem-

blant d'avoir achevé de fubjuguer l'Angleterre, fans même y être entré. Il fit bâtir une haute tour fur le rivage oppofé, du côté de l'Allemagne, pour fervir de Phare, comme un monument de fa victoire. Et pour faire plus de parade de cette victoire, il fit porter par terre vers Rome les galeres dont il s'étoit fervi fur cette mer. Il fe preparoit même un grand triomphe, quoi que toute fon expedition fe fût terminée à ramaffer quelques coquillages. Il fit préparer quelques flottes dans la fuite, non pas pour la guerre, ni pour le commerce; mais pour s'enfuïr & abandonner l'Italie, fur les nouvelles qui lui vinrent de quelque révolte en Allemagne : qui pour le dire en paffant, ne paroît point s'être àddonnée à la pratique de la mer : quelques pillards feulement couroient le bon bord, fans s'éloigner des côtes, & fe fervant feulement de canots tout d'une piece, mais quelquefois affez grands pour porter trente hommes. C'eft à quoi aboutirent les exploits de Caligula, & les foins qu'il prit de l'augmentation du commerce; à quoi bien loin de contribuer, il y fit un extrême préjudice, & il pensa affamer Rome, lors qu'il ramassa de toutes parts un nombre infini de vaisseaux, pour la construction de ce pont, qu'il fit faire entre Bayes & Pouzzol.

Sueton. Claud. cap. 1. Suetone dit que Drusus, pere de l'Empereur Claude, fut le prémier des Romains qui naviga dans l'ocean Septentrional. Cela a besoin de correction; si on le prend au pied de la lettre. Car que deviennent ces navi-*Plin. lib. 2. cap. 67.* gations, que Pline dit avoir été faites, par les ordres d'Auguste, dans l'Ocean septentrional; & qui l'avoient parcouru presque tout entier? que devient *Vel. cap. 106.* cette flotte, qui au rapport de Velleïus, après avoir traversé les golfes de l'Ocean, remonta l'Elbe, du tems que Tibere frere de Drusus, commandoit en ces quartiers-là, & revint chargée de toutes sortes de marchandises? Ce fut ce même Drusus, qui joignit le Rhin à l'Issel, par ce canal, qui fut appellé de son nom la Fosse Drusienne.

3. L'Empereur Claude son fils, fut le prémier, après Jules Cesar, qui attaqua l'Angleterre. Le grand appareil de vaisseaux, qu'il fit pour cette en-

reprife, a été célebré par les vers de
Seneque, lors qu'il a dit que les flottes Romaines couvrirent des mers qui *Senec.*
leurs étoient inconnuës auparavant; *Octav.*
Act. 1.
& par Pline, lors qu'il a dit, que ce
Prince, en triomphant de l'Angleterre, *Plin. lib.*
entra dans la mer Adriatique dans un 3. *cap.* 16.
vaiffeau d'une grandeur fi étonnante,
qu'il méritoit plûtôt le nom de maifon que de navire. Il conquit une partie de l'Angleterre, qui fe foumit fans
réfiftence. Il fubjugua les Ifles Orcades. Il fit un mémorable triomphe de
cette conquête; & pour en laiffer un
monument durable dans fa maifon,
il fit porter à fon fils le furnom de Britannicus. Ce fut fous fes ordres que
Vefpafien, qui fut depuis Empereur,
rendit tant de combats, & foûmit l'Ifle
de Wight. Rome fe trouva dans l'a-
bondance par les foins de Claude,
& par fes liberalitez, car pour exciter les marchands au trafic, & à la
conftruction de nouveaux vaiffeaux,
fuivant l'exemple de ce qui fut pratiqué à Rome dans la feconde guerre
Punique, lors qu'il fallut envoyer des
munitions à l'armée Romaine, qui faifoit la guerre en Efpagne, il fe char-

gea des pertes qu'ils feroient par
tempête, lors que pour apporter
bleds à Rome, ils se feroient exp
fez en hyver au péril de la mer. C
lui qui mérite proprement le titre
fondateur du port d'Ostie, par les r
parations & les augmentations qu'il
fit faire, & par ce Fare qu'il y ét
blit, & auquel il fit servir de fond
ment ce vaisseau, dont Caligula s'é
toit servi, pour faire apporter ce gran
obelisque d'Egypte, qui fut placé da
le Cirque du Vatican ; vaisseau
admirable pour sa grandeur, qu'il por
toit six vingt mille muids de lentill
pour son lest, & que jusqu'alors la me
n'en avoit point vû de pareil. Ce fu
aussi sous l'Empire de Claude, qu
Corbulon joignit le Rhin à la Me
se, par une tranchée longue de ving
trois milles, pour épargner aux vai
seaux la longueur du tems, & l
périls de la pleine mer ; & pour év
ter les inondations que causoit le fl
& le reflux.

4. Neron ne pensa à la mer qu
pour s'enfuir, & se retirer en Egy
re, quand il vit ses affaires desesp
rées. Peu s'en fallut que l'Anglete

...e de son tems ne secoüat le joug des ...omains. Si le dessein que conçût ...lors Antistius Vetus, l'un des Chefs ...e l'Armée Romaine, qui étoit cam-...ée sur la frontiere d'Allemagne, eût ...té executé, il auroit bien fait de ...honneur à l'Empire de Neron. Il ...ouloit joindre par un canal le Rhin ...la Moselle, & lier par cet ouvrage ...la mer Méditerranée à l'Ocean. Mais la ...éference qu'il eût pour le conseil plein ...d'envie, & de malignité, que lui don-...na un des commandans de la Gaule ...Belgique, lui faisant apprehender la ...jalousie de Neron, empêcha l'effet d'u-...ne si belle entreprise.

5. Les successeurs de Neron, Gal-...ba, Othon, & Vitellius, n'eurent ...pas le tems de s'affermir dans leur do-...mination, & bien moins encore de ...l'illustrer, & de l'enrichir. Vespasien ...venant de l'Orient, pour prendre ...possession de l'Empire, auquel il ...étoit appellé, ne crut pas pouvoir ...rien faire de plus important pour son ...dessein, que de se saisir d'Alexandrie, ...qui étoit la clef de l'Egypte, sachant ...bien que par là il se rendroit maître ...de la traite des bleds, si necessaire

Tacit. Vit.
Agric. cap.
10. & seq.

pour la subsistance de Rome. Ta
a écrit assez exactement toute la f
tune de l'Angleterre, depuis qu'e
fut entamée par Jules Cesar, jusqu'
tems que Vespasien, dans l'année
préceda sa mort, envoya Julius Ag
cola pour la gouverner. Ce fut l
qui acheva de la dompter : & ce f
de son tems que l'on connut premi
rement qu'elle étoit une Isle ; do
on fut encore plus pleinement assu
sous l'Empereur Severe. Tacite ra
porte à ce même tems la découver
des Orcades, & de Thulé ; quoi q
d'autres historiens attribuënt avec ju
tice à l'Empereur Claude la gloi
d'avoir subjugué les Orcades, don

Mel. lib.
3. cap. 6.

Mela même, qui vécut sous son Em
pire, a marqué le nombre. Les p
roles de Tacite distinguent manife
tement Thulé des Orcades. Il dit qu
dompta les Orcades, mais qu'il r
connut seulement Thulé, que la né
& l'hyver avoient cachée jusqu'alor
Il se trompe encore en cela ; Thulé éto
connuë dés le tems de Ptolemée Ph
ladelphe ; puisque Pytheas de Ma
seille, qui vivoit alors ; en avoit fa

ne defcription, qui eft citée par
Strabon.

6. Il ne paroît pas que le commerce ait été bien floriffant, ni qu'on
ait fait de nouvelles découvertes fous
les Empereurs, Tite, Domitien, &
Nerva. Mais Trajan, Prince ambitieux, & défireux de gloire, après
avoir pris la ville de Ctefiphon, def-
cendit jufqu'à l'embouchure du Tigre
& de l'Euphrate, & entra dans l'O-
cean, dont il étudia la nature : &
ayant par hazard apperçû un vaiffeau,
qui voguoit vers les Indes, il fut tenté de prendre la même route, & d'aller fe foûmettre cette contrée, voulant furpaffer la gloire d'Alexandre.
Et il y auroit été, s'il n'avoit reconnu qu'il ne pouvoit pas garder toutes ces nouvelles conquêtes fi éloignées; & s'il n'avoit éprouvé que fes
nouveaux fujets lui échappoient. Il fe
contenta donc d'établir une flotte dans
la mer Rouge, pour entretenir la traite des Indes.

7. Quoi qu'il ne paroiffe pas que
le commerce eût part à ces entrepri-
fes de Trajan, non plus qu'à l'expedition d'Arien en Angleterre, on

ne ne peut pas croire auſſi qu'il [...]
abſolument négligé. Une ville [...]
grande que Rome, & un Etat [...]
vaſte que l'Empire Romain, ne p[...]
voit pas ſubſiſter ſans commerce. C[...]
à quoi il faut rapporter principalem[...]
le rétabliſſement du Fare du p[...]
de Caïette, & la réparation du p[...]
de Terracine, qui ſe fit par les ſo[...]
d'Antonin le Débonnaire. Ce Prin[...]
à l'exemple d'Auguſte, fit obſerv[...]
ſur la mer les Loix navales des Rh[...]
diens. Cela paroît par la répon[...]
qu'il fit à la requête d'Eudæmon [...]

Dig. de le-
ge Rhodia,
Leg. 9.
Tit. 2.
libr. 14.
Dig. Ad.
SC. Tre-
bellianum
libr. 36.
Leg. 49.

Nicomedie, rapportée dans le [...]
geſte. Il y eſt fait auſſi mention da[...]
une déciſion du Juriſconſulte Javo[...]
nas, qui vêcut ſous le même Emp[...]
reur, de la flotte Britanique, co[...]
mandée par Seïus Saturninus, qui [...]
qualifié *Archicubernus*. Cette flot[...]
avoit apparemment été établie dep[...]
la victoire de l'Empereur Claude, po[...]
entretenir le commerce avec l'Ang[...]
terre, & tenir cette province da[...]
l'obéïſſance.

8. Son ſucceſſeur Antonin le P[...]
loſophe prit ſur tout un grand ſo[...]
de fournir abondamment la ville [...]

bleds neceffaires pour fa fubfiftence; & pour la commodité du trafic, il éveilla diligemment à la réparation des grands chemins; & même de peur de préjudicier au commerce, il voulut que la repréfentation des Pantomimes fe fit plus tard aux jours de marché. Auffi apprenons nous par le témoignage de l'orateur Ariftide, qui lui étoit contemporain, que le trafic étoit alors très - floriffant, non - feulement dans la mer Méditerranée, mais encore dans l'Océan, au-delà du Détroit, comme il l'avoit été long-tems auparavant.

Ariftid.
Egypt.

9. Le négoce que l'Empereur Pertinax avoit exercé lui-même pendant la plus grande partie de fa vie, & même après qu'il fut parvenu à l'Empire, eft une preuve affurée que cette profeffion n'avoit rien de bas parmi les Romains, & n'étoit point une dérogeance; particulierement quand on ne l'exerçoit que par le miniftere de fes gens, comme fit Pertinax; quoi qu'en cela fa conduite ne fut pas approuvée. Son pere avoit fait marchandife dans la Ligurie fa patrie, d'une efpece de bois cuit, qui étoit alors en

ufage. Comme ce métier étoit fort lucratif, fon fils s'y appliqua avec tant
d'ardeur, & même apparemment contre l'avis de fon pere, qui le jugeoit
propre à quelque chofe de meilleur :
que pour cette opiniâtreté il lui donna
le furnom de Pertinax.

10. Severe, qui vint à l'Empire
quelque tems après, par le foin qu'il
prit de procurer l'abondance à Rome,
ne nous permet pas de douter, que
dans l'application qu'il donna aux affaires d'Angleterré, il ne portât autant fes vûës fur l'augmentation du
commerce, que fur celle de l'Empire.
Ce ne fut que fous fon gouvernement,
que l'on fçût avec certitude que l'Angleterre étoit une Ifle. Il pénétra en
Ecoffe, & jufqu'à l'extrêmité de l'Ifle. Il réprima les révoltes des habitans,
& acheva de les fubjuguer. Ce fut
lui, qui pour arrêter les courfes des
montagnards, fituez au nord de l'Ifle,
& féparer leur territoire fterile & in-
culte, de la partie méridionale, fertile, & plus propre à la culture, tira un mur, ou plûtôt un retranche-
ment d'une mer à l'autre : ayant pour
cela obtenu des habitans une partie
des

des terres qu'ils occupoient : & cela en reconnoissance de la protection qu'il leur donnoit contre leurs ennemis, & de la paix profonde dont il les faisoit joüir. Ces travaux lui firent meriter le surnom de Britannicus. Ce fut apparemment dans les mêmes vûës d'enrichir l'Empire, & de procurer à Rome l'aisance & les commoditez de la vie, qu'en revenant de son expedition contre les Parthes, il passa par l'Egypte, & prit une très-particuliere connoissance de l'état de ce Pays, & des avantages que Rome en pouvoit retirer.

11. Quoi que son fils Caracalla, révenant des mêmes lieux, & prenant la même route, semblât le faire par les mêmes motifs, le cruel massacre qu'il fit faire à Alexandrie, montra bien, que la vengeance qu'il vouloit prendre des railleries piquantes, que ce peuple moqueur & médisant avoit faites de lui, y avoit la meilleure part. Il ne laissa pas pourtant d'avoir de grands égards pour le corps des marchands, qui étoit fort puissant dans Alexandrie : car dans les ordres qu'il donna pour en faire sortir les étran-

D d

gers, il en excepta les marchands, &
les y laissa en sureté.

12. Mais Alexandre Severe, Prince
bien-faisant, vertueux, & avisé, jugea
digne de la sagesse de son gouvernement, de faire fleurir le commerce
dans Rome même ; & pour y attirer
les marchands, il leur accorda de grandes immunitez. Il modera les exactions, que l'on tiroit des marchands,
& des négocians : car ces professions,
que l'on confond d'ordinaire, avoient
des differences essentielles, qui sont
marquées dans le Droit. L'on y apprend aussi quelles étoient ces differentes sortes d'exactions, & les changemens qu'elles ont reçus. Cet Empereur divisa les marchands, & les ouvriers, en differens corps de trafics,
& de métiers : il leur donna à chacun
des protecteurs, tirez de leurs corps,
& des juges particuliers, qui pussent
connoître de leurs affaires.

13. Maximin exerça lui-même le
trafic avec les Goths, des denrées que
lui fournissoient les terres qu'il avoit
acquises en Thrace, dans le lieu de sa
naissance, lors qu'il s'y retira, par le
loüable motif, de se soustraire à la

domination injuste d'Opilius Macri-
nus.

14. Aurelien considerant l'importance du commerce d'Egypte, le plus
necessaire de tous ceux que Rome en-
treténoit alors, fit un réglement fixe
& certain de toutes les marchandises
que l'on en rapporteroit, en quoi
étoient comprises non-seulement celles de ce Pays, qui étoient en grand
nombre, veû sa fertilité, mais encore
celles qui lui venoient des Indes. Et
pour augmenter la facilité du transport,
il prit un soin particulier de la navigation du Nil, & du Tibre. Et afin
que le menu peuple se sentit de cette
abondance, il fit augmenter le poids
du pain, sans en augmenter le prix.

15. Les peuples barbares du Nord
ayant reconnu combien les forces de
la mer contribuoient à la puissance des
Romains, ils tachoient en cela de les
égaler. Ces Gots, qui furent vaincus
par Claude, qui gouvernoit alors l'Empire, étoient venus contr'eux avec
une armée de trois cens vingt mille
hommes, & une flotte de deux mille
vaisseaux. Zosime en fait monter le *Zosim.*
nombre à six mille, construits dans *lib. 1.*

la mer Noire, vers l'embouchure du Niester, conduits dans l'Archipel, & qui périrent en partie dans les combats, & en partie par la peste. Les Arabes de leur côté, sous l'Empire de Constans, l'an de Nôtre-Seigneur 639. chargèrent la mer Méditerranée d'une flotte de dix-sept cens voiles, & se rendirent maîtres de l'Isle de Chypre.

16. Soit que l'on mette au nombre des Empereurs, ou des Tyrans, ce Firmus, qui s'étant emparé de l'Egypte, se révolta contre Aurelien, & fut opprimé par lui; il faut lui donner la loüange, d'avoir travaillé très-utilement pour l'avancement du commerce, envoyant souvent des vaisseaux marchands dans les Indes, & en raportant de riches marchandises.

Saturnin courut une pareille fortune, après avoir aussi tenté l'Egypte. Les Historiens voulant faire connoître la nature, la puissance, & les richesses dont elle joüissoit alors, raportent une lettre de l'Empereur Adrien, où il met entre les principales manufactures d'Egypte, le verre, la carte, & les toiles de lin.

17. Si l'Empereur Probus, qui ne ceda à aucun de ses prédécesseurs en vertu & en merite, avoit pû venir à bout de ses grands desseins, il auroit porté la gloire & le bonheur de l'Empire Romain au souverain degré. Il eût voulu établir une paix universelle, & convertir en des usages utiles au bien public, les hommes, les travaux, & les dépenses; que la guerre consumoit. Ces usages étoient la culture des terres, l'étude des sciences, la navigation, & la marchandise. Et connoissant qu'une des plus grandes richesses d'un Etat consiste dans les bras, & dans l'industrie des Sujets, il occupoit ses troupes à un travail continuel & sans relâche. Mais ce qui eût été si profitable à l'Empire, fut funeste à l'Empereur, par une conjuration des soldats, dont l'ancienne discipline avoit degéneré en un esprit de revolte & de sédition, & qui s'étoient rendus maîtres de la fortune, & de la vie de leurs Empereurs. Il avoit pris soin d'ouvrir les embouchures des rivieres, pour y donner entrée aux vaisseaux; & il avoit fait particulierement tant d'ouvrages dans le Nil, que Ro-

me en tira dans la fuite une plus grande abondance de bleds pour fa fubfiftance.

18. Le commerce de Rome dût recevoir une grande diminution fous l'Empire de Diocletien, par la revolte de l'Angleterre, excitée par Carraufius, & continuée par Allectus, & qui dura dix ans. Ce Caraufius avoit le commandement de la flotte Britannique, dont j'ai parlé ci-deffus. On lui avoit donné ordre de fe fervir de cette flotte, pour reprimer les pirateries, que les Francs, & les Saxons exerçoient dans la Manche d'Angleterre. Il s'acquitta de cette charge en vaillant homme, mais non pas en homme de bien ; car il convertiffoit à fon profit toutes les prifes qu'il faifoit fur eux. On prit des mefures pour punir cette infidelité, & il en prit de contraires pour s'en défendre. Il ufurpa le titre d'Empereur, & il envahit l'Angleterre. Il fallut fouffrir une ufurpation que l'on ne pouvoit empêcher. Il joüit paifiblement de fon crime pendant fept années. Allectus fon affocié s'étant défait de lui, & l'ayant tué, lui fucceda, & recüeillit le fruit de

l'ufurpation de fon prédéceffeur. Il poffeda l'Angleterre, qui après trois ans, rentra enfin dans l'obéiffance des Romains. Le foulevement d'Egypte, caufé par Achilleus, eût fait encore un autre grand déchet dans le commerce de Rome, fi Diocletien en reprimant cette rebellion, & mettant à mort fon Auteur, & puniffant féverement les Egyptiens, qui l'avoient favorifé, n'eût pris foin de mettre un meilleur ordre dans les affaires de l'Egypte, d'en reformer l'adminiftration, & d'y faire beaucoup de bons reglemens, qui y ont long-tems fubfifté. Ce fut alors que les Saxons commencérent à fe faire connoître aux Romains, premierement par des incurfions & des pirateries, & enfuite par des ravages fur les côtes de la Gaule, & de l'Angleterre, fituées fur la Manche, & enfin par des établiffemens fixes, & des peuplades de leur nation fur ces mêmes côtes. Telle eft l'origine du nom du Rivage Saxonique, devenu fi fameux dans l'Hiftoire, & fi bien marqué dans la Notice de l'Empire.

19. Les affaires de la religion, &

Dd 4

de la guerre, qui occupérent Constantin, ne lui permirent pas de penser à la propagation du commerce, mais la fondation de Constantinople, qui fut une de ses principales entreprises, eut des suites, qui aportérent de grands changemens dans le trafic. Un des principaux fut dans le débit des marchandises d'Egypte. Les vaisseaux d'Alexandrie, qui avoient coûtume de s'en charger, prirent la route de Constantinople. Pour faire subsister cette seconde Rome, on eut besoin des mêmes secours, qui faisoient subsister l'ancienne. Comme cette nouvelle capitale se peuploit, & s'augmentoit des habitans de l'ancienne, il fallut que l'Italie, qui se dépeuploit, se contentât de la subsistance que lui fournissoit l'Afrique.

CHAPITRE LVIII.

1. *Description sommaire du commerce de Constantinople. Heureuse situation de cette Ville.* 2. *Commerce de Constantinople traversé par les guerres des Goths & des Sarrasins. Fondation du Caire.* 3. *Le commerce de Constantinople s'entretient avec splendeur, ainsi que celui de Bagdad.* 4. *Le commerce d'Egypte sous l'Empire des Mammelucs, consistoit principalement dans l'achat des Enfans.* 5. *Revolutions arrivées dans le commerce de Constantinople, sous les Empereurs successeurs de Constantin;* 6. *sous Constance;* 7. *sous Honorius;* 8. *sous Leon.*

1. Quand les regles de la bonne politique n'auroient pas obligé les Empereurs de Constantinople, de s'appliquer aux affaires de la mer, l'heureuse situation de cette capitale naissante, les y auroit invitez, éten-

dant sa droite vers le Midi dans l'A
chipel, & dans toute la mer Mediteranée ; & sa gauche dans la mer Noire
jusqu'aux Palus Meotides ; ayant tou-
l'Asie en face, & toute l'Europe à revers. Aussi voyons-nous dans le Code
Theodosien, & dans celui de Justinien,
des marques bien expresses de cette
application, & avec quel soin les interêts des gens de mer sont conservez
& l'obligation, où étoient les particuliers, d'aider de leurs vaisseaux l'E-
tat & l'Empire, dans les cas de necef-
sité, comme il se pratique encore aujourd'hui en quelques endroits.

2. Mais les avantages que Rome
pouvoit tirer de ces établissemens, furent bien traversez par les incursions
des Goths, & des autres peuples fa-
rouches du Nord, qui s'acharnérent
avec fureur contre l'Empire Romain ;
& en le forçant de penser à sa conservation, lui ôtérent le desir de s'enrichir par le commerce étranger. Les
Arabes, sectateurs de Mahomet, vinrent ensuite, & érigérent un nouvel
Etat, plus formidable encore aux Romains, que toute la ferocité des Goths,
& qui s'empara d'une grande partie

le fa domination, de fes forces, & de fes biens. Les Egyptiens, jufqu'alors fi utiles à Conftantinople pour fa fubftance, las de fon gouvernement, qu'ils trouvoient pefant & dur, fe foûmirent aux Sarrafins. Ce fut l'an 884. de nôtre Seigneur, que la ville de Caire fut bâtie, & qu'elle devint comme la concurrente de Conftantinople, & une des plus grandes, & des plus marchandes Villes du monde.

3. Les Empereurs Grecs, malgré tant de redoutables ennemis, ne laiffoient pas de fe foûtenir, & de continuer utilement leur commerce. Le Juif Benjamin, qui vécut vers la fin du douziéme fiecle, dit, que de fon tems on voyoit à Conftantinople un grand concours de marchands, tant du Nord, de la Lombardie, & de l'Efpagne, que de toute l'Afie, & de l'Egypte, qui y portoit les marchandifes des Indes; & que Bagdad étoit la feule Ville, qu'à cet égard on lui pût comparer. Bagdad, & les Provinces qui l'environnoient, étant fituées à la frontiere des Indes, y entretenoient alors un grand commerce, & les mar-

chandifes qui en venoient, fe répandant dans l'Afie, paffoient enfuite par terre à Conftantinople. Les Perfes & les Arabes, ayant porté le girofle en Occident, les Grecs & les Latins y prirent fi bien goût, que l'envie vint à quelques-uns de leurs Empereurs, de conquerir ces pays d'Orient, pour être maître des épiceries.

4. Syracone & Saladin fon fils, s'étant faits Soudans d'Egypte, après y avoir éteint le Califat des Sarrafins, leurs defcendans y établirent le gouvernement des Mammelucs, & reprirent le commerce des Indes, qu'ils favoient avoir été fi utile à l'Egypte. Et comme cette milice de Mammelucs, qui dominoit en Egypte, ne s'entretenoit que par le trafic d'enfans, qu'ils alloient acheter dans la Circaffie, chez les Comans, & dans les autres Provinces de la Colchide, dans les Palus Meotides, & dans tous les autres lieux, où ils en pouvoient trouver; les Soudans furent obligez de traiter avec les Empereurs de Conftantinople; pour obtenir la permiffion d'envoyer tous les ans un ou deux vaiffeaux, dans la mer Noire, pour cette emplette.

5. Après avoir donné une idée generale du succès qu'eut le commerce de Constantinople dans la suite du tems, il faut remonter aux successeurs de Constantin, & voir les principales revolutions qui arrivérent aux affaires du trafic sous leur gouvernement. On ne peut puiser pour cela dans de meilleures sources, que dans le Code Theodosien, & dans celui de Justinien, auxquels j'ai déja eu recours : sans rentrer néanmoins dans un trop grand détail de ce que chacun de ces Princes, a fait, ou ordonné en faveur du negoce.

6. L'Empereur Constance fut un de ceux qui s'y sont le plus signalez. Il se declara Protecteur des gens de Mer ; il les mit à couvert des vexations & des avanies, il les exempta des charges & des contributions publiques, & leur accorda de grands privileges : en quoi il fut soigneusement secondé par Julien, qui ne portoit encore que le titre de César. Ce fut par ses soins, que le commerce d'Angleterre, qui étoit déchû par les pirateries des barbares, fut rétabli. Il repara & augmenta le nombre des vais-

seaux, qui portoient dans les Gaules, les bleds d'Angleterre. Il les faisoit ensuite transporter sur des barques au-dedans des rivieres, pour la provision des villes & des campagnes voisines, plus soigneusement qu'on n'avoit coûtume de le pratiquer auparavant.

7. L'irruption des peuples du Nord, appellez secrétement par Stilichon, sous l'Empire d'Honorius, & principalement celle des Goths, dans les Provinces Occidentales, sous la conduite d'Alaric, & la funeste prise de Rome, réduisirent les Romains à de grandes extrêmitez. Ils furent forcez de plus de songer à se défendre de plusieurs tyrans, qui s'élevérent au même-tems dans l'Empire; non-seulement des étrangers, mais encore de leurs propres sujets: entre lesquels Attalus ayant tâché d'affamer l'Italie, en arrêtant les convois ordinaires qu'ils tiroient d'Afrique, en partit, pour inonder Rome, avec une flotte de trois mille sept cens vaisseaux. Si l'on fut étonné d'un si formidable appareil, on le fut encore davantage, de son promt & honteux retour, lors qu'on le vit revenir à Carthage, avec un

un seul vaisseau, ayant pris la fuite à son
abord en Italie, sans avoir rendu aucun combat.

8. En l'an 468, de Nôtre-Seigneur,
l'Empereur Leon dressa contre Genseric, Roi des Vandales, une flotte
d'onze cens vaisseaux, qui auroit pû
arrêter les progrez que ce barbare faisoit sur les Romains, & rétablir leur
puissance sur la mer, si par la trahison
du général Basilisque, beau-frere de
l'Empereur, elle n'eut pas été brûlée
par Genseric sur la côte d'Afrique.

CHAPITRE LIX.

1. *Diverses Flottes entretenuës par les*
Romains. Flotte d'Alexandrie. 2. *Flot-*
te d'Afrique. 3. *Flotte d'Orient.* 4. *Flot-*
te du Pont-Euxin. 5. *Flotte des Gar-*
des des Tresors. 6. *Flotte pour le com-*
merce d'Espagne. 7. *Flottes particu-*
lieres entretenuës par les Romains,
principalement celles qui sont mar-
quées dans la Notice de l'Empire.

1. SElon la diversité des évenemens
& des besoins qui survenoient
dans l'Empire Romain , & suivant l'in-
égalité de l'humeur des Empereurs,
le commerce avoit ses vicissitudes, son
accroissement, & la décadence ; & les
flottes qu'ils tenoient dans les divers
ports de la mer Mediterranée , & de
l'Ocean, étoient entretenuës avec soin
ou negligées. De toutes ces flottes, la
plus considerable, & la plus importante, étoit celle d'Alexandrie, établie &
reglée par Auguste, après qu'il eut re-

dui

duit l'Egypte en forme de Province.
Quoique l'ordre qu'il prefcrivit, n'ait
pas toûjours été fuivi ponctuellement,
néanmoins le befoin que l'on en avoit,
a fait qu'il n'a jamais été entierement
negligé jufqu'à la ruïne de l'Empire.
Dans la flotte d'Alexandrie je comprens celles des Indes, & d'Ethiopie,
qui étoient équipées dans la mer Rouge, & qui y rapportoient les marchandifes de ces contrées, pour les
envoyer enfuite à Alexandrie, par les
canaux du Nil. J'ai déja remarqué que
Strabon rend un fignalé témoignage
de ce trafic, tel qu'il fe pratiquoit de
fon tems, de la grandeur de ces flottes, & de la richeffe de ces marchandifes. Il nous apprend auffi combien
Rome profitoit fur les peages, qui lui
revenoient alors de ce commerce,
bien au-delà de ceux qu'en tiroient
les Rois d'Egypte, avant que cet Etat
fût réduit en Province. Ce commerce des Indes étoit encore à Rome en
fa fplendeur, du tems de Pline. Il *Plin.lib.6,*
falloit qu'il fût un peu décheu fous *cap. 23,*
Trajan, puifque pour le rétablir, &
pour le foutenir, il fut obligé d'entretenir une flotte dans la mer Rouge.

E e

2. Je mets au second rang la flotte d'Afrique, qui a toujours été importante pour la traite des bleds, mais qui le devint bien davantage après la fondation de Constantinople. Cette grande ville ayant eu besoin pour sa subsistance du secours d'Alexandrie, comme je l'ai dit ; & l'ancienne Rome en étant privée, eut recours à l'Afrique, ayant déja reconnu long-tems auparavant combien le commerce d'Afrique lui étoit avantageux ; lorsque le plus jeune des Gracques tenta de rétablir Carthage, & d'en faire une colonie Romaine.

3. La troisiéme flotte étoit celle qu'on appelloit d'Orient, dont la principale échelle étoit à Seleucie, ville de Syrie, située sur le fleuve Oronte; & d'où dépendoient aussi quelques flottes particulieres, comme celle de l'isle Carpathos, mentionnée dans la loi des Empereurs Honorius & Theodose, *Cod. Theo.* rapportée dans le Code Theodosien ; *lib.* 13. *tit.* & dans celle des Empereurs Valenti-*5. Leg.* 32. nien, Valens, & Gratien, qu'on trou-*& Leg.* 14. ve dans le même Code. On voit par là le soin que prenoient ces Princes, de tenir complet le nombre des ma-

riniers des Provinces d'Orient. Cette
même loi diſtingue bien expreſſément
la flotte d'Orient de celle d'Egypte,
& elle attribuë aux mariniers qui la
conduiſoient les mêmes privileges qu'à
celle d'Afrique. Le Code de Juſtinien
nous fournit une autre loi des mêmes
Empereurs, Honorius & Theodoſe,
qui regle le commerce qui ſe devoit
exercer entre les Romains, & les Perſes; & preſcrit les lieux dans leſquels
ſe devoient tenir leurs foires & leurs
marchez; avec défenſe de paſſer outre, & de ſouffrir que les Perſes paſ-
ſaſſent ces mêmes bornes, pour entrer dans les terres des Romains, &
épier leurs deſſeins, ſous pretexte de
marchandiſe. Ce commerce qui ſe faiſoit par terre, bien avant dans l'Aſie,
dépendoit de celui que cette flotte
d'Orient exerçoit par mer. C'eſt de
cette flotte d'Orient qu'entend parler
l'Empereur Conſtance dans la loi in-
ſerée au Code Theodoſien, où il ac- *Cod. Theo.*
corde de ſi grands privileges aux ma- *lib.* 13 *tit.*
riniers qui la conduiſoient, & où il *5. Leg.* 7.
regle leurs ſalaires, à l'exemple de celle
d'Alexandrie, qui conſiſtoient partie
en bled, partie en argent.

4. Les Romains tenoient encore une autre flotte de quarante voiles dans le Pont-Euxin ; non feulement pour contenir dans l'obéïffance toutes ces nations qui en font proches, mais auffi pour profiter par le commerce des marchandifes que fourniffent toutes ces diverfes regions. La conquête de la Toifon d'or que firent les Argonautes dans la Colchide, en peut fervir d'échantillon.

5. La loi des Empereurs Leon & Zenon, qui fe trouve dans le Code de Juftinien, fait mention de la flotte des Gardes des Trefors. Ce même Code, après le Code Theodofien, nous apprend dans une autre loi, que ces Gardes des Trefors étoient des officiers du Surintendant des finances. Je conjecture que cette flotte étoit particulierement deftinée à porter à Rome les revenus de l'Empire, que l'on tiroit des Provinces adjacentes à la mer Mediterranée.

Cod. lib. 12. Tit. 60. leg. Cod. Theo. lib. 8. tit. 7. leg. 14. Cod. lib. 12. tit. 24. leg. 2.

6. Quoiqu'il ne paroiffe pas que les Romains entretinffent des flottes reglées pour le commerce d'Efpagne, il eft certain néanmoins qu'un grand nombre de vaiffeaux y étoit occupé, &

l'on voit dans les loix de l'Empereur
Conſtance, rapportées au Code Theo- *Cod. Theo.*
doſien, que quelques-uns des vaiſſeaux *libr.* 13.
qui alloient d'Eſpagne à Rome, étoient *tit.* 5. *Leg.*
chargez pour le ſervice de l'Etat. 4. & 18.

7. Il eſt viſible que Rome n'auroit
pas pû tenir tant de grandes provinces dans ſon obéïſſance, & en tirer
les tributs qu'elle leur avoit impoſez,
& les denrées qui lui étoient utiles,
ſans un grand nombre de navires entretenus dans un continuel exercice.
Cela paroît clairement par toutes ces
flottes particulieres, marquées dans la
Notice de l'Empire, que l'on ſçait
avoir été dreſſée ſous Arcadius & Honorius. C'étoient de petites flottes que
l'on tenoit dans les grands fleuves des
Provinces ; pour pouvoir tranſporter
commodément & promptement les
troupes aux lieux où elles étoient neceſſaires.

CHAPITRE LX.

1. *Protection & privileges accordez aux mariniers par les Empereurs. 2. Rigueur tenuë d'ailleurs aux mariniers. 3. Le commerce défendu aux gens de qualité.*

1. LEs Empereurs donnoient une protection particuliére à tous les mariniers servans dans les flottes, qui étoient employées au service de l'Etat. Le cinquiéme titre du treiziéme livre du Code Theodosien, regardé uniquement leurs interests. La loi neuviéme de ce titre, donnée par l'Empereur Constance, & Julien encore César, ne restreint pas la protection accordée aux mariniers, à les mettre à couvert des injures personnelles ; mais elles les garantit encore de toutes sortes de violences, de concufions ordinaires & extraordinaires, d'incommoditez, & d'inquietudes ; & veut qu'ils joüissent d'une entiere sécurité ; & Justinien a jugé cette loi digne d'ê-

*Cod. Theo.
lib. 13. tit.
5. leg. 5.
& 7. & 8.
& 9.*

tre rapportée dans son Code. Ces mê- *Cod. lib. 11.*
mes exemptions leur sont encore con- *tit. 1. leg.*
firmées par le même Empereur, dans *3.*
la quatriéme & la cinquiéme loi du
même titre du Code Theodosien ; & *Cod. Theo.*
il défend de plus, sous peine de la vie, *lib 13. tit.*
de détourner les vaisseaux des mariniers *5. Leg. 19.*
malgré eux, à d'autres usages que ceux *& 24. &*
ausquels ils étoient destinez. La loi des *36.*
Empereurs Valentinien, Valens, &
Gratien, qui y est inferée, & qui défend, sous peine de la vie, de leur
faire aucune insulte en leurs personnes, témoigne n'être qu'une repétition d'une infinité d'ordonnances précédentes. Arcadius, Honorius, &
Theodose, ne les traitérent pas moins
favorablement. Le même Code nous *Cod. Theo.*
presente une autre loi des Empereurs *lib. 13. tit.*
Gratien, Valentinien, & Theodose, *5. leg. 17.*
ou en leur confirmant leurs privileges, *& 23.*
ils ordonnent qu'ils en joüissent pour
toûjours, & dans tous les tems; &
défendent à tous juges, magistrats, &
superieurs, sous peine de la vie, de
les y troubler. Et ce qui pourroit paroître étrange, c'est que les Empereurs
Valentinien, Theodose, & Arcadius
en déchargeant les mariniers de tri-

buts, ils y affujettiffent les marchands
fans aucune exception : dont la veritable raifon eft, que les marchands
s'enrichiffent au trafic, dont les mariniers ont toute la peine, & courent tout
le peril. Quoique d'ailleurs j'aye fait
voir cy-deffus, que les loix Romaines
excitoient les citoyens, par l'exemption des contributions publiques, à
la fabrique des vaiffeaux, & au trafic
des bleds. Et parce que la baffeffe de
l'emploi des mariniers eût pû leur attirer le mépris, les Empereurs Valentinien, Theodofe, & Arcadius, ne
voulurent point donner entrée dans ce
corps à ceux qui étoient dans l'indigence, ou qui exerçoient quelque
commerce bas & honteux. Ils furent
même élevez à la dignité de Chevaliers, par Conftantin & Julien, comme on le connoît par leur loi, inferée au Code Theodofien, & par une
autre loi de Valentinien, Valens, &
Gratien, il fut ordonné que l'on pût
admettre à cette fonction de mariniers, des fujets pris dans les plus ho-
norables compagnies, & même dans
le Senat.

2. Mais tandis qu'on combloit les

Cod. Theo-
lib. 13 tit.
5. Leg 18.
& Leg. 16.
& Leg. 14.

gens de mer de tant de graces, on leur faisoit observer d'ailleurs avec beaucoup de rigueur les regles qui leur étoient prescrites. Prémierement leur emploi dépendoit, & étoit affecté à de certaines terres, dont les possesseurs étoient obligez envers l'Etat, à la fonction de mariniers publics ; mais de telle sorte que c'étoit seulement la terre, & non pas la personne, qui étoit assujettie à cette charge, tenant en cela de la nature des fiefs. Le titre entier du Code Theodosien, qui est intitulé Des terres des mariniers, porte un ample témoignage de cette disposition. Lors qu'ils vendoient ces terres, pour s'exempter de ces assujettissemens, qui y étoient attachez, ceux qui les achetoient entroient dans les mêmes obligations. Et les Empereurs Valentinien & Valens, ordonnérent que lorsque ces terres affectées au service de la mer, se trouveroient au pouvoir des étrangers, on les fit rentrer dans la possession des mariniers. Et cette obligation ne se prescrivoit que par cinquante années consécutives d'exemption. Il étoit de plus expressément défendu, & sous de grosses pei-

Cod. Theo. lib. 13. tit. 6. Leg. 5. & 6. & 7. & 8. & 9 & 10.

nes, aux mariniers, de se dispenser
des corvées qu'ils devoient à l'Etat. Il
ne leur étoit pas permis de se servir
de l'occasion de ces voitures, pour
charger des marchandises particulieres.
On les obligeoit de tenir leurs vaisseaux
d'une certaine grandeur, pour pouvoir
porter une juste charge. Enfin, on ne
leur permettoit pas de sortir de leur
emploi, pour en prendre de plus ho-
norables. Il étoit libre néanmoins aux
particuliers d'avoir des vaisseaux à eux
en propre, & de s'en servir pour leur
compte : mais c'étoit à condition que
l'Etat pourroit se servir de ces vaisseaux dans le besoin.

3. Cependant il ne faut pas dissi-
muler que parmi tant de soins, que
l'on prenoit pour avancer le commerce, on faisoit sentir désagréablement
aux marchands les dégoûts de leur emploi. Il étoit défendu d'exercer le trafic à ceux qui étoient nobles de naissance, ou qui étoient constituez en
dignité, ou qui étoient parvenus à
une grande opulence. J'ay allégué ci-
dessus quelques anciennes loix Romaines, qui défendoient aux Sénateurs la
construction & la possession des navi-

...es; de peur que ces moyens de s'agrandir ne leur en fiffent naître l'envie. Les Empereurs Honorius & Theodofe, qui font auteurs de la loi, où *Cod. lib.* ces réglemens font contenus, en donnent la raifon ; afin, difent-ils, *4. Tacit.* *leg. 3.* que le négoce fe faffe plus aifément entre les gens de baffe condition, que le refpect qu'ils doivent aux gens de qualité, empêcheroit de trafiquer avec liberté. Ciceron raifonne autrement, & ce me femble, plus *Cicer. Offi.* folidement : le trafic, dit-il, eft bas, *libr. 1.* quand il n'a qu'un petit profit pour objet ; mais il n'eft pas fort blâmable, s'il eft gros & abondant, rapportant de tous côtez beaucoup de marchandifes & les diftribuant dans le public avec fidelité, & fans tromperie : que fi après un profit raifonnable, on fe contente des biens que l'on a acquis, & que l'on quitte le négoce de la mer, pour fe retirer à la campagne, & s'adonner à l'agriculture, ayant converti les biens que l'on a amaffez en fonds de terre, je ne vois rien en cela que de louable.

※※※※※※※※※※※:※※※※※※※※※※※

CHAPITRE LXI.

1. *Des foires & des marchez de Rome.*
2. *Des foires & des marchez plus éloignez de Rome.*

1. L'Usage des foires & des marchez, où se faisoit le principal & plus grand commerce, étoit aussi ancien parmi les Romains que Rome même. Ces foires se tenoient dans Rome de neuf jours en neuf jours. Les gens de la campagne y apportoient les denrées, que leur fournissoient leurs terres, ou leur industrie. Quelques-uns en rapportent l'institution à Romulus; d'autres au Roi Servius Tullius. Cet établissement a duré jusques sous les Empereurs.

2. Mais cela n'étoit que pour le voisinage de Rome; car les cantons plus éloignez n'en pouvoient pas profiter. Il fallut donc établir des foires & des marchez dans les campagnes; & pour les faire utilement, il fallut le faire avec ordre, & déterminer les lieux, les tems, & les personnes qui

joüiroient de ce droit. L'ufage a fort
varié là-deſſus. On l'a fait dépendre
quelquefois de la coûtume & de la
poſſeſſion ; quelquefois d'une réſolu-
tion priſe par les plus conſiderables
d'une communauté, pour l'utilité publique, ſous l'autorité des ſuperieurs
majeurs ; quelquefois de l'ordonnance des Conſuls ; mais plus ordinairement de celle du Sénat. Il eſt remarquable que l'Empereur Claude voulant établir des droits de foire en quelques-unes de ſes terres, en demanda
la permiſſion aux Conſuls. Et Pline *Plin. Epiſt.*
dans ſes Epîtres marque qu'un hom- *libr. 5.*
me qui avoit eté Préteur, s'addreſſa *Epiſt. 5.*
au Sénat pour obtenir une pareille
permiſſion. Mais enfin nous connoiſſons par les livres du Digeſte & du
Code, que ce droit fut enfin dévoulu *Cod. lib. 4*
aux Empereurs. La loi de Valens, & *Tit. 60.*
de Valentinien, qui ſe trouve dans le *Leg. unic.*
Code, au titre Des Foires & des Mar-
chez, en établiſſant le droit des Empereurs ſur leur érection, autoriſe en
même tems le droit fondé ſur l'ancien
uſage, & ſur la poſſeſſion. Cette même loi mettoit à couvert les marchands
& les marchandiſes, qui ſe trouvoient

à ces Foires, des vexations & des exactions arbitraires de ceux qui avoient
droit de les affembler.

CONCLUSION.

Voila, Monfeigneur, ce que ma
mémoire, mes obfervations, & mes
réflexions m'ont pû fournir fur l'Hiftoire du Commerce, & de la Navigation des Anciens. J'aurois pû enrichir cet ouvrage par une plus grande & plus curieufe recherche ; mais
vous fçavez que mon tems n'eft pas
à moi, que je ne puis m'en attribuer
la difpofition, & le divertir ailleurs,
fans une efpece de larcin, ou du moins
fans une infidelité, que vôtre exemple
me reprocheroit inceffamment, en
voyant vôtre application fi conftante,
& fi infatigable à l'utilité publique, &
à vos devoirs.

FIN.

TABLE

DES MATIERES.

A.

TABLE

DES MATIERES.

E f

F f 4

DES MATIERES.

C.

DES MATIERES.

TABLE

DES MATIERES,

E.

TABLE

DES MATIERES.

Gg 3

TABLE

DES MATIERES.

DES MATIERES.

DES MATIERES.

DES MATIERES.

TABLE

DES MATIERES.

H h

TABLE

DES MATIERES.

DES MATIERES.

TABLE

DES MATIERES.

DES MATIERES.

TABLE

T.

DES MATIERES.

TABLE

DES MATIERES.

FIN.

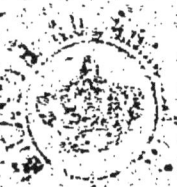

à conserver

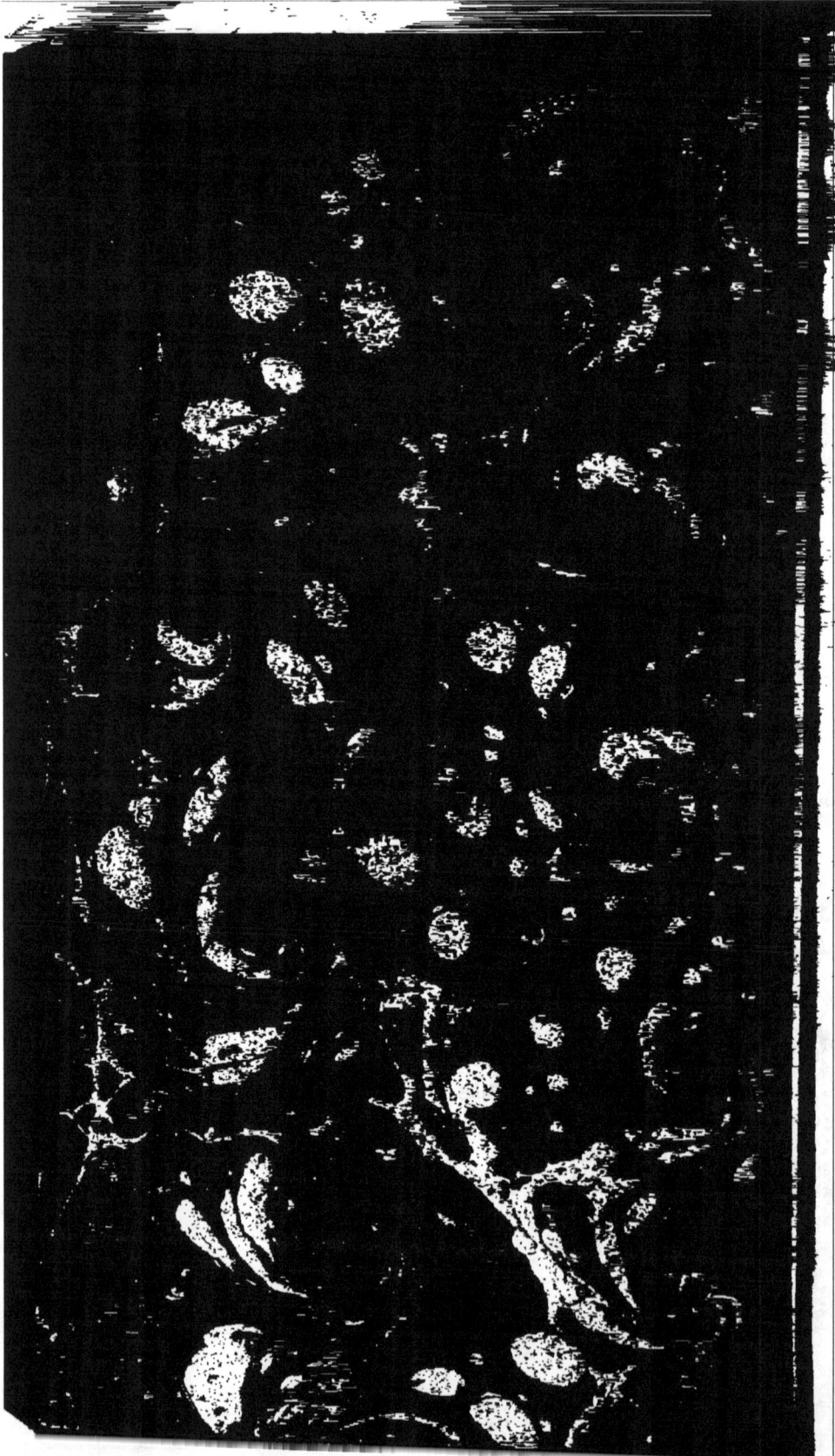